Copyright © 2010 by Nadiejda Santos Nunes Galvão e Yolanda Lhullier dos Santos
Copyright da edição brasileira © 2017 É Realizações

Editor
Edson Manoel de Oliveira Filho

Coordenador da Coleção Logos
João Cezar de Castro Rocha

Produção editorial
É Realizações Editora

Diagramação, capa e projeto gráfico
Nine Design Gráfico

Ilustração da Capa
Cido Gonçalves

Reservados todos os direitos desta obra. Proibida toda e qualquer reprodução desta edição por qualquer meio ou forma, seja ela eletrônica ou mecânica, fotocópia, gravação ou qualquer outro meio de reprodução, sem permissão expressa do editor.

CIP-BRASIL. CATALOGAÇÃO NA PUBLICAÇÃO SINDICATO NACIONAL DOS EDITORES DE LIVROS, RJ

S233f

Santos, Mário Ferreira dos, 1907-1968
    Filosofia da crise / Mário Ferreira dos Santos. - 1. ed. - São Paulo : É Realizações, 2017.
    296 p. ; 23 cm. (Logos)

    Inclui índice
    ISBN: 978-85-803-3283-4

    1. Ciência política - Filosofia. I. Título II. Série.

16-38776   CDD: 320.01
                                                                            CDU: 32

22/12/2016 23/12/2016

É Realizações Editora, Livraria e Distribuidora Ltda.
Rua França Pinto, 498 · São Paulo SP · 04016-002
Caixa Postal: 45321 · 04010-970 · Telefax: (5511) 5572 5363
atendimento@erealizacoes.com.br · www.erealizacoes.com.br

Este livro foi impresso pela Gráfica Intergraf Indústria Gráfica em janeiro de 2017. Os tipos são das famílias Impact e Minion Pro. O papel do miolo é o Lux Cream 80 g, e o da capa, cartão Duplex 250 g.

MÁRIO FERREIRA DOS SANTOS

FILOSOFIA DA CRISE

É Realizações
Editora

SUMÁRIO

Nota do editor.................7

Nós e a crise.................11

O conceito da crise.................19

Intercala-se o nada entre as coisas?.................31

O infinito e o finito.................37

A crise nas diversas esferas.................43

Síntese da ideia da crise.................47

Dialética da crise.................53

Ontologia da crise.................75

Os fatores emergentes e os predisponentes.................81

A crise no pensamento filosófico e no religioso.................95

Coordenadas de agravamento da crise.................111

O ciclo das formas viciosas.................117

As fases cráticas na História.................135

A crise na Ética.................149

A moral segundo Tomás de Aquino.................155

A crise em outros setores.................165

Fisionomia da época moderna.................171

AS ESTRUTURAS TENSIONAIS

Adição e estrutura 185
Transcendência e imanência 191
Crítica da teoria estruturalista 199
Onde os destinos humanos podem encontrar-se 207

TEXTOS CRÍTICOS

João Cezar de Castro Rocha
A Crise e a sua hora:
o lugar de Mário Ferreira dos Santos 215

Rodrigo Petronio
Ontologia da crise 227

Roger Chartier – ensaio
A árvore e o oceano 235

Roger Chartier – entrevista
"A *Enciclopédia* tornou a ruptura pensável" 247

Hans Ulrich Gumbrecht
Quem eram os *philosophes*? 253

Índice analítico 279
Índice onomástico 291

Nota do editor

Esta reedição de *Filosofia da Crise* marca uma nova fase na publicação das obras de Mário Ferreira dos Santos, agora sob a coordenação de João Cezar de Castro Rocha.

A partir deste título, as edições contarão com novidades relevantes.

De um lado, um aparato crítico inédito, composto por índices analítico e onomástico, além de fortuna crítica especialmente organizada para os títulos do autor de *Teoria do Conhecimento*. Neste livro, ensaios de Hans Ulrich Gumbrecht, Roger Chartier, Rodrigo Petronio e João Cezar de Castro Rocha, tanto discutem aspectos gerais do tipo de produção intelectual definidora dos esforços de Mário Ferreira dos Santos, quanto apresentam reflexões diretamente relacionadas à relevante contribuição do filósofo brasileiro.

De outro lado, imagens e documentos relativos à obra de Mário Ferreira dos Santos serão sistematicamente publicados nas novas edições. Trata-se de iniciativa pioneira, cujo propósito final será a organização dos "Arquivos Mário Ferreira dos Santos".

Assim, a É Realizações cumpre sua maior ambição: colaborar para o desenvolvimento de pesquisas em torno da obra de um dos nomes mais importantes da cultura brasileira.

Edson Manoel de Oliveira Filho

MÁRIO FERREIRA DOS SANTOS

FILOSOFIA DA CRISE

Nós e a crise

A perplexidade do homem moderno se manifesta na teimosia de sua pergunta sobre a crise. E como tentar responder a uma pergunta tão exigente sem previamente sabermos o que entendemos por *crise*?

Esta velha palavra, de origem grega (*crisis*), significava separação, abismo e, também, juízo, decisão, etc.

Não é difícil compreender o processo semântico deste termo, que hoje assinala o mais espantoso de todos os temas que desafiam a argúcia humana.

Quem tenha uma visão do mundo presa apenas ao devir, ao quaternário, como o chamavam os antigos filósofos, não poderá deixar de reconhecer que todo o existir é um separar-se, bem como todas as combinações ônticas do existir finito são sempre seletivos.

Desde o exemplo de isolar-se dos gases chamados nobres, no conjunto das nossas coordenadas, até a constante seleção de todos os elementos que escolhem, preferem esta ou aquela combinação a outra, toda a atividade do existir é seletiva. Se todas as combinações são possíveis, nem todas são prováveis, e muito menos se atualizam.

Há, assim, em todo o existir, um separar-se, uma *crisis*, um abismo. E esse aspecto, que podemos ver no mundo do existir, é patente, também, na função intelectiva. Não é "inteligir" uma palavra formada de *inter lec*? *Lec*, velho radical, que significa captar, e "inteligir", captar entre. Intelectualidade, portanto, é a funcionalidade do nosso espírito que escolhe, entre muitas notas, apenas algumas. Se aceitarmos que intelecto venha de *intus* e *lec*, como o propõe Tomás de Aquino, teríamos um *captar dentro*, mas um captar que será sempre seletivo, porque preferirá isto àquilo. Ainda estamos em *crisis*. E o grego chamava assim ao juízo, e também à decisão, porque quem decide escolhe-entre, e separa.

E assim como no plano físico há seletividade, há também no biológico, no psicológico e no social.

Todo existir está em *crisis*. e o homem é a consciência quaternária dessa *crisis*.

Imerso no existir, imerso nela, torna-se esta a sua grande inevitabilidade, mas também a sua constante inconformidade.

Não é *crisis* um conceito meramente formal. É também concreto, porque todo existir é símbolo desse esquema, que, por sua vez, também é *crisis*. Gênero supremo, é ela uma categoria do existir finito, porque tudo quanto existe se separa, conhece abismos. Mas todo abismo é gradativo, e *crisis* também o é; é mais ou menos. E se o homem de hoje toma dela uma consciência tão aguda, não é por lhe ter ela sobrevindo inesperadamente, mas porque se agravou, porque os abismos foram escavados ainda mais, porque os vales cresceram, e os cumes das montanhas estão tão longínquos, que já se perdem por entre as nuvens, que marcam os limites aparentes dos falsos horizontes. Por isso o homem de hoje pergunta: Estamos em *crisis*? E se estamos, há uma salvação?

Toda pergunta revela irremediavelmente o desejo de uma determinada resposta. Digamos: não!, e crescerá ainda mais a amargura e a dúvida. Digamos: sim!, e aumentará o desencanto e o ímpeto de repeli-la. E repelimos o "sim" ou o "não", e repelimos o "sim e não" e repelimos também "nem sim nem não".

Mas a *crisis* que é a nossa realidade, é também a nossa impossibilidade.

Somos *crisis*, e não podemos e não queremos ser ela. Meditemos: todo o existir finito é *crisis*, mas todo o existir, também, não *quer* ser ela, por isso todo existir *quer* vencê-la, vadear o abismo, ultrapassá-lo, que é o devir, o constante transmutar-se de todas as coisas.

E a história desse vencer é o tempo. E o tempo é enquanto não é; e não é enquanto é.

E se a atualizamos e a vivemos, não a queremos viver, e se não a vivemos, não podemos sobreviver sem ela.

A *crisis* é sempre vencida, ultrapassada pelo devir, que vence a sua finitude ao finitizar-se no eterno transmutar, mas que a afirma em cada instante, porque ela, deslocada daqui, aparece, teimosa e inevitável, ali.

Não podemos viver sem a *crisis*, e não podemos viver *com* ela. Mas podemos unir, por uma visão panorâmica, os cumes das montanhas, sem negar os vales, que, não esqueçamos, são também positivos, e nada adianta esquecê-los.

E é a *crisis* que leva o homem à *crítica*.

A filosofia hindu define o homem como o ser que valora e valoriza; ser que estima, escolhe. Mas todo existir escolhe, prefere e preter. Onde há uma preferência, há uma hierarquia; onde há hierarquia, há valores. Todo existir é um evidenciar de valores, outra nova categoria que se incorpora à grande lista das velhas categorias filosóficas.

E se não evitamos a *crisis*, por que não reconhecer que há vales porque há montanhas, e que se há abismos, há cumes eminentes?

Em todo o campo do existir há *crisis*, e todos falam em *crisis* histórica, de consciência, econômica, religiosa, filosófica, estética, etc.

Abismos abertos, abismos fora do homem, abismos dentro do homem. E não foi o constante olhar desse abismo que deu ao homem a consciência de sua perda? E não foi por temê-la, que se quis salvar?

Sem a *crisis*, como compreender um "saber de salvação", como as religiões e as filosofias, e até a ciência, que, também, já soou como uma promessa?

E fala-se hoje tanto nas causas da *crisis*. Mas como procurar causas, se é ela o modo de ser de todo o existir?

Não procuremos as causas, mas, sim, o porquê do progressivo crescer dos abismos.

Sim, a *crisis* é inevitável; mas por que crescem os abismos, por que se distanciam cada vez mais os cumes das montanhas?

Em cada instante a *crisis* nos separa. Toda a nossa vida é um separar-se, um constante separar-se, e a consciência dessa separação é o nosso tempo. Podemos vencê-lo aparentemente nos estados oníricos, mas a nossa consciência vigilante é o nosso decepcionante sinal de atenção.

Eis aqui um ponto valioso. Como não haver *crisis* se cada vez nos separamos mais? Não impediremos a separação, está certo, mas por que exacerbá-la? Não somos nós os eternos coveiros da *crisis*?

Que fazem os nossos *especialistas*, senão separarem-se, abstraírem-se na *espécie*, no que aprofunda a *crisis*? Não seccionamos a realidade para compreendê-la, e não nos esquecemos de juntar os fragmentos que separamos? Se nós aumentamos a *crisis*, ela se agrava por nossa culpa. Nós não a criamos; nós aprofundamos abismos.

E a nossa inteligência, em vez de unir, de incluir, ela separa, desune, exclui. Seccionamos, sectarizamos, e queremos totalizar o todo, homogeneizando-o ao heterogêneo que separamos. Eis aí a *crisis*, agravada por nós.

Mas, por que cavamos tantos abismos? Não é acaso verdade que há períodos em que os abismos são maiores?

Não houve períodos de maior e de menor *crisis*, e não é o nosso de maior? E a história nos conta e confirma essa observação.

Cavamos abismos, quando já os temos dentro de nós. E eles surgem da nossa desesperança.

É a desesperança que cava abismos. E o homem desesperado, quando não mais espera o que esperava, precisa encontrar o que não tem. E o desespero, que está virtualizado no crente fiel, atualiza-se no homem que duvida. Cavam abismos os que duvidam.

Mas, dirão, é possível crer mais? E pode, acaso, o homem deixar de crer? Ele procura uma crença no desespero, ele procura uma crença ao aprofundar o abismo, crença até no não crer mais em nada.

E quando não crê e procura crer, fanatiza-se.

Estamos, afirmam, na época de maior descrença, mas numa época fanática e também irônica. Ou há loucos obstinados, ou irônicos, que de tudo sorriem.

Ainda desespero.

E essa desesperança trouxe a inversão dos valores mais altos, a inversão das hierarquias. E desde aí começou a avassalante marcha de ascensão dos tipos mais baixos, para cuja ascensão o capitalismo colaborou, e daí, como decorrência, surgiram o primarismo, a improvisação, a autossuficiência dos medíocres.

Mas decepções esperavam o homem, como ainda o esperam e ainda o esperarão em todas as esquinas da história, e elas, afinal, aprofundaram o abismo, e criaram a esperança de que a *crítica* (e não esqueçamos, que ela também significa análise) fosse capaz de dar os conhecimentos salvadores que as velhas sínteses, assim julgavam, não haviam confirmado.

Estamos vivendo a *crisis* analítica, do especialista. Nunca sentimos tanto como hoje a necessidade da concreção.

Mas é preciso ter muito cuidado para que não nos ofereçam, com o rótulo de concreção, velhas visões unilaterais, sectárias, geradoras de outras novas brutalidades, que apenas vão repetir a velha monodia da brutalidade humana. Cuidado com as pseudosínteses, com os inócuos substitutos de Deus, como nos propõem os nossos "religiosos" da matéria e os "religiosos" da existência, ou outros que julgam que, ao substituir os símbolos, substituem os velhos simbolizados.

A história humana é a história das decepções.

E o homem, esse grande decepcionado de suas crenças e de suas utopias, sempre malogradas, aceita a proposta daqueles que se decepcionaram antes dele. Pactua com o imediato, porque o mediato não surgiu; por isso vive os meios que lhe estão próximos, e não mais os fins.

E a *crisis* se torna consciência no homem, quando ele transforma os meios em fins. E por que essa reviravolta? Porque descrê dos fins. E descrê deles porque eram piedosas mentiras que ele colocou onde elas não poderiam estar.

Quereis uma terapêutica para a *crisis*? Deixai surgir os humanos possíveis; mais que possíveis, prováveis; mais que prováveis, atualmente potenciais. Acreditai neles e não temei a *crisis*. Unireis os cumes das montanhas, sem deixar de compreender os vales que precisam dos cumes para serem compreendidos. Em vez de separar, uni; em vez de abstrair, concrecionai. Não aprofundeis o abismo com as vossas ideias, as vossas atitudes, as vossas religiões, as vossas crenças, as vossas artes.

Não vos separeis nem do passado nem do futuro. Vivei o instante, não como instante, mas como um grande prelúdio do amanhã e um grande realizar-se do ontem, como o ponto de encontro de dois infinitos.

Abandonai a moeda falsa das vossas originalidades que cavam abismos; a moeda falsa das vossas crenças que separam; a moeda falsa da vossa individualidade que desune.

Falamos num tom apostolar, e hoje, exigem que se peça perdão quando se fala em tom apostolar.

Falamos a vós, que ainda estais nos cumes das montanhas e a vós que estais nos vales. Aos primeiros, permanecei aí. E aos segundos, não podeis negar os cumes porque julgais que não podeis ascendê-los. Tentai escalá-los, e os escalareis. Não deixeis falar a vossa covardia, mas sim a vossa coragem. É preciso ascender às montanhas, e dos cumes lançar um olhar de boa vontade para todas as coisas.

Desconfiai do abismo, quando ele falar dentro de vós. Procurai ouvir o uivo agudo dos ventos que sopram nos cumes.

Os homens viverão morrendo a sua *crisis*, e muitos afogar-se-ão nos seus abismos. Mas se essas gerações não forem capazes de vencê-los, é preciso que outras o façam.

Mas há um perigo, e grande, e por termos consciência dele, surgiu este livro. Nele resumimos, numa linguagem tão simples quanto possível, a nossa filosofia *da* crise, que procura compreender as filosofias *de* crise.

Os homúnculos do vale ameaçam a perduração dos abismos. E eles se convenceram que a *crisis* se dá porque o homem é heterogêneo, e resolvem: *É preciso impedir que se pense.*

Ele deve repetir, repetir; apenas repetir a cantilena monótona e desagradável do charco, que povoa lugubremente o abismo, e nele deve homogeneizar-se.

E como vencereis a *crisis*, se, como maus atores, como dizia Epícteto, apenas quereis ter um papel no coro?

O conceito da crise

O homem é a consciência da crise (*crisis*), pois a somos quando nos erguemos da animalidade, quando em nós ela se torna consciência. A própria consciência é condicionada por ela, pois, para afirmar-se, precisa separar, para marcar a nitidez do que é, e do objeto sobre o qual ela realiza o pleno exercício de si mesma. Ela precisa separar, ela precisa realizar a *crisis*.

Quando meditamos sobre ela, um longo caminho se abre aos nossos olhos, desafia a nossa argúcia, apela à nossa inteligência, porque há problemas por solucionar, perguntas por responder, dúvidas que não podemos tolerar mais.

Quando se deseja precisar com nitidez o seu conceito, para colocá-lo nos diversos planos e esferas que nos permita numa análise decadialética, para empreendermos uma busca nos diversos setores, por entre planos, esferas e campos, aquele conceito desafia a nossa argúcia. É preciso enfrentá-lo.

Que nos diz, que nos aponta esta palavra? De início, uma ação de separar. Em qualquer esfera que nossas investigações se processem, lá encontramos a ação de separar. Na esfera físico-química (dos corpos chamados brutos), na esfera biológica (dos corpos chamados vivos), na esfera psicológica (lá onde lampeja um psiquismo e brilha um pensamento), na esfera histórico-social (onde há a presença do nosso semelhante), em toda a parte a separação se instala. Mas, não só a separação; pois, como se poderia afirmar a separação sem alguma presença unitiva? Como surgiria a ação de separar se não existisse o que une?

A ideia de *crisis*, para os gregos, é a ação que realiza o ato de separar, de escolher, *krisô*. Se seguirmos as providências da decadialética para examinar este tema, que tanto aflige o homem moderno, devemos iniciar por esclarecer o conceito, colocando-o em seus planos.

Na *crisis*, há uma separação, e separar é abrir distância entre pares; ela se-para. Mas a distância exige um *entre* os separados.

E quando, no mundo corpóreo, separamos os seres, nós os distanciamos. E a distância (mostra-nos a experiência) pode ser aumentada, e é ela gradativa, pois pode ser maior ou menor, afastar-se mais ou menos. Portanto, no conceito de *crisis*, temos sempre um "afastar" das coisas, um ato de "distanciá-las" umas das outras.

Mas também realizamos separações além do mundo físico, realizamos separações mentais. Se quiséssemos separar o verde das penas daquele pássaro não o poderíamos realizar fisicamente. Mas podemos pensar nele, e ter a imagem daquele verde aveludado. E mesmo que os olhos vejam tantas coisas, uma imagem do verde, como representação, surge em nós, vendo-a sem a ver.

Nossa imaginação, essa capacidade de ordenar imagens, pode reunir sequências de situações vividas pela rememoração, ou de cenas que não vivemos na sua ordem, mas que são sempre compostas das pequenas experiências de que está cheia a nossa vida.

Chama-se abstração, o ato de separar, no espírito, o que não é separável no mundo físico. É ainda *crisis*.

E assim como podemos memorizar o verde daquele pássaro, podemos, numa representação sem imagem, pensar sobre o verde. Não este nem aquele, mas o verde, a *forma* verde, a forma que separamos de todos os verdes conhecidos, mas que está também nos verdes que os olhos já viram: a formalidade do verde, o conceito do verde. Ainda *crisis*.

Se entre as coisas que separamos fisicamente, estabelecemos distâncias maiores entre elas, também estatuímos distâncias em tudo quanto pensamos separadamente.

Há uma distância entre a separação física, como há uma distância nas separações mentais. Mas enquanto as primeiras se dão no tempo e no espaço, e podemos medi-las, as mentais não se dão no espaço, dão-se em nós, além do espaço, e vencendo até o tempo, porque podemos revertê-las do passado para o presente, colocá-las independentemente da ordem cronológica, vivendo-as num instante que torna presente o pretérito, sem distâncias espaciais, tópicas, porque, no mundo das ideias, estas estão implícitas em outras ou de outras afastadas, sem que estejam aqui ou ali.

E uma ideia, que está implicada em outra, podemos ainda separá-la mentalmente, examiná-la, descrevê-la, sem nenhuma separação espacial.

E assim funciona o nosso espírito, realizando tais separações, tão diversas das separações do mundo físico. E ainda é *crisis*.

E essa *crisis* realiza a crítica, a análise das ideias, pela separação de umas das outras.

Aquele relojoeiro tem nas mãos um mecanismo prodigioso, que é sempre um encanto para os olhos e para a inteligência. Ele o abre, com o domínio dos dedos, serenamente, e vai separando peça por peça. Ei-lo agora decomposto em suas partes. Tudo é inerte sobre o pano de cor verde-claro. No entanto, ainda há pouco, tudo aquilo estava junto, e movia-se num simulacro de vida. E acompanhava o tempo, e o indicava. Moviam-se aquelas peças pondo em movimento outras. A maravilha, que encantava os olhos e a inteligência, parece morta agora.

E se dali nos afastássemos, certamente levaríamos em nós uma insatisfação. É que aquelas peças, agora separadas, parecem protestar dentro de nós, solicitando o retorno à unidade, que antes formavam. Há em tudo isso um sabor de profanação. E, em nós, há um apelo a essa ordem que antes dominava, ordem potencial em cada uma daquelas peças, que a mão sábia do relojoeiro poderá novamente reunir.

Essa insatisfação acompanha a *crisis*.

O espírito humano disassocia, separa, afasta, distancia, e sente-se insatisfeito. A insatisfação cresce, aumenta, avassala, à proporção que abrimos e alargamos as distâncias.

Por isso, vivendo a *crisis*, somos e estamos insatisfeitos.

Se separamos as coisas fisicamente umas das outras, alargando as distâncias, sentimos que entre elas se estabelece um *entre*, que aumenta à proporção que as distanciamos. Mas que é esse *entre*?

Dizemos que se intercala em uma coisa distanciada de outra um espaço. Um espaço que aumenta ou diminui. Mas o espaço, em si mesmo, não aumenta nem diminui. O que aumenta e diminui é a distância no espaço.

Não é essa distância um nada. É um ser relacional, que se forma pela referência dos dois termos separados. E há uma distância entre todos os corpos, porque todos se separam. As unidades formadas distanciam-se mais ou menos umas das outras. E essa distância não é "nada", porque é alguma coisa, e porque é alguma coisa tem um ser, e é um ser. Mas também são seres os termos que se distanciam. E o que há entre eles? Uma distância que aumenta ou diminui. Mas o espaço compreendido é apenas um vazio? Se despojássemos o mundo de todas as coisas corpóreas, restaria apenas um grande vazio?

Pode a nossa razão, em sua ação despojadora, e que é ainda *crisis*, distanciar as coisas umas das outras, a ponto de parecer que entre elas se intercala um nada.

Mas o nada é impossível. O nada *não pode*, porque o nada não é ser. E se o nada é nada, como marcar limites?

Examinemos bem este ponto. Quando vemos as coisas do nosso mundo exterior, notamos que elas marcam fronteiras mais ou menos nítidas, umas em relação às outras. Esta mesa, onde escrevo, é uma unidade criada pela mão humana, um artefato, um objeto do mundo da cultura. A madeira, que é da natureza, tomou uma forma que lhe deram a inteligência e a ação humanas. É um todo feito pela arte, pela técnica, que é sempre assistida pela inteligência, e que dá um fim, um outro fim às coisas da natureza. Um ser é da natureza que surge, mas o homem dá-lhe uma figura, dá-lhe uma proporcionalidade intrínseca e extrínseca, destinando-o a um outro fim, extrínseco aos fins da natureza, e constrói, com a marca do seu espírito e da sua habilidade, um ser da cultura.

Ele aqui está distante de mim. E marca sempre uma distância, embora minhas mãos o toquem e meus olhos o vejam. É ele um todo que de mim se separa. E separa-se daquela cadeira e separa-se das paredes desta sala.

Meus olhos pousam agora sobre uma árvore que emerge do solo. Ela também se separa de mim, e se separa daquele céu azul, separa-se da terra onde imergiram suas raízes. Nitidamente, vejo o seu tronco ereto, distanciado de todas as outras coisas.

Mas vejo, quando me ponho a meditar, que a separação entre mim e aquela árvore, e entre ela e a terra e o ar, apresenta uma nitidez diferente. É que se penetrar em suas raízes, já não saberei onde termina a árvore e começa a não árvore, porque, pergunto: é aquela árvore algo que se distancia tanto daquela terra úmida que cobre as suas raízes? Onde está o seu limite e o da atmosfera que a circunda?

Desde logo sinto que há distâncias e distâncias. E preciso distanciar uma das outras para poder estudá-las, analisá-las. Tudo isso é ainda *crisis*.

Os seres delimitam-se uns ante os outros. Mas esse limite é o que os separa. Mas o limite desta mesa é o limite dela, e o limite também do que não é ela. E a distância entre a mesa e a não mesa, pergunto, como é? E como é essa distância entre a árvore e a não árvore? Que se intercala entre elas?

Ou um ser ou um nada. De qualquer forma, a não árvore. Se é nada, há um vácuo entre ela e o que não é ela. Se é ser, deve ter um limite, e a minha pergunta nunca mais terá fim.

Portanto, eis que me assalta agora um problema que preciso enfrentar. Ao estabelecer, pela *crisis*, a crítica da *crisis*, descobri o limite, e este, que se marca na distância do que é e do que não é, desafia-me agora, porque, se o afirmo como ser, ele me pede um limite e, este, um ser, e, este um limite, e não terei fim nesse perguntar.

Mas se eu colocar diferentemente a pergunta, talvez encontre outras soluções, e talvez novas perguntas. De que é o limite? De que é, ou de que não é? É da árvore ou da não árvore? Se é da árvore, é constitutivo dela. Se não é dela, é da não árvore, e será constitutivo desta. De qualquer forma, ele se coloca como sendo de um dos termos que se separam. De per si o limite não é; pois o é deste ou daquele ser.

Se examino esta mesa, vejo-a com limites nítidos que a separam das outras coisas. Mas compreendo, ademais, que o limite desta mesa é também o de tudo quanto não é esta mesa. Assim, marca a fronteira da mesa, o até onde ela é ela, e o até onde o que não é esta mesa é não ela. Desta forma, o limite, que pertence a um, pertence também ao outro. Portanto, o da mesa é da mesa e também não é dela, porque é de tudo o mais que não é a mesa.

Estou em face de contradição? Afrontarei assim as regras da Ontologia (ciência do ser) e da Lógica? Vejamos se realmente tal se dá.

O Limite

Poder-se-ia dizer que o dimensional tem limites, e é dimensional tudo quanto é *dimensivo*, de *mensura*, tudo quanto é medível extensivamente. Encontramos em Avicena uma definição: "O limite é o *pelo que* a coisa quantitativa atinge o lugar que ela não pode ultrapassar".

Todo o ente, no nosso mundo tempo-espacial, é delimitado por si e pelos outros, que não são ele. É o que delimita uma coisa de outra, o que separa uma coisa de outra, o que separa esta coisa de outra coisa. Por isso, o limite não é apenas o não ser da outra coisa, que é outra da que é limitada, mas é limite de uma e de outra. Desta forma, ambas participam, no limite, de algo que lhes é comum. Assim, portanto, o que separa as coisas é tanto de uma como de outra. E como o limite não é um ser em si, mas um ser em outro, as coisas que se limitam, tem, nele, um ponto em que se encontram, porque ele é de uma ante a outra; da primeira ante a segunda, como da segunda ante a primeira. No limite, começa o não ser de uma coisa. Mas também aí, onde começa o não ser, é o termo do ser de outra. E, desta forma, o limite é do ser de uma coisa e também é o começo do seu não ser.

Portanto, o conceito de limite é um conceito dialético, pois afirma e nega, pois afirma um ser e nega-o, afirmando o outro, que não é ele. Mas não há, propriamente, contradição formal, porque o limite de uma coisa é o ponto que indica onde ela termina. E poderia ela terminar senão ali onde ela, mais adiante, não seria ela? Neste caso, o limite separa a coisa do que é ela, sem que afirme que a coisa é o que não é ela, mas apenas aponta o que dela se separa. Portanto, o limite é, ainda, *crisis*.[1]

Mas o limite realiza uma mediação, pois ele se intercala entre o que é alguma coisa, aqui e agora, e o que não é esse alguma coisa. O limite estabelece, assim, uma diferença imediata. Esta coisa é alguma coisa dentro dos seus limites, mas extrinsecamente não é mais nada, porque o limite marcaria o não ser também de uma coisa (o deficiente, o que lhe falta), pois o que lhe é extrínseco é outro que ela. Mas, também, para este, ele tem o mesmo significado, pois ele se intercala entre ambas coisas para apontar a uma e a outra o que não é ela, e afirmar o que elas são. Aqui, uma cessa de ser, e a outra começa a ser. Coincidem, assim, as coisas separadas no limite, pois, nele, cada uma deixa de ser o que é, e cada uma começa a ser o que é. Ele está onde começa o não ser de cada uma, e onde começa o ser de cada uma.

É o ponto de fusão de uma contradição, que não nega o princípio fundamental ontológico, mas que afirma também o que recusa, pois negar é sempre um recusar, afirmativo portanto. Se este ser não tivesse limite seria naturalmente ilimitado. E, neste caso, não diferiria do "outro".

E o que determina, que é ele e não o outro, é o limite, que os separa. E é ele que os separa, mas entre o de um e o do que não é, não há *diastema*, como diziam os gregos, uma distância, porque uma coisa cessa de ser ela, no limite em que ela o alcança com o seu ser.

Portanto, o que não é ela está imediatamente ao lado dela, e nenhuma distância pode haver, porque a própria distância, se houvesse, já seria o outro que

---

[1] Mais adiante examinaremos noologicamente (na esfera do espírito) o conceito de limite.

não é. Portanto, uma coisa cessa de ser a si mesma, no precípuo ponto que alcança o seu ser.

Não é o limite que nos permite dizer o que uma coisa é? E sem os limites, como poderíamos distinguir os seres? E se cada coisa é o que é, por seu limite, é também por ele que ela deixa de ser outra. Ele a afirma e também lhe barra um além, porque lhe nega um além, que ele também afirma. E a forma também não limita as coisas? Não é só o limite da figura que as delimita, mas também a forma a limita pela sua razão formal.

O homem é delimitado pela forma humana, pela razão intrínseca de ser homem.

E não só as coisas do mundo corpóreo conhecem limites. Também os conhecem os conceitos e as ideias, pois elas sempre têm um que as separa de outras, que as delimita, que as afirma, e afirma o que não é nenhuma delas.

Ele, assim, instala-se em todas as coisas finitas, pois todas elas têm limites.

E se o ser universal é único, ele não os sofre, porque onde há ser, está o ser, e não há outro além dele. Mas aqui surge um problema de filosofia: o limite ou é dado extrínseca ou intrinsecamente pelas coisas? Seria a circunstância ambiental, que rodeia os corpos, o limitante de um corpo? Não haverá uma razão intrínseca nos corpos que os ubiquam em seus limites? A presencialidade ontológica de um corpo está na razão interna de si mesmo, ou na circunstância ambiental que o cerca?

Não há uma estância do ser em si mesmo, distinta do lugar que ele ocupa? Não cometeríamos um grave erro se os confundíssemos?

Todo o ser tem uma consistência, e um ser corpóreo tem uma consistência e uma subsistência, que formal e materialmente o compõem.

Mas todo ser corpóreo, por sua vez, ocupa um lugar no espaço, e dá-se no tempo. E essa maneira de ser e de existir marca-lhe um limite.

Mas o estar aqui e ali não consiste na circunstância extrínseca de estar precisamente aqui e ali apenas. Esta mesa não é apenas ela porque está rodeado por esses corpos, nem porque ocupa este lugar, pois poderia ocupar outro, sem que a sua estância intrínseca fosse mudada.

Essa intrinsicidade dos seres é importante e deve ser considerada para que melhor compreendamos os limites.

Não é a superfície última dos corpos que marca a sua intrinsiecidade, mas sim a *razão* que lhe dá a proporcionalidade interna. O espaço, que ocupa, lhe é extrínseco, porque o que lhe é intrínseco é a sua forma, que é interna, enquanto a figura é a sua forma extrínseca, a que surge aos olhos, aos sentidos, enquanto a outra é captável apenas pela inteligência. E quando dizemos que este corpo está aqui ou ali, sentimos claramente que o lugar que ocupa lhe é extrínseco, e que tem uma presencialidade que dele se distingue. Por isso pode ocupar outro lugar, sem que sofra uma mudança na sua forma, que é a sua presencialidade intrínseca. Aquele rochedo, que emerge do fundo do mar, ocupa sempre o mesmo espaço, mas notemos que as águas que o cercam são sempre outras, levadas pelas correntes marítimas.

A estância, portando, do rochedo, não depende das águas que o cercam. O mesmo se dá com aquele pedaço de madeira que as águas carregam. É fácil compreender agora que há um limite extrínseco da figura e um limite intrínseco, que é o da forma. Ambos, porém, separam. E isso é *crisis*.

* * *

Encontramos no limite, um apontar da *crisis*, que surge em todos os existentes finitos. A consciência dela, que em nós se avoluma, é um tema importante que apela ainda para muitas divagações.

Das observações que fizemos acima, verificamos que o limite pode ser considerado como o ponto em que cessa de ser o ser de alguma coisa. E como as coisas do mundo corpóreo têm uma forma extrínseca, que é a figura, esta apresenta o limite estereométrico, o da sua última superfície.[2]

---

[2] Nota do Editor: vale recordar que a "estereometria" é a parte da geometria que trata da medição dos volumes dos sólidos.

E como têm uma forma intrínseca, que é realmente a razão da coisa, a lei de proporcionalidade intrínseca, que lhe dá a unidade, apresenta um limite, que é o da forma, da quididade, do *quid* da coisa, que nos transparece na definição, que é a delimitação formal de um conceito.

Há, ainda, as fronteiras que o não ser esta coisa estabelece, tangendo-a imediatamente; a fronteira do não ser, que é simultaneamente o limite da figura.

Podemos esquematizar:

limite:
- figurativo
- formal
- ambiente-circunstancial

Quando nossos olhos se pousam sobre as coisas que de nós se distanciam, algo do mistério do mundo parece querer revelar-se. Aquele quadro, cercado pela moldura, preso àquela parede, imóvel e imobilizado, sem um protesto, dá a impressão da amargura de quem aceita o seu destino.

Antropomorfizamos as coisas, quer queiramos ou não. Mas nesse antropomorfismo não há uma violência feita às coisas, porque, no nosso sentir, há uma profunda analogia entre a nossa afetividade, o nosso perscrutar as coisas, e o que as coisas são.

Aquele retângulo de madeira e pano, onde a mão do artista traçou os sinais do ímpeto criador, algo que se isola, separa-se, só, eminentemente só, e único, imerso na sua unicidade, que é sempre solitária.

Mas nós sofremos, quando nos sentimos sós, únicos, na nossa unicidade, separados por um abismo de todos os outros, famintos de sua fusão, de algo que nos una, mas sentindo, após as nossas embriaguezes, em que coincidimos com os outros, a irremediável desilusão, e a certeza não desejada de que há algo em nós, cuja sombra jamais se fundirá com as sombras dos outros. Há sempre um outro, e nós. Temos consciência desse limite.

As coisas também sofrem dos seus limites, mas caladas, intrinsecamente caladas, silenciosas até ante si mesmas, porque, nelas, não há um eu que perscrute a si mesmo. Nelas há o silêncio; tremendo e inelutável silêncio. Mas nós o ouvimos, porque se elas calam intrinsecamente, falam, contudo, uma linguagem que nos toca ao coração.

E a *crisis* se agrava se aceitarmos essa separação como irremediável, um abismo insuplantável, traçado entre nós e os outros. E, não podemos negar que sentimos que se pudéssemos vencer essa separação, algo em nós se iluminaria.

Um quarto limite foi traçado, aqui, além dos três primeiros.

É o limite da individualidade. Cada coisa que se individualiza é de per si um limitar-se a si mesma ante os outros. A incomunicabilidade da sua unicidade, que apenas formalmente, e por analogias afetivas podemos captar, é um limite que traça a si mesma e aos outros. Mas as coisas ignoram essa situação. Em nós, porém, ela se torna consciência, porque, em nós, agravamos as distâncias, e a *crisis* é mais profunda.

É que há em nós um eu que perscruta o limite que lhe dá a individualidade, e que limita o eu que busca ultrapassar esse limite, e que dele não se satisfaz, que dele sofre, e por ele sofre.

Portanto, um quinto limite surge subitamente em nós.

O limite do eu ante o limite da individualidade. Sim, o eu tem um, e tanto o tem que sentimos que a individualidade o limita. Se ela o limita, o desta é também o do eu, porque, como já vimos, o limite é sempre um dúplice apontar de um outro para outro.

Tomamos consciência da nossa individualidade através do eu. Mas acaso o eu não tome consciência de si mesmo quando toma consciência da individualidade? Não há aqui uma consciência da consciência? Um saber que sabe que sabe? E não há em nós algo que sempre se coloca além de todo o nosso conhecimento, algo que conhecemos, sempre distante, sempre cada vez mais distante, que marca uma presença que sempre se separa de tudo quanto delimitamos, pois conhecer é sempre delimitar? E esse saber de um saber que se distancia, logo que traçamos um limite, não é um grande ilimitado, que constantemente evita prender-se dentro dos limites?

E dessa forma, entre os limites de todo o nosso conhecer, não há sempre em nós, algo que conhece, que os vence, porque deles não se deixa apreender? E que sempre se separa, distante, sempre o mesmo?

Ainda é *crisis*. Mas é também já um apontar de uma vitória que vivemos em nós.

O leitor, ao ler estas páginas, pode tomar consciência de que lê estas páginas. Não se desdobrou agora? E não pode tomar consciência de que se desdobrou nesse momento em que toma consciência que lê estas páginas? E que sente em tudo isso? Que algo nele é rebelde a prender-se em limites. Algo que os capta, mas que não quer limitar-se, e que sempre escapa a toda limitação, algo que em nós é ilimitado, algo que em nós afirma uma vitória sobre tudo quanto estabelece uma fronteira, porque vence e ultrapassa as fronteiras.

Todos esses limites são ultrapassados por algo que sempre se distancia deles, e que os aceita como os seus limites. Ainda há *crisis* aqui, mas surge ante os olhos uma promessa de vitória.

Portanto, há uma razão para não desesperar. Mas é preciso encontrar o caminho prometido.

Intercala-se o nada entre as coisas?

Como há, na filosofia, os que afirmam e defendem que entre as coisas se intercala o nada, é mister que de antemão se esclareçam alguns pontos fundamentais.

Os corpos que conhecemos, que nossos sentidos nos revelam, e cuja forma intrínseca nossa inteligência capta, ocupam um lugar, e se dão no tempo, porque estão imersos no suceder.

Os conceitos de tempo e de espaço são esquemas fundamentais que presidem a toda a nossa experiência com o mundo exterior, pois tudo quanto conhecemos, sensivelmente, conhecemo-lo no tempo e no espaço, que, como expunha Kant, presidem a experiência e dão o nexo de ordem, esquematizam-se em suma. Ao captar a unidade de um fato, nossos esquemas de tempo e de espaço dão-lhes uma ordem, isto é, uma relação das partes com o todo e das partes entre si. Se tempo e espaço são reais, ou apenas esquemas construídos por nós, é um problema de filosofia, que exige complicadas análises.

Um estudo da psicogênese (da gênese do nosso espírito), como já tem sido empreendido na época atual mostra-nos que os esquemas de tempo e espaço se formam através da coordenação de esquemas do sensório-motriz, até que a razão os generaliza, para transformá-los em esquemas abstratos[1].

---

[1] Toda nossa intuição ordena-se *simultaneamente* ou *sucessivamente*. Os fatos sensíveis são captados na simultaneidade ou na sucessão. É fundamental da intuição sensível

Os escolásticos, como Tomás de Aquino, que seguem a linha aristotélica, afirmavam que tempo e espaço são entes de razão (*entia rationis*), mas fundados nas coisas, *cum fundamento in re*, pois há entre as coisas distâncias e suceder, que permitem generalizar os esquemas da experiência, até formar os conceitos abstratos de tempo e de espaço, que o racionalismo moderno separou totalmente dos fatos, esvaziando-os destes, que *neles* se dão. Tornou-os dois grandes vazios, que são verdadeiros nadas, em oposição ao conceito de tempo-espaço da física, atual, que segue, neste sentido, a linha aristotélica.

O espaço e o tempo, esvaziados de todo conteúdo fáctico, são entes conceituais, cujo conteúdo implica o despojamento de tudo quanto acontece facticamente, porque todo ser singular, pela sua extrema singularidade, é sempre um desafio à compreensão racional.

Tais esquemas presidem, é verdade, às experiências futuras. E se eles são aposteriosristicamente construídos, como o mostra a psicogênese, terminam por atuar aprioristicamente, antes da experiência, o que é inegavelmente uma positividade do pensamento kantiano.

Se as coisas se dão no espaço, e elas se separam, como o limite o revela, entre elas se interpõe o espaço. Mas, que espaço? Um espaço cheio, como o de Lorentz, ou um espaço vazio como o de Demócrito? Se há um vazio, e esse vazio é total – neste caso um nada que se intercala entre as coisas – teríamos de aceitar que se formariam verdadeiras ilhas, num mar vazio de tudo, um grande nada onde as coisas acontecem, incomunicáveis umas às outras.

Leibniz, não podendo vencer este problema, que se lhe tornava exigente, construiu sua visão monadológica. As coisas seriam composições de mônadas. Cada uma delas é uma unidade solitária num grande vazio, impenetrável e incomunicável com as outras. Mas atuariam, coordenadamente, com as outras,

---

essa ordenação. Temos aqui a base positiva do pensamento kantiano. As contribuições da "Psicogênese" não destróem a *emergência* dos conceitos de tempo e espaço, apenas salientam a *predisponência*, outra positividade que se inclui na maneira concreta de ver o mundo, que é a nossa.

graças a uma causa eficiente divina, e nos dariam a aparência das coisas, figuras surgidas da coordenação das mônadas, sem maior realidade que estas. No entanto, em nós, tomariam elas forma, sem que entre elas se desse reciprocidade, senão a de estarem umas em face das outras, segundo certa ordem de lugar e de figura, sem comunicações, totalmente estranhas umas às outras.

Estamos, portanto, em face de duas afirmativas. A que propõe a presença do nada, a presença de um ausente absoluto, porque é nada, e a que afirma sempre a presença do ser, no qual não há interstícios nem fronteiras, porque enche tudo, sendo o espaço apenas um esquema da colocação e do relacionamento das coisas, sem que se lhe dê uma presença real, de per si.

A primeira posição, tão cara à filosofia racionalista, é um agravamento da *crisis*. Ela afirma uma separabilidade absoluta e proclama a inevitabilidade do abismo que se intercala entre os seres. A segunda, embora afirme certa separabilidade, aceita-a apenas como relativa, pois tudo se funde no ser, que é sustentáculo de tudo, e o espaço, que se intercala, é apenas uma modalidade de ser, que é outro que o ser desta ou daquela coisa. Afirma ainda a *crisis*, mas sem o abismo invencível e absoluto dos racionalistas, pois, se admite graus de diferença intensivo-extensiva entre as coisas, proclama uma comunhão no ser, no qual todas se sustentam, e nele coincidem.

Mas se examinarmos os seres deste mundo, poderemos considerá-los como figuras que se formam da coordenação de seus elementos componentes. Mas podemos acaso deixar de reconhecer que formam totalidades compostas de partes? Não formariam essas mônadas um todo, que aqui está, este livro, esta mesa, que se distingue, separa-se, e limita-se de tantas maneiras?

Mas essa figura, que ora nos surpreende, surgindo do contorno, da circunstância ambiental, essa figura tem uma estrutura ôntica e ontológica, é algo que se modifica pela atuação de outros seres que constituem o ambiente circunstancial. Portanto, admite modificações; é passível de modificações que se atualizam. E passível ainda de ser destruída, transformada em outros seres pela ação de outras estruturas, que neste mundo se dão.

E se as coisas atuam entre si, se elas exercem umas sobre as outras uma determinação, temos de reconhecer que são determináveis e que, portanto, podem sofrer o atuar das outras. Mas como poderiam atuar umas sobre as outras, se entre elas se dá o nada?

Não vemos que o nada as afastaria infinitamente? Se o nada se interpusesse, como ultrapassá-lo? As coisas estariam irremediavelmente separadas, e essa seria uma opinião não só de *crisis* mas também de desespero.

Não é, porém, o que a experiência nos mostra. A experiência, tanto a filosófica como a científica, revela-nos que o nada não pode intercalar-se entre as coisas, e até Demócrito sentiu o perigo em que se abismava, tendo, afinal, reconhecido que esse nada não poderia ser um *nada*, pois era alguma coisa, dando-lhe uma certa eficacidade. E como o nada, sendo nada, poderia ter eficacidade? Se a tem já é alguma coisa, e se o é, não é apenas nada, mas algo; portanto um ser que se afirma, positivo, e não o negativo e ausentado de ser, como é o conceito paradoxal de nada.

Se entre duas coisas ele se interpusesse, a distância entre elas seria infinita. Sim, porque a finitude só se pode dar onde há alguma coisa, pois permite medir. O nada é imedível, o nada seria um abismo sem fim[2].

O que se intercala entre os seres é ser. Modalidade de ser, diferente ou diversa, mas ser, em toda a escalaridade de ser, mas sempre ser. As coisas não se distanciam infinitamente, mas finitamente.

Aqui, nesta noite, meus olhos pousam na luz daquela estrela que brilha tão longínqua. Ela vem até mim sem me aquecer. Sinto-a tênue, frágil, nos meus olhos. Como o nada poderia intercalar-se entre mim e ela? Não recebem meus olhos algo da sua presença? Não tenho agora em mim, palpitante e viva, a certeza de que entre ela e mim não há um abismo insuperável? Como poderia ela ser infinitamente separada de mim se neste momento nos encontramos, meus olhos e meu espírito, e uma réstia frágil de sua luz?

---

[2] A impossibilidade de um nada absoluto, entre ilhas de ser, é por nós demonstrada, apodicticamente, em *Filosofia Concreta*.

Neste momento, há entre nós uma comunicação. Não é tudo quanto poderíamos dizer um ao outro. É pouco, mas é alguma coisa, e não é nada. E se não é nada, é ser. E entre mim e ela há a eterna presença do ser, no qual estamos imersos e que nos sustenta, o qual nos permite uma comunicação, que vence todas as teorias, e afirma, irretorquivelmente, a sua presença.

Portanto, a *crise* não é tão profunda. Ela tem graus.

O infinito e o finito

O que Aristóteles considerava infinito era o ápeiros, *to ápeiron*, do alfa privativo e de *péras*, limite; portanto, o sem limites, o privado de limites, e indeterminado, o que não recebeu nítidas determinações. É fácil desde logo reconhecer que não é esse o conteúdo do conceito de infinito, quando um ocidental o pronuncia.

As coisas, que têm contornos nítidos, que se distinguem claramente umas das outras, são finitas, são *peperasménon*, limitadas. Ora, o disforme, o ilimitado, o indeterminado, o que ainda não tem uma *morphê*, uma forma, um *pelo qual*, é esta coisa e não outra (*modus quo* dos escolásticos), é indistinto, porque indeterminado e, em suma, não é plenamente, porque não é isto ou aquilo, mas apenas um poder ser isto ou aquilo, uma possibilidade apenas.

Consequentemente, o valor do infinito era o menor numa hierarquia de valores, pois pouco poderia valer o que ainda não é coisa alguma definida.

Na cultura alexandrina, como se pode ver em Plotino, a ideia de infinito já indica uma pujança sem limites, um poder que não encontra um termo fora de si, que não tem, em suma, carência de espécie alguma, e que é a absoluta proficiência.

Com o cristianismo, o conceito de infinito enriqueceu-se cada vez mais.

Se para Aristóteles, como o era para os gregos em geral, a perfeição era o *per factum*, o bem acabado, o bem delimitado - e o ato era a perfeição da potência, porque, no ato, aquela encontrava o seu acabamento, o pleno exercício de existir – para os cristãos, o ato puro divino é a perfeição das perfeições. Todos os seres finitos, limitados, não atualizam todas as perfeições possíveis, não são, em ato, tudo quando podem ser. O ato puro divino é, em tudo quanto pode ser, pois, nele, não há potências a atualizar, já que é o sumo existente, que, em si, atualiza, no pleno exercício de seu existir, tudo quando é e tudo quanto pode ser.

Deste modo o conceito de infinito, predominante no Ocidente, distingue-se do conceito aristotélico, pois se as coisas são perfeições ao atualizarem as suas possibilidades, e nelas se delimitam, o infinito é também perfeição, mas de outra ordem, pois atualiza, no pleno exercício de existir, a essência infinita do ser, que não é isto nem aquilo, mas apenas ele mesmo, em toda a magnificência de seu poder, em sua onipotência, pois pode tudo, e é tudo quanto pode ser[1].

Considerando, assim, os limites das coisas são da sua perfeição (em sentido aristotélico). Se as coisas têm limites, e tantos quantos já vimos, todos estão a indicar a perfeição delas, pois estabelecem *o até onde* elas são, dando nitidez à sua figura e forma, tornando-as inconfundíveis.

Neste caso, ainda a perfeição do finito é *crisis*, pois aquela separa, distingue, não permitindo que seja confundida.

No ser infinito, não há *crisis*, porque nele não há limites, pois estes são fronteiras que separam os seres, e aquele, fonte e sustentáculo de todos os outros, não tem fronteiras, mas apenas perfil, na linguagem tão poética e tão clara de Parmênides, porque não há outro que a ele se oponha.

O conceito de finito e o de infinito exigem, no entanto, que aprofundemos as nossas críticas, e que, pela análise, distingamos, tanto quanto nos seja possível, os seus conteúdos. Todos os seres da nossa experiência sensível são transeuntes, pois transitam no pleno exercício das suas processões ativas e passivas, e são eles

---

[1] Dizemos que apenas se distinguem, pois a perfeição infinita é o ser absoluto, plenamente em ato, portanto, nele já alcançou sua plenitude tudo quanto pode ser.

gerados e corrompidos, nascem e perecem, o que se nos afigura sem fim. Não compreendemos uns sem os outros, de onde são gerados, e todos eles dão testemunho do ser, que a tudo antecede, e não podem ter vindo do nada, pois lhe predicaríamos uma eficacidade de poder eficientizar os entes finitos, o que seria considerá-lo *alguma coisa*, portanto, um ser. Seja como for, por maiores dissenções que se deem entre os filósofos para saber qual a essência desse ser, que tudo antecede, quase todos estão de acordo em um ponto: que há de qualquer forma um ser primevo, que a tudo antecede, e que não pode ter tido um princípio, ser que absolutamente e simplesmente é. E se é o primeiro, não teria de outro a sua essência, pois esse outro o antecederia e, portanto, este seria o Ser.

E como nessa marcha não poderemos ir ao infinito, teremos de admitir, quer queiramos quer não, que a sua essência é ele mesmo, e que, portanto, nele, essência e existência se identificam.

E esse ser primeiro não poderia ter limites estabelecidos por outro. Por isso é infinito e infinitamente poderoso, porque é a origem de todos os outros seres que transitam nele, e por ele. E se a sua essência é a sua existência, e se esta é infinita, também aquela o é. Consequentemente, não sofre nenhuma espécie de limitação, sendo infinitamente perfeito, porque nada lhe falta, nem de nada carece, pois é, em seu poder, tudo.

Como decorrência ontológica, excluímos dele a *crisis*. Encontramos, portanto, uma nova colocação desta, que pertence e é da essência dos seres finitos, enquanto tais, pois estes o são por serem limitados[2].

---

[2] A posição que tomamos aqui é a da aceitação de um único ser, princípio de todas as coisas. Há outras posições, na filosofia, como a dualista, a pluralista, que admitem mais de um princípio, substancialmente diversos e separados uns dos outros, de cuja combinação surgiram todas as coisas. O dualismo e o pluralismo, como posições filosóficas, no tocante ao princípio de todas as coisas, na admissão, portanto, de seres eficientes, substancialmente diversos, incriados, divinos em suma, são posições frágeis, com representantes de menor categoria na filosofia. Como aqui se aborda um tema de Ontologia e de Teologia, é nas obras que versam sobre tais matérias, que examinaremos as razões a favor dessas posições e a crítica que elas provocam em face das aporias

Mostra-nos a experiência que todo ser finito é limitado, e além disso determinado. E essa determinação se apresenta antes (*a parte ante*) e num depois (*a parte post*).

Todo o ser finito, que transita no exercício da sua atualidade, não existiu sempre, nem sempre existirá. Veio de outro, e tornar-se-á outro. De contrário em contrário, transita esse ser vindo do que não foi ele, para o que não é ele. E nesse transitar, não é senhor absoluto de si mesmo, porque os outros, que o cercam, com ele se coordenam para dar-lhe limites. Desse modo, surge determinado por suas causas, e em seu existir sofre a determinação das causas que, com ele, se coordena, e pela ação de outras causas perecerá afinal.

Determinado antes, determinado durante e determinado no termo do seu existir, o ser finito caracteriza-se por essa tríplice determinação que não o abandona nunca, que lhe estabelece limites. E tudo isso é a *crisis*[3].

Mas o Ser Supremo, que não teve um prévio determinante, não pode ter um determinante depois, porque não há outro para sobre ele exercer uma delimitação.

Portanto, caracterizam-se claramente os dois conceitos de finitude e de infinitude.

O primeiro implica determinação antes, durante e depois de sua existência; e o segundo a indeterminação antes, durante a sua existência, a qual não conhece, propriamente, nem antes nem depois, porque só os conhecem os seres que transitam na atualização das suas possibilidades, como os seres finitos. Ele, plenamente em ato, não tem sucessão, nem transitividade, e, portanto, não é tempo. E o contrário do tempo, ou, melhor, o que não é tempo, é eternidade. É ele, assim, eterno.

Ao examinarmos os seres finitos, e o seu transitar pela existência, vemos que todos eles tendem para algo. E esse tender revela uma ordem, pois cada ser tende

---

(dificuldades teóricas), que fatalmente geram. Em *Filosofia Concreta* demonstramos a improcedência dessas posições.

[3] É neste sentido que Pitágoras afirmava que todas as coisas finitas podem ser vistas triadicamente. O três preside-as como começo, meio e fim (término).

para realizar aquilo que já está contido em sua forma. A pereira tende a dar peras, e não maçãs ou pedras. E assim todas as coisas tendem a realizar o que já está contido em sua forma, ou a perecer, gerando-se novas formas, como os rochedos, batidos pelas águas, vão corromper-se, decompor-se, transformar-se em areia. Todas as coisas têm um fim, um tender para, que se revela no transitar, finalidade, que está contida na sua forma, intrínseca ao ente.

Mas, verificam ainda os filósofos, que há outras finalidades. E entre essas, a que é uma verdadeira lei, a qual chamamos "lei do bem". Todas as coisas procuram o seu *bem*, e nesse afanar, revelam todas uma norma: empregam o mínimo de esforço para alcançar o maior bem. E que maior bem existe que o Ser Supremo que atualiza a onipotência? Todas as coisas tendem a imitá-lo, pois todas desejam alcançar a maior soma das perfeições. Há assim um fim último, ponto e fundamento de tantas religiões: alcançar o bem supremo, no qual todo o bem possível já é ato.

Deste modo, todas as coisas revelam um fim último, que lhes é extrínseco. E é extrínseco porque ainda não o alcançaram, e não é constitutivo da sua essência, mas revela-se no afanar por vencer os obstáculos que as outras opõem.

Eis por que Duns Scot dizia que o Ser Supremo é infinito, porque não tem um fim. O seu fim é ele mesmo, a plenitude de sua glória. Mas os seres finitos têm um fim fora de si, longínquo de si, para o qual tendem, pois nenhum atualiza todas as *suas* possibilidades, nem muito menos as outras possibilidades, que não pertencem, de certo modo, à sua natureza.

Consequentemente, a *crisis* é inerente ao ser finito, e nela se consubstancia de tal modo que absolutamente dele não se separa enquanto é tal, pois dela só se libertaria ao deixar de ser o que é.

E aceitar tal solução não é desesperar?

A pergunta, que esboçamos, está a exigir uma resposta. Mas respondê-la seria dar a solução ao problema que estamos propondo, e dá-la seria tentar solucioná-lo antes do tempo. Ela tem uma resposta, que virá a seu tempo. Antes, porém, é preciso seguir caminhos não percorridos, para que, afinal, alguma coisa possa ser proposta, não apenas para resolver ou dar a solução da *crise* no plano ontológico, mas lá onde ela surge, onde ela se instala, exigente, impondo soluções imediatas[4].

Portanto, não nos cabe senão ter paciência, e prosseguir em nossa viagem, nós teimosos viandantes, interrogadores de estrelas, perscrutadores das trevas, atentos aos silêncios que nos rodeiam, à cata de pontos de interrogação para responder, exaustos muitas vezes, mas impulsionados sempre por um querer que nos leva cada vez mais distante, às vezes duvidosos do termo da viagem, esperançados noutras, ávidos sempre, que não cessamos de marchar pelos caminhos do mundo e das ideias, na busca das respostas. Homem, incansável interrogador! Mas seria ele homem se não interrogasse? E não está nesse interrogar constante o mais nobre de sua existência, como também o trágico que parece não querer abandoná-la?

---

[4] Passaremos daqui em diante a usar apenas o termo português *crise*, em vez de *crisis*, porque, estamos certos, já tem o leitor a apreensão, não só intelectual, mas afetiva, também (páthica), do seu conteúdo conceitual.

A crise nas diversas esferas

Toda a vez que escolhemos, separamos. Há em todo ato de escolha, uma separação, porque algo é preterido. Onde há uma preferência, há uma preterição.

Todo existir revela um preferir e um preterir. E o preferido tem, para o que prefere, um valor mais alto que o preterido. Portanto, em todo ato de escolha, há uma valoração, bem como revela valores, e ainda as relações valorativas entre os seres que se relacionam nesse ato.

Todo existente finito prefere e pretere. Em suas procissões ativas e passivas realiza sempre esse ato que pode ser visto por dois aspectos. Se nos colocamos do lado do escolhido, notamos a preferência; se nos colocamos do que sobrou, notamos a preterição.

Todo ser finito é um entre muitos. O Ser Supremo, que é o ato dos atos, não prefere nem pretere para ser, porque não há outro além dele para preferir ou preterir.

Mas todo ser finito, ao formar a sua unidade, separa-se. E ao entrar em contato com os outros seres, prefere este ou aquele, pretere este ou aquele.

No exame do mundo físico-químico, encontraremos a lei da separação, a *lei da crise*, que preside a todos os seres finitos. Porque todo o ser físico-químico revela um atuar seletivo, ao preferir estes para combinar-se, para atuar juntos, e a preterir aqueles. Que é a afinidade química senão uma manifestação da lei da crise? Se um corpo se combina com este e não com aquele, não revela uma preferência, uma valoração, portanto?

E se depois, dadas certas circunstâncias, combina-se com o preterido, não tiveram um papel saliente na escolha das circunstâncias que mudaram a feição do conjunto, permitindo, assim, eclodir a preferência que antes não se verificara?

Todo o ser do mundo físico-químico revela essa seletividade em sua existência, e ela é crise. E a crise surge em todos os momentos do devir, pois, em cada instante, atualiza-se uma preferência e uma preterição, em todo o momento separa-se deste para juntar-se àquele, afasta-se, distancia dele ou permanece indiferente, enquanto se aproxima e acasala-se com outros.

A física e a química vão estudar e estruturar em leis a variedade dessas preterições e dessas preferências e captam os invariantes, que permitem estabelecer as formalidades, que se repetem na heterogeneidade das manifestações da lei da crise, no mundo inorgânico.

E se passarmos para o mundo dos seres vivos, veremos, então, que essas preferências são ainda mais patentes e mais repetíveis. A vida é um constante escolher, um constante preferir e preterir, que ultrapassa até o campo da físico-química, e revela peculiaridades que são próprias da esfera biológica. O que fora escolhido naquela esfera, já nesta é preterido. E se quiséssemos alinhar aqui as inúmeras provas da nossa afirmativa, estenderíamos apenas o que todos sabem, o que a experiência indica, e que a ciência auxilia a evidenciar.

Todo organismo é uma totalidade de maior ou menor intensidade de coerência. E que é a lei da conservação do indivíduo e a da espécie senão uma manifestação da lei da crise? Conservar-se, como indivíduo ou como espécie, é separar-se, é impedir a fusão, é manter separado a sua forma individual ou a específica. E separa-se pelo seu bem, porque nesse separar-se assegura o seu bem. Todo organismo busca perdurar, e toda a sua existência é um constante afanar-se por preferir o que lhe é mais valioso, e preterir o que lhe é desvalioso.

E também na esfera psicológica como na social, o ser humano, por exemplo, revela essa mesma lei. O eu, a personalidade, surge de um separar-se constante, de uma crise que se abre entre o indivíduo e os seus semelhantes e o meio ambiente.

Nas relações sociais, que são matéria das ciências éticas, como a psicologia, a sociologia, o direito, está a lei da crise sempre presente, porque cada ato, cada instante a revelam. Os grupos sociais, que se formam, revelam preferências e preterições, e todo o existir psicológico, como o social, é uma constante afirmativa da instalação da crise.

Portanto, estamos imersos na crise que nos cerca, e esta está presente em cada um dos nossos momentos, na nossa estrutura ôntica e ontológica, em cada um dos nossos atos.

Basta examinar o funcionamento da nossa intelectualidade.

Ao colher, ao captar, alguma coisa, separamo-la de onde estava, do seu *ubi*, para outro, e nesse ato revelamos uma preferência. E o nosso intelecto revela essa atividade de *inter lec*, de captar, entre vários aspectos, alguns, de escolher. E toda a vida psíquica, como a biológica, não foge a essa lei. No metabolismo biológico, há sempre um *símbolo* da lei da crise, como na adaptação psíquica há sempre um preferir e um preterir.

Que é sentir senão um separar? Que é perceber senão separar? A crise está presente em cada ato do existir, em todas as esferas e em todos os planos. A lei da crise, que se pode traduzir, por enquanto, neste simples enunciado que damos abaixo, é patente em todo o existir finito.

Tudo quanto existe finitamente, separa-se; todo o existir finito aponta a um separar-se.

A lei da crise é o grande simbolizado por todos os entes finitos. E todo o existir finito é um símbolo dessa lei.

Toda lei quer explicitar um invariante. E essa lei é o invariante de todo o existir. Mas não esqueçamos que, onde há uma separação, há um reunir-se, um agregar-se, pois, do contrário, veríamos a crise abstratamente, atualizando apenas um dos seus aspectos, o de distanciar-se, o de afastar-se, o de separar-se. Mas há também um reunir, que é um invariante de todos os seres finitos que, por mais que se separem uns dos outros, unem-se em si mesmos ou com seus afins, sem nunca perder a transcendental imersão no ser, porque o que se separa de outro, finitamente, nunca perde o sustentáculo que lhe dá o ser, que o contém, o qual unifica todos os entes. Portanto, a nossa solidão não é absoluta. Absoluto há, sim, em nossa total imersão no ser. Por que então desesperar? Não é por não sabermos vencer a crise, que surge o desespero? Não surge por que atualizamos apenas o que separa, esquecendo o que une? E nós, que somos a consciência da crise, por que não sermos, também, a consciência do que une?

Se a lei da crise é uma lei do mundo finito, a lei da união é a lei do mundo infinito. Mas é preciso saber qual união, pois há uma que ainda é crise. E razão tinham aqueles filósofos e aqueles religiosos que pregavam que o bem está na infinita união. E temos, portanto, uma raiz que nos liga à infinitude do ser. E o ser humano, que é a consciência da crise e da união, não poderá ter também a consciência do infinito do ser, que une infinitamente?

Não é uma precipitação o nosso desespero?

Síntese da ideia da crise

Há em todo o existir finito um apontar da crise, mas também um apontar ao que a supera.

Os gregos tinham dois termos para se referirem a essa dualidade, que especificavam dois vetores:

>*crisis:*
>*diácrisis* – a separação;
>*syncrisis* – a reunião.

Toda a ação de separar é uma ação diacrítica, como a de reunir é sincrítica.

É fácil compreender que a ação diacrítica tem modalidades, como a tem a sincrítica, pois ao estabelecer separações, podemos alongar distâncias, abrir *diástemas* cada vez maiores entre os termos, bem como a reunião pode realizar com maior agregação, maior coerência ou não.

Vemos, assim, que, na diácrise, pode haver maior extensidade na separação. A diácrise é predominantemente *extensiva*, enquanto a síncrise é *intensiva*.

A diácrise não é apenas a inversão da síncrise, ou vice-versa, porque, em ambas, surgem caracteres que as distinguem.

Na síncrise, há um grau de intensidade, como há um grau de coerência. É mais ou menos. O que é reunido pode formar uma totalidade mais homogênea, com uma coerência, uma coesão maior ou menor. E entre os elementos reunidos pode haver um nexo mais amplo ou menos amplo, pois o que se reúne pode ser apenas um amontoado, um agregado de elementos díspares, entre si apenas relacionados por uma ação sincrítica, como pode haver entre eles uma afinidade, ou um nexo de causalidade ou de razão, que os torne intrinsecamente mais próximos uns dos outros. No primeiro caso, a síncrise é apenas um grau menor da diácrise, mas, no segundo, ela revela caracteres próprios que a distinguem especificamente da primeira.

Filosoficamente, são antinômicas as positividades (*nomos* = lei), vetorialmente diferentes, opostas (*anti*).

Há, nas antinomias, um antagonismo de razão, porque uma antinomia é, para outra, não só o vetor diferente, como especificamente é diferente. Assim, a qualidade e a quantidade são opostos antinômicos, porque uma e outra tem *lei* diferente, e são especificamente diferentes. Portanto, a redução de uma à outra, como o realizou o mecanicismo, reduzindo a qualidade à quantidade, é falsa.

Ademais, as antinomias são positividades *que se opõem*, e não meras contradições. Na contradição, um termo afirmado recusa validez de realidade a outro. Na antinomia, a afirmativa de um não recusa a validez da existencialidade do outro, como a afirmativa da qualidade não implica no desaparecimento da quantidade ou a sua simples negação. Ao se afirmar que uma coisa é branca ou não é branca, se uma afirmativa é verdadeira, a outra é necessariamente falsa. Ambas não podem ser verdadeiras, nem falsas. Na antinomia, ambas oposições são verdadeiras, porque não há uma sem a outra. Assim a intensidade implica a extensidade, no campo físico. Neste, onde há seres extensivos, há intensidade também, e vice-versa, salvo se empregarmos tais termos em outras regiões da realidade, o que exigiria outras providências.

Se a diácrise e a síncrise são antinômicas, a presença de uma implica a presença da outra. Onde há diácrise, há síncrise; onde há síncrise, há diácrise. Mas assim como a extensidade pode estender-se mais, isto é, pode aumentar o diástema, a distância extensa entre as coisas que se separam (e podemos aqui empregar o termo também quanto às ideias), também na síncrise há graus intensivos, podendo ela ser mais coerente ou menos coerente.

Neste caso, pode-se dizer: quando atualizamos a diácrise, virtualizamos a síncrise e vice-versa. Portanto, aqueles que apenas veem a diácrise e os que apenas veem a síncrise, tem uma visão abstratista da realidade, porque todos os seres finitos se separam, mas estão unidos, embora os seres conscientes ponham maior agudeza atencional à diácrise, e menor, ou quase nula, à síncrise. Pela ação humana, é fácil compreender que se pode aumentar a nossa consciência da diácrise, aumentando a ação do nosso espírito por uma atividade diacrítica, como se pode valorizar a síncrise, julgando-a predominante ou única.

Qualquer das duas visões, por abstratas, são parciais. Por outro lado, podemos aumentar o grau de valor dessas atividades, segundo a valorização que emprestamos a uma ou a outra.

São essas diversas modalidades que passarão a ser tema de nossas próximas análises, desde que bem compreendamos o sentido de uma como de outra ação, que têm um papel muito maior do que frequentemente se julga, não só na nossa apreciação dos fatos, como também na escolha das nossas atitudes. E pode-se até dizer que há épocas em que há maior propensão à diácrise, e outras para a síncrise.

Os períodos de *crise* são frequentemente considerados aqueles em que a diácrise aumenta, como é o nosso, em que o diástema, em todos os setores, processa-se agudamente, a tal ponto que alguns só encontram no emprego da força a solução capaz de realizar a síncrise no campo social-político. Estamos vivendo uma hora em que a síncrise é imposta pela violência, modalidade falsa daquela, aparente negação da diácrise, uma falsificação da realidade, cujas consequências são destrutivas.

Somos, estamos, e vivemos a crise num de seus aspectos mais diacríticos. Não sabemos como evitá-la. Ou pelo menos, muitos não sabem como evitá-la. A solução pela força é a pior; é aquela que acarreta as mais trágicas consequências.

* * *

Tornamos, assim, cada vez mais nítido, o conceito de crise. Pouco a pouco preparamos o terreno para ulteriores análises de ricas consequências. Se a crise é uma categoria dos seres finitos, deve ser considerada em seu dúplice aspecto dialético, de diácrise e de síncrise. Mas se há uma diferença específica que as distingua, é necessário precisá-la para que encontremos, por sua vez, onde elas se fundam e porque e como se dão no *ser*, que é absoluta unidade, unidade de simplicidade.

Antes de prosseguirmos, queremos alertar quem nos lê que, da palavra síncrise, surge o termo *sincritismo*, que não se deve confundir com *sincretismo*, como acontece frequentemente. Não há dúvida que o *ismo* nos sugere uma forma viciosa, cujo vício, veremos, é diacrítico, e por essa razão as tentativas sin*critistas* não foram totalmente felizes em seus intentos. Também não se deve confundir *sincreção*, que tem certa sinonímia com o termo *concreção*, com este, pois há uma diferença importante. O primeiro é formado de *syncrisis*, e o segundo de *cum* e *crescior, crescer com*. Na concreção, há a tomada da presencialidade de tudo quanto *cresce com* um fato, como uma árvore é considerada apenas abstratamente, se a separarmos de tudo quanto *cresce com* ela, ou que com ela se coordena, coopera, como terra, água, ar, etc. Já sincrítico e sincreção referem-se à união dos elementos criticamente dispostos.

Na concreção, há uma síncrise de elementos diacriticamente separados, mas que cooperam para a formação de um todo especificamente diferente. O espírito, pela abstração, pode aumentar o diástema e realizar a diácrise. Assim considerar um ser humano, separadamente da sua realidade histórico-social, é uma tomada de posição diacrítica. A compreensão dialética, que o concreciona com o restante, que é imprescindível para que ele se dê, e já uma tomada de posição mais que sincrítica: é *concreta*.

Há síncrise, quando realizamos a captação do que reúne: há diácrise, quando realizamos a separação. E, na diácrise, pode haver um agravamento do diástema, que faz surgir o *abismo*, como no pensamento *abissal*, que já é mórbido, e também falso.

Queremos, por hora, apenas nos referir às atividades do espírito humano, que, entre a diácrise e a síncrise, permanece sempre na crise, da qual deseja se salvar. E o desespero surge quando julga impossível a salvação.

Não se deve, porém, confundir a ação *sincrítica* com a *sincrética*. Poder-se-ia falar num *sincritismo*, o que não deve ser confundido com *sincretismo*. A primeira é formada de *syn* e *krisis*, e a segunda de *syn* e *kretos* (cretense). Sincretismo costuma-se definir a união de dois inimigos para combater um terceiro. Pode-se falar também em filosofias *sincréticas* e *sincríticas*, as quais veremos mais adiante, depois de havermos esclarecido alguns pontos, imprescindíveis para a boa inteligência de tais termos, e também do *ecletismo*, muitas vezes empregado como sinônimo daqueles. Nós consideramos os *ismos* quase sempre como sinais de formas viciosas. Há *ismos* que não o são, é verdade, mas impõe-se o máximo cuidado na sua apreciação, porque quase sempre se referem a uma tomada de posição diacrítica, que agrava o diástema, e tende para o abismo, como ainda veremos.

Dialética da crise

Deve-se tomar, e é o que sempre fazemos, o termo *dialética*, em sentido eminente. Em nossa obra *Lógica e Dialética*, ao examinar etimologicamente este termo, vimos que concebê-la apenas como arte da discussão (*dialektikê*, como *teknê*, de *dialegeyn*, de terçar palavras, de discutir) é vê-la num sentido pejorativo, como via Aristóteles, que só raras vezes o empregava no sentido eminente de Platão, que a considerava como arte de esclarecer através das ideias (*diá* e *logos*).

Em sentido eminente, a dialética é a arte de esclarecer, a arte de descobrir a verdade através das ideias (*logos*). Se considerar em sentido pejorativo, temos: arte de enganar, arte de discutir apenas com palavras, sem maior cuidado com o conteúdo ou arte de persuadir.

O que se pretende, na verdade, com a dialética, é torná-la numa metodologia que não dispense as cuidadosas construções da lógica formal, nem as análises categoriais e conceituais, e sobre o raciocínio, fundadas apenas nas formalidades, que se devem, sobretudo, à obra de Aristóteles.

Partindo da aceitação de que os seres finitos são compostos e que neles, portanto, se dão aspectos formalmente diferentes e diversos (*diferentes*, quando apenas específicos, e *diversos*, quando pertencentes a gêneros outros), a dialética pretende tornar-se uma lógica concreta, sem apelos e absurdidades, sem ofensa ao princípio de não contradição.

Assim como nós a entendemos, a dialética é uma metodologia, que trabalha através das ideias para esclarecê-las, fundada na experiência. E para fazer surgir a *verdade* (a *alétheia* dos gregos, o que se *des-esquece*), põe em cooperação, não só as *verdades materiais*, que nos são dadas pela ciência, com os seus métodos, como a *verdade lógica*, que a lógica formal estuda, e, ainda mais, a *verdade ontológica*, que cabe à Ontologia, como região da Metafísica, estabelecer.

Seguindo a linha aristotélica, que considera da dignidade do filósofo jamais abandonar a firmeza da sua experiência, a dialética é uma arte de clarear as ideias e ampliar o nosso conhecimento, sem jamais perder o seu contato com a realidade empírica, investigando, cuidadosamente, o campo das ideias, com as suas ressonâncias na realidade, e vice-versa.

Quanto está entrosada a dialética no campo da crise, tema principal e fundamental deste livro, é matéria que vai por ora nos interessar. E não poderíamos penetrar em aspectos mais complexos, se não precedêssemos essa análise de um estudo, rápido que seja, sobre esta disciplina, seguindo apenas as bases que estabelecemos em nossos trabalhos anteriores.

Prescindindo das diversas posições dialéticas, sem penetrarmos no campo da sua história, sem nos aprofundarmos em digressões que já foram feitas, procuraremos apontar apenas aqueles pontos fundamentais, que em muito nos auxiliarão no exame da crise, a fim de estabelecer soluções a um dos magnos problemas que afligem a consciência humana.

Os seres, que constituem o mundo cronotópico (o mundo do tempo e do espaço), revelam aspectos opostos que nos permite classificá-los em conceitos, com os quais damos uma ordem ao mundo dos fenômenos. Uma análise, por singela que seja, desde logo nos mostrará nitidamente que os seres do nosso mundo revelam semelhanças e diferenças, que captamos pela intuição intelectual, cujas raízes se fundam em nossa sensibilidade, como mais adiante veremos.

Desde logo notamos que há neste fato *aqui* algo que se assemelha ao fato *ali*, e algo que o distingue, diferenciando-o evidentemente. Graças à construção de nossos esquemas, cuja gênese em breve estudaremos, somos capazes de assimilar esse fato a um esquema, o qual não é assimilado a outro por apresentar aspectos que dele se diferenciam. Aos fatos que são semelhantes, e nos quais captamos a presença de aspectos que são homogêneos ao esquema, que a eles acomodamos, reduzimo-los a um esquema, que é composto das notas que neles se repetem, sob o aspecto formal, e com eles formamos os conceitos, que são esquemas abstratos, pois das coisas separamos o aspecto formal, e não o heterogêneo, que em todas há.

Dessa forma, o mundo heterogêneo, que nos oferece a intuição sensível, é coordenado por nossos esquemas, segundo suas semelhanças formais, em ordens de conceitos, os quais se entrosam, uns nos outros, segundo também uma ordenação fundada na homogeneidade e no grau de implicância que oferecem, pois uns estão totalmente implicados (de *plicare*, pregar, embrulhar), embrulhados em outros, ou apenas em parte ou totalmente excluídos de outros. São esses graus de implicância que permitem estabelecer todo o funcionamento conceitual e também o operativo judicatório e os raciocínios, que são matéria da lógica.

Quando em face de um ser do mundo exterior, por nós captado pela operação intelectual, classificamo-lo num conceito, e empregamos o termo verbal, que é apenas o sinal que o aponta, afirmamos que, naquele fato, há o que se assemelha ao esquema abstrato (conceito), que nosso espírito construiu, e, por isso, podemos dizer que ele é isto ou aquilo.

Notamos, então, que tem ele, *em comum*, certas notas com outros, que permitem classificá-lo num conceito, como aquelas plantas lenhosas, diferentes umas das outras, mas que todas apresentam em comum certas notas e, são assim, classificáveis no conceito árvore.

Tais pontos, que são tema do estudo da psicologia, da lógica e da noologia (a ciência do espírito), não poderíamos, nesta obra, examiná-los, senão salientar o aspecto dialético primário que oferece toda a existência finita, ou seja, que os seres se identificam formalmente, pois ônticamente (enquanto seres do mundo cronotópico, que estão aqui e agora), eles se diferenciam.

Consequentemente, quando dizemos que um ser é isto ou aquilo, e reduzimo-lo a um conceito, apenas dizemos que ele formalmente se identifica ao conceito, ao esquema abstrato, que recebe um termo verbal para apontá-lo. Mas, em absoluto, não poderíamos dizer que dois seres, que recebem a mesma predicação ou que podem ser apenas ordenados no mesmo conceito, sejam idênticos, senão e apenas no aspecto formal.

Assim, se identificamos os seres formalmente, segundo os esquemas abstratos que o homem constrói para a ordenação do mundo, sabemos, no entanto, que ônticamente, há, em cada um, o que o heterogeneiza, o que diferencia da ordem em que foi classificado.

Não dizemos tudo de uma coisa, nem muito, quando apenas a classificamos em um conceito, pois sabemos que, na coisa, há muito mais, que não é do conceito que a assinala.

Se quisermos considerar ônticamente um ser, devemos vê-lo sob os vários aspectos heterogeneizantes que o compõem, que, ademais, podem ser considerados dentro de conceitos, cuja enumeração permite descrevê-lo. Por isso, na lógica formal, diz-se que se classificam as espécies e se descrevem os indivíduos, porque estes têm uma riqueza conceitual maior, pois, enquanto apenas podemos definir a espécie, podemos descrever o indivíduo, indicando cada um dos conceitos, reduzindo o que nele é heterogêneo à homogeneidade de esquemas abstratos, que permitem ordená-lo. E é tal a riqueza de notas que nunca esgotaríamos a descrição.

Ademais, os seres finitos mostram ainda que têm uma forma, pela qual são o que são e não outra coisa. Esta árvore é árvore, por algo que a torna tal, e não outra coisa. Este *pelo qual* (*quo*) é a essência da árvore. Mas essa essência, em que consiste ele, na verdade, não o sabemos, senão o que dela podemos dizer, na definição, que é uma redução ao gênero próximo e à sua diferença específica, como se estuda na lógica.

Mas sabemos que, nessa coisa, há uma proporcionalidade intrínseca, que a ordena de um modo que a diferencia das outras coisas, e essa proporcionalidade é a essência.

Por outro lado, aquela outra coisa também revela uma proporcionalidade intrínseca, igual à primeira e, por isso, podemos dizer o que ela é (*quid*): árvore, pedra, cão.

A quididade (de *quid*, o "que") da coisa é a expressão formal (da proporcionalidade intrínseca) da coisa. A quididade logicamente aponta a essência da coisa; não é a essência, mas apenas o esquema formal que dela fazemos e que cabe na definição. Mas se a essência está nessa coisa, e também naquela, revela que é diferente dos corpos físicos, porque estes estão ubiquados (de *ubi*, lugar), dão-se num lugar, e não podem simultaneamente dar-se em outro lugar. Deste modo, as essências não podem ser da mesma ordem das coisas cronotópicas, que se dão no tempo e no espaço, dos corpos, porque se fossem corpóreos, estariam aqui ou ali, e não simultaneamente aqui e ali.

Consequentemente, (e aqui está a expressão dos pitagóricos), essas essências são números (*arithmós*), que apontam a proporcionalidade intrínseca das coisas, e que podem se repetir nas coisas várias, sem nunca se repetirem a si mesmas. Assim o número três pode ser repetido em três quadros, três cães, três árvores, sem que o *arithmós* três deixe de ser sempre um só e único. Se a essência estivesse totalmente no ser que a tem, ela estaria nele e não em outro, e, neste caso, a essência estaria singularizada no ser que a é.

A essência, porém, não se comporta desse modo, como o *três* não se encerra apenas nestas três casas, mas é sempre simbolizado por todos os objetos que podemos numerar por três.

Se as essências não são individuais seriam, então, gerais, coletivas.

Mas o que é coletivo é apenas a repetição da proporcionalidade intrínseca das coisas, o *arithmós*, no sentido pitagórico, que se dá nas coisas (*in re*), o qual surge do relacionamento das partes componentes, e que nesta se dá e se dá naquela, repetindo o *arithmós* essencial, que não está aqui nem ali, mas que é uma aptidão do ser, um *arithmós ontológico* no ser, que as coisas imitam a seu modo. Assim o nosso conhecimento "imita", a seu modo, os fatos do mundo exterior, pois os conhecemos segundo a nossa capacidade de conhecer; isto é, segundo o conjunto da esquemática de que dispomos e acomodamos ao mundo exterior, e que o assimila segundo a sua aptidão.

O que é *fundamentaliter* nas coisas (o que é fundamentalmente nelas), é *intentionaliter* em nosso espírito (é intencional, isto é, tem um conteúdo noético).

Se há uma adequação entre o que capta o nosso espírito e o que a coisa é, essa adequação se dá apenas entre a intencionalidade e a fundamentalidade das coisas, pois quando sei que este objeto é maçã, porque "todo" ele se adequa ao conteúdo conceitual de maçã, o que *pelo qual* (*quo*) este objeto é maçã, encontra, na quididade da forma da maçã, uma imitação daquela, mas uma imitação que consiste na cópia intencional do que repete a seu modo, e segundo as suas condições, o que é fundamentalmente da coisa, como aquela figura, daquela casa, imita aquela casa, como essa fotografia, aqui, imita a figura da pessoa que reproduz. O que o nosso conhecimento conhece não deixa, por isso, de ser verdadeiro, mas não contém em si totalmente a verdade, que está na coisa.

Não é um conhecer *totaliter* (totalmente) da coisa, mas apenas do *totum*, do todo da coisa. Por isso, intencionalmente, é verdadeiro, sem ser uma repetição idêntica da coisa, pois tal conhecimento nos escapa, já que um conhecer *totum et totaliter* só poderia caber a um ser infinito, e não a um ser finito, como somos.

Estabelecido que "o que *pelo qual*" a coisa é o que ela é, e não outra coisa (essência), só é por nós captado intencionalmente, isto é, com conteúdos noéticos, que a ele se aproximam, segundo a sua condição, como essa fotografia, aproxima-se da verdade que está contida na pessoa fotografada, podemos compreender que o esquema conceitual, que formamos das coisas, é apenas um esquema abstrato-noético da forma essencial da coisa, uma formalidade do nosso espírito, que não inclui totalmente a verdade, mas que é gnosiologicamente verdadeiro, como o é, ônticamente, a verdade daquela coisa que está nela (*fundamentaliter*), e é dela.

Temos as nossas verdades, que são apenas adequações noéticas às verdades das coisas. Há, portanto, aí uma crise que se estabelece entre o nosso conhecer das coisas e as coisas. Mas, sabemos já, que esse nosso conhecimento pode ser intencionalmente verdadeiro, abranger a verdade *totum et non totaliter* do que a coisa é.

Assim, quando digo que este objeto é um livro, pode tal juízo ser verdadeiro se tal objeto está incluído na ordem dos livros, isto é, se tem todas as notas imprescindíveis para que seja um livro. Mas se sei que formalmente este objeto é um livro, e tal conhecimento, considerado formalmente, é verdadeiro, não exauri tudo quanto este objeto é, mas apenas afirmei algo da sua verdade, porque é da verdade deste objeto ser livro.

Não se acoime tal pensamento de cético, porque os céticos não o aceitariam, pelos menos teticamente, porque admitir os limites do nosso conhecimento, mas a sua validez dentro deles, não implica ainda em negá-lo, mas apenas delimitá-lo. Contudo, não se pode desconhecer que ainda aí há crise. E todo o conhecimento é crítico, porque em todo ato de conhecer, há o apreender de certos aspectos que se distinguem e até se separam de outros, porque conhecemos sucessivamente e não *totum et totaliter*, exaustivamente, o que o ser é, em todas as suas quididades, e num só ato, pois tal implicaria uma mente divina, uma mente infinita. A nossa não o é, pois funciona pela acomodação de seus esquemas de fatos e pela assimilação desses fatos (por meio de suas imagens) ao esquema, isto é, reduzindo-o aos próprios esquemas, que é a assimilação, segundo período da adaptação cognoscitiva do nosso intelecto.

Nosso conhecimento se processa, quando se dirige aos fatos do mundo exterior, pela acomodação dos esquemas do sensório-motriz, da sensibilidade, que "captam" uma imagem do fato. O fato, de per si, já é um esquema, uma estrutura mais ou menos coerente, que forma um conjunto, um todo, um *arithmós plethos*, como o chamava Pitágoras, um número de conjunto.

Nossos esquemas acomodados captam somente o que cabe na sua restrita faixa. E captam do fato uma imagem, uma figura (em grego *skema*), que não é a totalidade do fato, mas uma imagem, uma *imago*, uma cópia intencional, uma cópia noética do fato, pois aquele não é incorporado ao nosso organismo quando o "captamos" com os nossos esquemas.

Dessa imagem (*phantasma* para os gregos e para os escolásticos), a atividade esquematológica e operacional do nosso intelecto realiza outra operação, que consiste em despojá-la da sua heterogeneidade e reduzir as notas que o compõem, quer como um todo, quer as notas das suas partes, aos esquemas intelectuais racionais, os conceitos, esquemas abstratos, que a ela se acomodam, assimilando o que se assemelha aos mesmos esquemas, e construindo, deste modo, o conhecimento racional, que é conhecimento da generalidade que há nos fatos. Essa atividade do nosso espírito consiste em despojar o objeto da sua facticidade, para reduzi-lo a formalidades, que são os esquemas abstrato-noéticos do nosso espírito.

Em toda essa atividade há uma separação, um separar, uma crise. Todo o nosso conhecimento é sempre crítico, desde o da mera intuição sensível, que capta as singularidades fácticas, até o intelectual, que o reduz aos esquemas abstratos. Toda essa atividade é uma atividade abstratora (de *abs* e *trahere*, trazer para o lado), que é ainda crise. Realizamos, para conhecer, verdadeiras diácrises noéticas, ao separarmos das coisas as suas notas e reduzindo-as a esquemas noéticos para conhecê-las. Portanto, todo o conhecimento é intrinsecamente crítico, porque nele há crise.

E se há crise e há separação, quando conhecemos, conhecemos o que separamos, e ao conhecermos alguma coisa, virtualizamos o objeto, como ele o é, para atualizarmos o esquema, que ele repete, imita. O objeto é, assim, um símbolo, cujo simbolizado é o esquema. Portanto, no conhecimento, há um desconhecer do objeto como ele o é em si, para conhecer o que o objeto simboliza, o esquema que o inclui.

Portanto, conhecimento implica desconhecimento. E estamos em face de uma antinomia cognoscitiva: duas positividades que são de vetores inversos, mas que se dão, presente e contemporaneamente, ambas verdadeiras, embora opostas, e a afirmação da presencialidade de uma implica a presencialidade da outra, o que é característica da antinomia. E essa separação é crise. E essa crise é dialética na sua afirmação dos opostos.

Ademais, o que conhece (sujeito) é imprescindível no ato do conhecer, como o é o que é conhecido (o objeto), que forma campos opostos, pois podemos distingui-los como os dois termos extremos do conhecimento, imprescindível a este, pois todo conhecer finito é um captar do objeto pelo sujeito.

O esquema do objeto em si (esquema que é *in re*), esquema concreto do fato, é desconhecido em sua totalidade, porque o nosso conhecimento, quer queiramos quer não, está sempre condicionado, e opera dentro da gama dos nossos esquemas. A imagem do objeto é um esquema que captamos do esquema do objeto, e o esquema, abstrato-noético, que é geral, o conceito, aplica-se, esquematicamente, ao objeto, não apreendendo, portanto, a sua totalidade, a sua verdade total, mas apenas aquela que *intentionaliter* podemos captar do que é *fundamentaliter* na coisa.

Podemos, agora, tornar claro o pensamento pitagórico, e também o desse grande pitagórico que foi Platão. O que, *pelo qual* as coisas são o que são, é o esquema concreto na coisa, que nela permite que tenha esta forma e não aquela, seja isto e não aquilo (essência), que, na coisa, é real, e nela, identifica-se com a sua existência de coisa esta ou aquela.

Mas o que se dá nesta coisa, e que a permite que seja o que é e não outra, é algo que é da aptidão do ser, pois, do contrário, jamais teria *sido* nesta coisa. Ora, como tudo que acontece no mundo do devir teve um princípio e terá forçosamente um final, a essência, que nesta coisa se existencializou, não podia ser antes dessa existencialização um mero nada, porque se fosse nada como poderia ter ela surgido nesta coisa, pois se do nada nada se gera?

Neste caso, essa essência, antes de dar-se existencialmente, era um possível, e como possível era uma aptidão no ser. E como pôde ela existencializar-se? Teria saído do seu ser aptitudinal para existir aqui e agora? Não, ela continua, na ordem do ser, a ser uma aptidão do ser, porque o ser sempre pode ser o que esta coisa é, consequentemente, o que se deu foi apenas uma cópia da essência, como diria Platão, na coisa, *eidos* (forma), que tem um modo de ser confundido com o modo de ser tópico do que está aqui ou ali.

Mas, como se teria dado essa existencialização, que é singular, de um ser essencial, que não é nem singular nem geral, mas indiferente no ser, como o chamará posteriormente Avicena? Pela simples razão que, o que neste momento copia a forma, é algo que tem ser e, como ente, não saiu da ordem do ser, onde é mantido, embora se dê copiado agora. E tal se dá porque entre um e outro há a identificação do ser, que não permite que algo dele se afaste nem o contradiga.

Portanto, a cópia platônica é o *arithmós* concreto, que é o *arithmós plethos*, ou *tónos* dos pitagóricos ou outro *arithmós* e que, na linguagem platônica, é uma cópia do *arithmós arkhê*, *arithmós* supremo, *arithmós eidetikôs*, da forma platônica, que é imitado pelas coisas, pois ele continua pertencendo ao mundo das formas, que é o mundo das aptidões do ser, o mundo dos possíveis finitos, mas que, no ser, é ato de ser, que é um mundo real, mas de uma realidade diferente da realidade do mundo cronotópico, das coisas que se dão agora, aqui ou ali, pois aquelas se dão numa realidade, que não se limita aqui nem ali.

Vê-se, deste modo, que as constantes oposições que se dão no conhecimento, são oposições importantes para a dialética, pois ela não foge à crise, nem quer deixar-se avassalar por ela, criando abismos entre os opostos, mas concrecionando-os para uma visão mais ampla e mais concreta do universo.

* * *

Fundando-nos no que até aqui foi examinado, verificamos que o nosso conhecimento, embora verdadeiro, não esgota a verdade dos fatos que em muitos não podemos totalmente captar. Portanto, conhecemos desconhecendo, mas para conhecermos algo, precisamos desconhecer algo, porque todo conhecimento é separar, é um captar entre, é um ato *inter lec*, intelectual, ato crítico, porque, nele, realizamos uma crise, uma análise, uma analysis, um ato de desligar, como nos mostra a etimologia grega, uma analysis, um ato de desligar, como nos mostra a etimologia grega, uma separação, uma dis-solução, separação das partes de um todo.

Quando conhecemos, estabelecemos *intentionaliter* a dissolução, a separação das partes das coisas, reduzidas agora a esquemas noéticos com imagens representativas, como a memorização do fato, ou imagens sem *re-apresentações*, como a classificação dela em conceitos, em esquemas abstratos.

Ao compreendermos o nexo do nosso conhecimento, que obedece ao dos nossos esquemas, podemos captar que há um nexo também no nosso desconhecer. Desconhecemos o que não é assimilável aos nossos esquemas acomodados; portanto, se queremos conhecer o que se nos escapa esquematicamente, precisamos de outros esquemas que possam realizar a operação que não podemos fazer, e que, por seu intermédio, possamos reduzir aos nossos esquemas o que é do esquema das coisas.

Os nossos instrumentos, aparelhos de precisão, supersensíveis (porque ultrapassam a esquemática dos nossos sentidos) são a ampliação da faixa esquemática que dispomos para podermos saber o que, naturalmente, "não podemos" saber das coisas. Não procedeu a ciência à ampliação dos nossos esquemas? Que são os telescópios e os microscópios senão a ampliação da nossa visão, permitindo-nos penetrar no que ultrapassa o campo cognoscitivo normal?

Portanto, já sabemos *por que* desconhecemos. E já sabemos também que, para conhecermos mais, precisamos dispor de maior número de esquemas. Ora, a análise que fazemos, a crise que instalamos em nossas críticas cognoscitivas, permite-nos desdobrar os fatos para conhecê-los, reduzindo-os às formalidades que eles simbolizam. Nesse ato de abstração, que é ato de separação mental, não realizamos o desmembramento das coisas que permanecem concretas, mas apenas um desdobramento pelo espírito. E se nos mantivermos nesse estado de separação, esquecendo de concrecioná-las na totalidade, como estão concrecionadas as coisas, realizamos uma forma viciosa da abstração, o abstratismo, e caímos profundamente na diácrise, que é, aí, um aumentar das distâncias, com o perigo de estabelecer abismos entre as coisas, uma das características da crise humana, que os interpõe, onde a natureza não os tem nem os estabelece. Eis, em linhas gerais, a crise instaurada pelo homem, da qual decorrem, consequências tremendas, por cairmos no pensamento abissal.

Chamamos de decadialética a dialética que opera em dez campos com suas oposições. Já estabelecemos dois: o campo da oposição sujeito X objeto, e no sujeito, o campo da razão e da intuição. A primeira capta o geral, pois as formalidades estão totalmente separadas e abstraídas; e a segunda capta o singular. Esta estabelece um esquema fáctico-noético da coisa, que é uma representação, com imagem, um esquema sensível do que a coisa é; ou, melhor, do que a coisa simboliza em esquemas sensíveis. O esquema abstrato-noético, construído pela razão, é o conceito.

Mas um terceiro e quarto campo, com suas contradições, podem ainda ser assinalados; o do desconhecimento e do conhecimento racionais, que operam na captação dos esquemas abstratos, que, ao mesmo tempo, implicam os que são desprezados, inibidos, ou seja, o da atualização e da virtualização racionais, e o da atualização e da virtualização intuitivas. Temos, assim, outros campos que iremos assinalar a seguir, os quais, não sendo esquecidos, e permanecendo concrecionados em todo o nosso ato de conhecer, permitem uma metodologia que nos assegura um melhor assenhoreamento dos fatos, porque já conhecemos que conhecemos, e conhecemos que desconhecemos, o que já é um saber mais amplo.

O objeto, não sendo totalmente captado por nós, podemos considerá-lo como atualidade e virtualidade. Ademais, o objeto não atualiza todas as suas perfeições, e contém outras em vias de atualização. Cada ser finito é uma perfeição em ato, porém, não atualiza todas as suas perfeições possíveis. Por isso, pode ser considerado em suas possibilidades reais, potenciais, e nas não reais, que são aquelas que não estão contidas na sua forma atual. Assim um ser determinado só pode atualizar o que está na sua forma. Outras possibilidades só poderão estar mais próximas se sofrerem uma mutação substancial, como ainda veremos mais adiante. Temos aqui, portanto, três novos campos de análise, ao estudarmos o objeto, que correspondem ao sétimo, oitavo e nono campos, abaixo descriminados.

Campo da atualidade e da virtude do objeto, que pode ser considerado, sob seu aspecto intensista ou sob o extensista, que são antinomias da tensionalidade do objeto. Considerando o que nele tende para fora, temos a extensidade, cujos fatores examinamos em *Filosofia e Cosmovisão*; e o que nele tende para si mesmo (*tendere in*), temos a intensidade. O quantitativo é sempre extensivo, enquanto o qualitativo é intensista. A qualidade é tal em si mesma e não implica qualquer extensão para a sua compreensão. O verde é verde em si mesmo e não tal extensão de verde. A qualidade é vertical, enquanto a extensidade é horizontal, tomados tais termos analogicamente. A intensidade conhece graus de mais ou de menos, enquanto a extensidade revela-se através do maior ou menor. A extensidade, como predominantemente quantitativa, permite uma medida da mesma espécie, mas menor, pois é medida pelo menos. A intensidade, por ser predominantemente qualitativa, mede-se pela perfeição específica. Assim o verde é mais verde ou menos verde, tomando-se como medida um verde perfeito, embora sem posse atual por nós, mas apenas virtual.

Quando se reduzem as intensidades à extensidade, tendemos para o mecanicismo. Neste caso, não há solução da crise aberta entre essas antinomias, porque a redução é meio abstrato de fugir a ela, e não de compreendê-la dialeticamente. O mecanicismo julgou que era possível reduzir os corpos ao quantitativo, e caiu numa forma viciosa da abstração, o abstratismo, que virtualiza totalmente o aspecto inverso, cuja positividade não pode ser negada.

A extensidade exige a presencialidade da intensidade, sem que uma esteja implicada na outra, mas, apenas, uma se dá ao lado da outra. A quantidade tem qualidades, e estas a determinam. Uma quantidade sem qualidades seria totalmente indeterminada, e seria nada, porque a quantidade é a formalidade fundada no aspecto predominantemente extensista dos seres, como a qualidade é formalidade que se constrói sobre os aspectos predominantemente intensistas. Há uma distinção real-formal entre ambas, não real-física, pois não se podem dar separadas, nem são de per si subsistentes, pois são acidentais.

Observar os fatos apenas extensivamente é considerá-los apenas mecanicisticamente, abstraindo-lhes o que é intensista, qualitativo sobretudo. Assim, dentro da lógica, a compreensão de um conceito, que é o conjunto das suas notas, é analogamente intensista, enquanto a sua extensão, isto é, o número de indivíduos que o simbolizam, é analogicamente extensista. Se considerarmos um ser apenas em suas notas individuais, heterogêneas, tendemos a vê-lo intensistamente, enquanto apenas as consideramos para estendê-las ao indivíduo como membro de uma série, vemo-lo extensistamente. Um ser humano, visto em sua individualidade, é intensistamente considerado, se o vemos apenas como um ser humano, um indivíduo, que faz parte de uma série, como um soldado de um batalhão, despojamo-los das suas qualidades para considerá-lo apenas na extensão de que faz parte. Como a razão atua, tendendo para a extensidade, e os conceitos podem ser considerados por ela mais sob o ângulo extensista do que intensista, é comum, no racionalismo moderno, uma tendência mecanicista e uma visão abstratista dos fatos.

Nossa época está sob a égide da extensidade, portanto da predominância do quantitativo. Em todos os setores da vida social, há uma tendência marcante a valorizar o quantitativo, portanto o abstrato, abrindo-se a diácrise e instaurando abismos, onde não deveriam dar-se. A tendência quantitativista, vemo-la na maneira do Estado considerar os indivíduos apenas como números, como membros de uma coletividade, bem como nas ideologias que tendem a desvalorizar o indivíduo e a valorizar apenas o componente do grupo, como o soldado, que é reduzido a um número de uma unidade, e que perde a sua personalidade ante o exército, que o considera apenas sob ângulos abstratistas, virtualizando-lhe o sentido concreto e o seu significado.

O décimo campo, de grande importância no exame dos fatos, é o do variante e do invariante. Em todos os fatos há o que neles se repete e o que neles é novo. Todo fato repete uma formalidade, mas todos têm algo que é variante, que é da sua historicidade. A invariância, encontramo-la até naqueles cuja heterogeneidade é tão grande que nos parecem totalmente novos, como os que pertencem ao histórico-social, os fatos da economia, da sociologia, etc.

Há neles os variantes e os covariantes que com eles cooperam. Assim, no cálculo dos tensores de Einstein, vemos essa oposição. A gravitação, por exemplo, é um invariante, pois todos os corpos estão sujeitos a ela, mas, no ato da gravitação, há os covariantes que o acompanham, e com ele se coordenam.

Ao procedermos a uma análise decadialética, temos de considerar todos esses campos, se queremos usar uma metodologia que nos permita ver cada fato sob todos os ângulos possíveis. Entretanto, nunca devemos esquecer que todos eles se interatuam, realizando a reciprocidade pela delimitação que uns exercem sobre os outros, ora atuando como estimuladores, ora como obstáculos, mas sempre invariantemente presentes, marcando vetores diversos, mas afirmando a sua positividade.

Todos esses campos nos revelam as antinomias que podemos encontrar no conhecimento dialético, e todos eles são manifestações da crise, inseparável sempre de todo ser finito.

A decadialética é uma dialética da *crise* e não *de* crise, porque, realizando as diácrises para análise, não esquece de concrecioná-las na síncrise, e abrir caminho para a transcendência, sob pena de cair no abstratismo, o que com ela se quer evitar a todo custo.

A decadialética realiza a síntese no seu verdadeiro sentido, isto é, compreendendo que, na tese e na antítese, está sempre a tese (*thesis*, posição), as quais se colocam *ob*, uma ante a outra, presentes sempre em seus pares de opostos contrários, mas presencialidades, antinomias, cuja verdade de uma não implica a falsidade da outra, pois são ambas verdadeiras. E como esses pares de opostos contrários se dão em face de outros, no conhecimento decadialético há necessidade de considerá-los sempre presentes, se não queremos cair no abstratismo, que consiste em não compreender a crise em seus dois vetores de diácrise e de síncrise, ou afirmando um em prejuízo do outro, ou negando ambos por uma falsa fusão que não corresponde à realidade, mas sim aos desejos humanos de não enfrentar as grandes dificuldades teóricas, que sempre oferece toda e qualquer realidade, num constante desafio à nossa inteligência.

Todo fato, como toda ideia, não se dá isolado da sua circunstância ambiental, que, no primeiro caso, é física e, no segundo, é ontológica. E cada unidade (pois o conceito é uma unidade; um juízo é uma unidade), um fato qualquer do mundo cósmico que pode e deve ser tomado como unidade, pode e deve ser visto, para que o captemos em sua concreção, sob cinco planos:

1º – como *unidade*, quando estudado em si, ou em seu processo interior, como por exemplo, um neurônio;

2º – como *totalidade*, pois está imerso numa tensão, que com ele compõe um todo próximo, como o neurônio na fibra ou nervo;

3º – como *série*, ao fazer parte de uma totalidade que com outras se *seria* numa totalidade maior, como, por exemplo, o neurônio da fibra ou do nervo, que pertence à inervação de um órgão;

4º – como um *sistema*, quando a estrutura em que se *seria*, conjuntura-se num esquema tensional, como, por exemplo, o neurônio do nervo, que pertence à inervação de um órgão, ao fazer parte do sistema nervoso;

5º – como *universo*, quando a conjuntura de que faz parte sistematicamente pertence a um universo tensional, como o mesmo neurônio no organismo humano.

Essa visão plânica de cada fato ou de um esquema abstrato-noético, como o conceito, permite reconhecer uma reciprocidade, e uma atuação da totalidade sobre a parte componente, pois o todo atua, como todo, sobre cada uma de suas partes, o que em breve examinaremos, aspecto crítico dialético de máxima importância, que foi totalmente virtualizado pelos mecanicistas que, desse modo, tiveram apenas uma visão abstrata da realidade.

Não perceberam bem o papel importante que exerce o todo sobre a parte, que lhe dá uma finalidade extrínseca importante, que não é puramente acidental, pois está concrecionada com a própria substância do elemento componente. Assim a fibra nervosa, como uma totalidade, atua e delimita a ação do neurônio; a inervação do órgão, a da fibra nervosa e a do neurônio; o sistema nervoso, como um todo, delimita a da inervação, a da fibra e a do neurônio, numa interatuação importantíssima, com a natural predominância do todo sobre a parte, que lhe marca uma direção, o que é importante salientar para uma visão mais concreta dos fatos, sem excluir o que é inerente à parte.

À crítica, que se realiza nos dez campos, chamamos de decadialética, e a que se realiza nos cinco planos, de pentadialética, as quais permitem outras análises que formam as seis providências de todo exame decadialético, que é uma metodologia para evitar o abstratismo, a atualização da diácrise com a virtualização da síncrise.

A decadialética é, assim, a metodologia de penetração analítica da crise, considerando-a sob os aspectos da diácrise e da síncrise, realizando, deste modo, certa concreção, permitindo ao homem permanecer dentro da realidade em qualquer plano que for considerada.

Não será difícil compreender-se daqui por diante como se dá o pensamento abissal. Este consiste em abrir o diástema entre as formalidades ou os fatos, atualizando e valorizando a diácrise por um lado, excluindo totalmente o nexo de realidade da idealidade e de idealidade da realidade, que é dada pela unidade do ser, colocando o homem, fatalmente, no estado de desesperança.

* * *

Se observarmos o ser humano, podemos considerá-lo sob quatro aspectos: como possuidor de um corpo, portador de um psiquismo, pertencente a um grupo social, uma coletividade humana, e ubiquado num território.

Esses quatro aspectos são imprescindíveis para que o homem exista, pois, como homem, tem um corpo e um psiquismo, e para surgir exige um casal que o anteceda; e para viver, uma circunstância ambiental.

O homem é, assim, corpo e espírito, intrinsecamente considerado; circunstância ambiental e sociedade humana extrinsecamente considerado.

Os dois primeiros são fatores intrínsecos, e os outros, fatores extrínsecos.

Se nos colocarmos na classificação aristotélica, diremos que o homem é matéria e forma. Como espírito, tem uma forma, a alma, cuja matéria, por ele informada, seria o psiquismo.

O ser humano, para ser concretamente considerado, exige esses quatro fatores. Chamamos aos primeiros, *emergentes*, porque emergem do ser humano; aos segundos, *predisponentes*, que o antecedem e o sucedem, que com ele mantêm uma reciprocidade constante, permitindo que surja, estabeleça, desenvolva-se.

Podemos considerar o homem formalmente como animalidade e racionalidade, como o faz a filosofia que segue a linha aristotélica. Mas, jamais poderemos ter uma visão sincrítica do homem se o separarmos dos fatores ecológicos e dos histórico-sociais, porque nele atuam e são, por sua vez, imprescindíveis para que o ser humano surja.

Esses últimos fatores atuam predisponentemente, favorecendo atualizações da emergência humana. Os fatores emergentes, que são os princípios intrínsecos, que se estudam na Ontologia, marcam o campo delimitado da ação possível de um ser. *Actus sequuntur agens*, diziam os escolásticos, os atos seguem-se ao agente, pois o agente atua segundo a sua forma. Uma coisa só pode atualizar o que já está contido como possibilidade de sua forma. Um ser só realiza o que já está contido em sua emergência.

Tudo quanto o ser humano realize só o pode fazer proporcionadamente à sua forma. O pensamento mágico consistiria em admitir que um ser poderia atuar além e acima da sua forma e da sua natureza, como uma planta falar, ou uma lápide ter sentimentos, o que seria sobrenatural[1].

Portanto, os fatores predisponentes atuam proporcionadamente aos fatores emergentes. Se as condições do ambiente histórico-social favorecem tal ou qual reação, esta dependerá da emergência dos seres humanos que neles se encontrem.

Uma totalidade atua sobre as unidades que a compõem, como uma predisponência para estas, permitindo eclodir o que elas têm emergentemente, e não mais. São ainda tais aspectos revelações nítidas do princípio de razão suficiente, neste caso *formal*, pois um ser atua segundo a sua forma, mas condicionado pelos fatores predisponentes, pois atuar precisa não só poder intrinsecamente atuar, como também extrinsecamente. Entre esses fatores, que têm sido tantas vezes objeto de estudos em nossas obras, instala-se a crise, pois se distinguem, não só real-formalmente, mas real-realmente e real-fisicamente. Os primeiros (os emergentes) são essencial e formalmente necessários; os segundos são onticamente necessários.

Enquanto os primeiros são essenciais ao ser, os segundos são dinamicamente necessários, mas extrínsecos à tensão componente do ser, embora também imprescindíveis para que ele surja e perdure.

A definição formal clássica satisfaz-se com os primeiros. Basta apenas para definir formalmente o homem, considerá-lo como *animalitas* e *rationalitas*. Mas, para compreender a onticidade humana, é imprescindível considerar os

---

[1] O sobrenatural não é contra e fora da natureza, mas o que é desproporcionado à natureza de uma coisa.

fatores predisponentes que penetram numa definição dialética. Poder-se-ia dizer, no entanto, que os primeiros exigem os segundos, e já os incluem. Não há dúvida, mas quando tivemos ocasião, na *Lógica e Dialética*, de examinar decadialeticamente o conceito econômico de valor e, por não se considerar o aspecto antinômico do valor de uso e do valor de troca, o primeiro intrínseco, e o segundo extrínseco, na sua interatuação, na sua reciprocidade, economistas de valor haviam caído em formas abstratistas e, consequentemente, construíram visões viciosas e deformadas da realidade econômica.

E para exemplificar o que dizemos, basta atentar para o *biologismo*, que tende apenas a atualizar os fatores bionômicos, que são do corpo, o *psicologismo*, que tende a atualizar e dar o caráter de predominante aos fatores psíquicos, o *sociologismo* e o *historicismo* que tendem a atualizar apenas os fatores histórico-sociais, e para o *ecologismo*, que quer explicar o homem apenas como produto dos fatores ecológicos (clima, ambiente geográfico, etc.).

Ante a interatuação desses fatores, que cooperam na formação do ser humano quando os separamos, quando entre eles se estabelece um alongamento do *diástema*, realizamos a *diácrise*, e caímos, fatalmente, nos abstratismos já conhecidos. A predisponência condiciona a emergência, covariantemente, a ser isto ou aquilo, isto é, o que a emergência já contenha em potencial.

Se compreendermos e bem usarmos a dialética dos fatores emergentes e predisponentes, evitaremos cair em certas explicações históricas, biológicas, etc., que são mais produtos da diácrise sem a síncrise, e que favorecem o surgimento do pensamento *abissal*, com os males que dele decorrem.

Ademais o pensamento, que não seja aqui sincrítico, é um pensamento genuinamente mágico, porque daria a um fator a capacidade de realizar o que ele não contém em potência, e, neste caso, haveria um surgimento do nada, o que é excluído da filosofia, sem o qual não há possibilidade nenhuma de filosofar. É o axioma da filosofia grega: *do nada nada se gera (ex nihilo nihil)*, e o *nada*, aqui, seria tomado em sentido absoluto, pois a possibilidade pode ser *nada em ato, e não nada em potência*... E se a potência não é admitida, teremos, então, o nada absoluto, o que torna o pensamento fatalmente aporético.

Fundamentar-se na cooperação dos fatores emergentes e predisponentes para o surgimento e o processo de um ser, é colocar-se positivamente na crise, em ampliar a diácrise e sintetizar esta através da síncrise, para superá-la, como veremos, oportunamente, é ter, em suma, um pensamento genuinamente dialético.

Na análise dialética de um tema qualquer, nunca se devem esquecer os fatores emergentes e predisponentes, e partir-se sempre da certeza de que se interatuam; e que há entre eles uma reciprocidade constante; do contrário, tenderemos a cair no abstratismo, que tantos males já produziu, não só para o pensamento humano como para a vida histórica do homem. Um rápido exame de muitas ideologias logo nos mostraria quanto há de pensamento abissal e abstratista, e quanto têm elas servido mais para separar os homens que para reuni-los, atuando como fatores destrutivos e não construtivos.

A emergência atualizada procede como predisponência, como no ser humano, as atualizações provenientes do temperamento, pelo favorecimento dos fatores predisponentes, por sua vez, como produtos, atuam como predisponência de outras emergências.

Tais aspectos são fáceis de observar no campo da história. O que o homem atualiza através da cultura (que inclui a técnica) atua sobre a emergência, permitindo novas atualizações, até o esgotamento das possibilidades de criar. Desde então vive dos seus produtos, como nas fases chamadas *civilizadas*, para ficarmos, aqui, em parte, dentro da concepção de Spengler.

É que as culturas também têm uma forma, isto é, um conjunto de esquemas que se estruturalizam numa tensão coerente, como veremos ao examinar a crise na história, o que nos permite compreender os ciclos culturais, e a razão pela qual a vida do homem não revela uma constante ascensão, mas uma alternância de fluxos e refluxos, até o esgotamento das possibilidades da sua forma.

É o que se verifica na arte, ao surgir uma escola, a qual revela uma esquemática que se estruturaliza.

Nela há possibilidades emergentes, que os fatores predisponentes permitem que se atualizem, ou não. Quando se dá o esgotamento das atualizações, que estão sempre condicionadas pela predisponência, estanca, enfraquece, e morre seu ímpeto criador. Tais fatos, facilmente assinaláveis, facilitam compreender a exatidão da nossa doutrina dos fatores emergentes e predisponentes, que encontram, em todas as esferas, testemunhos do seu valor[2].

---

[2] A geração vital consiste em transmitir uma forma da mesma espécie ao ser gerado, como se dá na geração humana. O ser vivo é gerado pelo ser vivo. Neste caso, seria um exemplo da predisponência criando a emergência. É mais um exemplo dessa interatuação entre ambas, que propriamente uma prova a favor da predisponência apenas. E a razão surge porque é preciso saber que a vida transmitida não é criada pelos antecedentes, mas pela emergência que neles prossegue e se transmite ao novo ser. Não há propriamente interrupções na vida. A vida deste ser prossegue a vida do primeiro ser. O aspecto formal que cada vida pode ter é já produto de uma série de procissões ativas e passivas, que se dão na passagem de *formas virtuais* para *formas atuais*, como a semente é a forma virtual do arbusto e, este, como forma atual, é a forma virtual da árvore, e assim sucessivamente. O ser vivo, enquanto não está definitivamente formado, conhece dessas atualizações formais, como o expõem os escotistas. Mas aqui tangemos o terreno da Cosmologia, e este ponto só pode ser examinado em nossas obras de problemática sobre temas cosmológicos. A emergência não se separa nunca da predisponência anterior, nem da que a acompanha. Mas a geração de um ser depende dessa predisponência antecedente, que já contém virtualmente a emergência, que é propriamente a natureza da coisa, tomada mais do ângulo essencial, da sua forma. Em *Filosofia Concreta*, expomos apodicticamente, em juízos necessários, a prova dessas teses.

Ontologia da crise

A decadialética é assim uma metodologia, que se pode empregar para clareamento das ideias, através das ideias, pelo nexo de realidade que as unifica, como é um clareamento dos fatos pelos fatos, pelo nexo de idealidade que neles há.

É a decadialética uma metodologia para penetrar na crise e examiná-la. Impõe-se agora esclarecer duas expressões que geram tantas desconfianças.

Se com a decadialética podemos construir uma filosofia *da* crise, com ela podemos evitar uma filosofia *de* crise. A primeira é o produto de um exame da crise em seus dois períodos, que colima por uma visão concreta da totalidade; a segunda é uma filosofia que surge de uma abstração, ou pelo excesso da diácrise, ao abrir e aprofundar abismos, ou pela atualização excessiva da síncrise, que termina por reduzir um dos termos antinômicos da crise a um único, tentando construir uma filosofia da identidade, mas pela abstração de um dos opostos, cuja positividade passa a ser negada ou reduzida a outra. Dessa forma, a filosofia de um Parmênides é uma filosofia *de* crise, pois reduziu tudo à identidade, virtualizando a heterogeneidade a ponto de negá-la, por excesso de atualização sincrítica.

A filosofia de Heráclito é uma filosofia *de* crise, porque, atualizando a heterogeneidade, excedia-se na atualização da diácrise.

O mecanismo de Demócrito é uma filosofia *de* crise porque abre os abismos entre as partículas (átomos), para reduzir toda a realidade ao nexo apenas das figuras, mecanicamente surgidas da agregação e da desagregação, abrindo um abismo, no vazio (*to kénon*), que Demócrito, caindo na aporia inevitável que este geraria, por ser *nada*, termina por dar-lhe qualidades físicas, considerando-o alguma coisa, tentando assim, uma síncrise frágil, que não pode salvá-lo da crise em que permanecia o seu pensamento.

Poderíamos aqui delinear, desde já, todo o pensamento *de* crise na filosofia e na ciência, o que deixaremos para depois, pois antes desejamos caracterizar, de modo claro, o valor ontológico da crise, para depois estabelecer a análise decadialética desse tema; ou seja, a crítica da crise, e a concreção final, já fácil, em vista do que até aqui foi analisado e esclarecido.

Posteriormente, então, poderemos invadir as diversas esferas, onde a crise se instala com os seus dois períodos antinômicos, que nos auxiliam a ter uma visão mais clara, e de conjunto, da realidade e da idealidade, a primeira como o nexo das coisas reais, e a segunda como o nexo das coisas ideais, mas que se entrosam no nexo de realidade da idealidade e no nexo de idealidade da realidade, como tantas vezes já salientamos em nossos livros, e ainda teremos ocasião de ressaltar, com outras análises, que os nossos estudos realizados até aqui nos permitem estabelecer.

Caracterizados os conceitos de finitude e o de delimitação, um não deve ser reduzido a outro. Um ser é limitado pelos de sua ordem (outros) ou pelos das ordens superiores, e não pelos das ordens inferiores. O ser supremo não conhece limites porque o nada, por ser nada, e não ser, ser, não *poderia* limitá-lo (pois carência de ser é carência de poder, e o nada é carência de tudo).

Os seres corpóreos são limitados uns pelos outros e por si mesmos, e pela forma, que lhes dá a estrutura ontológica intrínseca. O limite, vimos, é limite *de* e limite *entre*, quando é também um limite extrínseco, pois quando é *de*, é de a coisa e de o que não é, e é *entre* porque separa. Mas esse entre funde-se com o primeiro, porque onde termina também começa o outro, como vimos.

O limite é, assim, um ser inerente ao limitado e ao limitante, pois o que limita é também limitado, e vice-versa.

Mas, no devir, há uma vitória sobre o limite, porque, no devir, há a presença de uma atividade.

No devir, há um ato que atua uma atividade; há, portanto, algo que ultrapassa o limite ao estabelecê-lo, pois ao estabelecê-lo já o ultrapassa, porque ao declarar onde cessa um ser de ser, declara também onde começa "outro" a ser. No devir, há sempre o atualizar de uma possibilidade, pois dá-se quando o que era em potência se torna em ato. Não esqueçamos que nos referimos aqui apenas ao campo do corpóreo.

A limitação não é um puro nada. Ela tem uma positividade. E é, consequentemente, *entitas*, uma entidade, porque tudo quanto não é um puro nada é alguma coisa, é um ser, e tem uma entidade, em si ou em outro, não importa, mas é uma entidade. Em suma, tem entidade tudo quanto não é um puro nada.

Os seres finitos podem ser vistos como potência e ato. E como tais podem ser observados da seguinte forma:

Potência e ato:

> na ordem da essência: matéria e forma: composto e específico;
> na ordem do ser: essência e existência.

Do composto matéria e forma nasce um existente, e surge uma nova forma da reunião de essência e existência (*extra status possibilitatis* = fora do estado de possibilidade). Surge o ente (*id cujus actus est esse* = aquele cujo ato é ser, que se realiza no pleno exercício de ser, o existente).

O ser finito é crise. A emergência é constitutiva da sua estrutura ontológica; a predisponência é a circunstância ambiental. A estrutura ontológica lhe é dada pela forma que tem, e esta se torna efetiva, entra na ordem efetiva de ser, quando inclusa na predisponência que, cooperando com aquela, permite o surgimento da tensão esquemática do ser, que é a sua estrutura ontológica. Sem a predisponência, o ente seria mera possibilidade, pois os entes surgem com a *sua* forma, quando as condições predisponentes o admitem.

É o que nos revela o nexo da realidade, quando se trata dos seres físicos, corpóreos.

No mundo das ideias, o nexo destas antecede ao acontecer, porque se dá fora do acontecer; dá-se na idealidade. A ideia de gênero implica a de suas espécies, mas são contemporâneas, como a ideia de bem não surge quando o homem a capta. Os pensamentos, que dão nexo de idealidade, estão já dados, independentemente do devir dos seres corpóreos.

Se os homens não os captam, tal não implica que sejam meros nadas. Nem tampouco podemos reduzi-los apenas a esquemas abstrato-noéticos, pois tem eles uma realidade formal *extra mentis*, como bem o mostrava Duns Scot, e que é o esquema concreto.

Quando o homem estruturou o esquema ontológico de totalidade, esse já era um esquema da realidade, que a ideação humana poderia estruturar como o fez.

A idealidade da realidade é real, independentemente do homem. Se este não tivesse surgido, haveria sempre a possibilidade de um ser intelectual qualquer poder captá-la.

É fácil compreender-se esta afirmativa, se atentarmos para o seguinte: o que se acha ainda na profundeza da terra pode ser objeto de especulações de caráter científico e filosófico, mas falta-nos a suficiente experimentação para dizermos com toda segurança que é assim ou de outro modo.

Todos os pensamentos, que o homem pode captar do que lhe é inteligível, estão em estado potencial para o seu espírito. Ao conhecê-los, poderá ver que eles são deste ou daquele modo, e poderá captar o nexo de idealidade que a realidade possui. Todo o universo é um grande pensamento neste sentido, do qual podemos inferir, conexionadamente, um número ilimitado de pensamentos, segundo o grau da esquemática que possuirmos.

O nosso ato de pensar, que é psicológico, é o ato de captar o nexo de idealidade que há na realidade. Esse nexo, que captamos, não é falso; pode ser verdadeiro *totum*, não *totaliter*. Não captamos totalmente o nexo de toda idealidade do ser, porque precisaríamos de uma mente infinita para tal realizar.

Mas podemos captar, segundo a nossa esquemática, um nexo de idealidade, que está na realidade das coisas.

Desta forma, colocando dialeticamente o nosso pensamento, salvamo-nos do ceticismo e do dogmatismo, que são duas posições de crise sobre a possibilidade gnosiológica do homem.

Estes pensamentos, que a mente humana abstrai, não subsistem de *per se*, mas estão no nexo da realidade que também é ideal. A mente humana realiza a *aphairesis aristotélica, a abstractio* dos escolásticos, a abstração das formalidades, e as conexiona, numa ordem de simultaneidade. Se as pereiras estão aqui e ali, em continentes diversos, estão todas formalmente ubiquadas na sua espécie, que formalmente está no seu gênero, embora os indivíduos se dispersem pelo mundo. A realidade tem um nexo de causa e efeito, e esse nexo é traduzido formalmente pela hierarquia dos conceitos. Há, assim, uma analogia entre a ordem ôntica e a ontológica, analogia que admite, porém, uma única exceção, e que consiste em admitir que a mente humana é capaz de distinguir o que não é distinto *ex natura rei*, da natureza da coisa. Esses entes, sem correspondência na realidade, são chamados de entes de razão (*entia rationes*), meramente conceptuais, o seu único fundamento está na mente humana, e não nas coisas. A sua realidade seria apenas conceptual e não real-real, nem muito menos real-física, o que não é matéria pacífica na filosofia. Mas teríamos que abordar aqui um tema de ontologia, cujo esclarecimento não é necessário para o desenvolvimento de nossa tese, que é a possibilidade da construção de uma filosofia *da* crise, e, consequentemente, de se ter uma visão crítica da crise do existir finito[1]

---

[1] Na verdade, há mais que analogia entre a ordem real e a ideal, pois há aspectos unívocos que não poderíamos tratar aqui e que são examinados exaustivamente em *Filosofia Concreta*, por exigirem um amplo estudo dos nomes comuns dos seres, o que leva a examinar o tema da analogia, da equivocidade e da univocidade, em campos que ultrapassam o deste trabalho.

Os fatores emergentes e os predisponentes

O problema crítico, na Gnosiologia, consiste no exame da "pedra de toque" (*kriterion* dos gregos) para avaliar a verdade dos nossos conhecimentos. Não só se apresentam para nós como problemas a possibilidade de conhecer, como ainda o modo de conhecer, qual o órgão do conhecimento, o conteúdo deste, e, sobretudo, a validez das nossas afirmativas.

A adaptação psicológica do homem ao mundo ambiente é análoga à adaptação biológica.

O ser vivo coloca-se ante o mundo circunstancial munido de seus esquemas, que operam como fatores emergentes (forma e matéria), os quais, por sua vez, são consolidações de uma interatuação dos fatores emergentes e predisponentes, cuja interatuação e reciprocidade (pois são antinômicos e cooperantes), nunca se deve perder de vista, a fim de evitar uma visão meramente abstratista dos fatos.

Esses esquemas, cuja gênese é um longo capítulo da biogênese, bem como da psicogênese, constituem o lastro dos esquemas sensório-motrizes, que permitem ao ser vivo a reação ao meio ambiente, que se processa segundo a emergência e o estímulo, que a predisponência exerce sobre aquela.

A adaptação biológica realiza-se por dois períodos:

1º – acomodação dos esquemas emergentes à predisponência;
2º – assimilação do meio ambiente à esquemática emergente.

O ser vivo processa-se nesta interatuação, e a sua adaptação se forma pela acomodação dos esquemas atuais e potenciais ao meio ambiente, e sofre, por sua vez, a atuação do meio circunstancial, *apenas no que dele se adequa* ao ambiente, do contrário perece. Deste modo, a adaptação animal ao meio ambiente se processa dentro da emergência, nos limites que formalmente ela estabelece, que é concretamente compreendido dentro da esquemática específico-individual. A biologia nos mostra que o adágio da escolástica é verdadeiro, porque a ação segue ao agente, e este atua, portanto, segundo a sua forma e, no caso individual, segundo a esquemática concreta que lhe dá o próprio ser.

Toda a adaptação realiza-se, portanto, no campo dos limites da estrutura ôntica do ser, dentro dos períodos de acomodação dos esquemas ao meio ambiente, aos fatores predisponentes, e da assimilação do meio ambiente ao ser vivo, segundo os limites desses mesmos esquemas. Dessa forma, o ser vivo assimila segundo os planos da sua esquemática. Biologicamente, assimila o que se homogeneíza vitalmente ao organismo (crescimento pela alimentação) e, psiquicamente, por ações e reações, dentro ainda dessa esquemática, *apreendendo*, segundo seu grau de apreensão sensível, por meio das intuições sensíveis, o que se assimila aos esquemas. Deste modo, as inibições animais, por exemplo, processam-se dentro do campo da sua esquemática. O animal repele o que o põe em risco, segundo o grau de apreensão esquemática.

Todos esses aspectos nos revelam a crise, tanto no campo biológico, como no psíquico, pois os limites estão aí traçados. Para que o ser ultrapasse esses limites ter-se-ia de dar uma destas duas soluções:

1) – por imanência, com a criação de novos esquemas, coordenados de e por esquemas anteriores, para adaptação aos fatos novos. É o que verificamos, por exemplo, no homem, que constrói novos esquemas, que são coordenações dos esquemas anteriores, para, com eles, acomodar-se aos fatos novos e permitir novas assimilações. Temos tais exemplos na criança. Todos os psicólogos e psicologistas admitem, pelo menos, que há na criança um esquema, que é

inato, o de sucção. Este não precisa de uma aprendizagem. É um esquema, considerado, na sua totalidade, simples, embora não seja *simpliciter simplex*, pois é uma coordenação de esquemas do sensório-motriz, o que não caberia aqui estudar. Mas, no ser humano, ao nascer, está e já devidamente formado, e entra imediatamente em ação. Com ele, no decorrer do tempo, vão coordenar-se outros esquemas, como os tácteis, visuais, auditivos, além dos primeiros que se formarão com aquele, como seja o esquema de deglutição, potencialmente apto, pois, na deglutição do leite materno, a saliva, já abundante, provocará uma série de esquematizações, que se ligarão ao aplacamento da fome e à agradabilidade consequente ao desaparecimento do desprazer que a fome produz.

É facilmente compreensível, considerado somaticamente, que o corpo da criança é uma esquemática complexa de ordem biológica e fisiológica, e que ela vem ao mundo com uma esquemática psíquica, apta às acomodações com o meio ambiente, pois a criança já nasce com um sistema nervoso, embora incipiente, mas apto a coordenar sensações e a estabelecer novos esquemas coordenados. Este ponto, esquecido por tantos filósofos, é da máxima importância, pois nos revela que todo ser que surge tem uma emergência, pois sendo alguma coisa, tem uma forma e matéria, e atuará segundo a sua esquemática primordial.

Fundados em tais fatos é que os inatistas encontram para as proposições certa base positiva, embora, levados pelo abstratismo, caiam eles na aceitação de ideias inatas atuais, quando há apenas uma aptidão a elas, como em outros trabalhos nossos analisaremos e provaremos.

Vê-se, deste modo, que o ser biológico se restringe dentro dos limites da sua constituição, isto é, dentro da estrutura esquemática ôntica que o forma, e atua segundo suas possibilidades e atualidades emergentes, condicionando a sua assimilação a essas mesmas emergências.

2) – Por *ultrapassamento*, ou melhor, por *transformação*. Neste caso, o ser, que se adapta, corromper-se-ia através de mutações de ordem substancial. Não tendo, substancialmente, uma emergência capaz, segundo a sua forma, tendo

de adaptar-se ao meio ambiente, ele pereceria, por corrupção da forma, e pela geração de uma nova forma. Neste caso, o ser deixaria de ser o que era para ser outro, formalmente outro, e estaríamos em face da corrupção de uma substância e simultânea geração de outra. Essa transformação se daria pelo desaparecimento de uma espécie e pelo surgimento de outra.

Dentro do campo filosófico, ter-se-ia de dizer que uma forma apenas atua dentro da sua esquemática, e forçada a ultrapassar-se formalmente daria início à sua desaparição e surgimento de outra forma, o que se revelaria através de processões ativas e passivas, o que frequentemente se chama *evolução*, mas em limites definidos.

Admitir-se-iam, dentro dessa posição, apenas mutações acidentais e não substanciais, e a evolução se daria somente no âmbito da forma, como modificações dos acidentes, naqueles limites. A evolução animal só pode realizar-se das seguintes maneiras: a) ou se realiza dentro do âmbito da forma, e, neste caso está condicionada à emergência da mesma, sendo a evolução, que é composta das processões ativas e passivas da adaptação esquemática, por seus períodos de acomodação e assimilação, apenas uma mutação acidental, sem atingir a um ultrapassamento da estrutura do ser; ou b) há um ultrapassamento dessa estrutura, e, consequentemente, sua ruptura como tal, portanto sua desaparição como tal, sua corrupção, e geração de uma nova forma, que, por sua vez, tem uma nova emergência e se adaptará com seus períodos de acomodação e assimilação dentro do seu âmbito.

No caso *b*, teríamos de admitir que o indivíduo vivo, que sofre tal mutação, manteria a mesma matéria, mas substituiria sua forma, que é específica, havendo em tal salto a passagem de uma espécie para outra espécie, o que é filosoficamente discutível e cientificamente ainda não demonstrado.

Conter-se-ia, assim, a ideia evolucionista dentro do campo da forma que lhe traçaria limites. E se tal ultrapassamento se desse, o indivíduo tal deixaria de ser, para dele surgir outro indivíduo, ou outros, o que só se dá na corrupção, como um corpo que, morto, se transforma em cadáver, mas deixa de ser o que era para ser outra coisa. A forma, especificamente considerada, contém-se em limites estreitos, e ela, de per si, não se transforma em outra.

A nova forma que surge é outra e não a mutação daquela, pois a forma é, como tal, intransformável; imutável dentro do seu âmbito, isto é, dentro de sua estrutura ontológica. O novo ser gerado é de *outra* forma, e não apenas uma *forma* que se transformou. A forma anterior permanece, como tal, na ordem ontológica e não se modifica, como o três permanece sempre três. E se a três juntamos um, e temos quatro, o quatro não é uma transformação do três, pois três é sempre três. Quatro já tem outra forma, e não é apenas a forma três à qual se agregasse alguma coisa, se *transformasse*, pois, como forma, ela permanece sendo, ontologicamente, o que é, podendo ter um correspondente em três coisas quaisquer; como forma, é imutável e eterna.

Se um ser vivo, com sua forma específica, vem a desaparecer para dar surgimento a outro, ou gera outro de forma diferente, sua forma permanece dentro da ordem do ser, como permanece a do mamute, embora tenhamos outros seres daqueles decorrentes.

Esses outros seres são produtos de uma mutação acidental da forma mamute, ou são outra forma, e não a do mamute que se transformou. Neste caso, houve o surgimento de uma nova forma, sem que aquela deixasse de ser na ordem essencial, embora não lhe caiba nenhuma correspondência existencial agora.

A imutabilidade da forma é assim um princípio filosófico. E a ciência, neste setor, só contribui para fortalecer tal pensamento.

Como a forma dos seres vivos é transmitida, uma nova espécie, por geração espontânea, é impossível.

Como neste setor, de ricas consequências para o nosso pensamento, e para a tese que expomos nesta hora, há tantas incompreensões, seria interessante reproduzir uma preciosa passagem da obra de Tomás de Aquino, que permite uma noção clara do que é a forma e do seu verdadeiro significado, o que passaremos a glosar, e daí deduziremos as consequências, as conclusões, que nos favorecem para a compreensão do problema da crise, que é, para nós, um dos problemas fundamentais da filosofia.

Têm muitos uma opinião errada da forma pela razão de a considerarem como substância... E daí tem origem o erro, tanto daqueles que admitem que as formas existem latentes (na matéria), quanto daqueles que pensam que as formas tenham origem numa criação. Pois estes pensam que as formas esperariam o "devir", como esperam as substâncias; e, por não poderem encontrar coisa alguma, da qual as formas pudessem ser produzidas, supuseram que essas vinham criadas, ou, então, existiam na matéria. Com isso, perderam de vista uma coisa: o ser não espera a forma, mas o sujeito, mediante a forma, ou seja o devir, que conduz ao "ser", pertence não à forma, mas ao sujeito.

Pois a forma é chamada de ente, não que ela mesma o "seja" propriamente falando, mas porque, *através dela*, alguma coisa é; assim se diz simplesmente que a forma é produzida, não que ela mesma seja produzida, mas por que, por meio de uma, qualquer coisa é produzida; ou, melhor, porque o sujeito é produzido do estado de potencial para o atual (Q. D. De Virt., a 11).

O pensamento de Tomás de Aquino pode ser sintetizado do seguinte modo: as formas não têm uma existência de *per si*, antes da matéria, nem tampouco elas existem na matéria em forma latente. Este pensamento se opõe, aparentemente, ao pensamento platônico e dos platonizantes de qualquer espécie.

No pensamento genuinamente pitagórico, a nosso ver, é o que realmente aceitava Platão, e que posteriormente foi exposto, modificadamente, por Plotino, e, que encontramos (presente, em parte, em Duns Scot, para exemplificar) as formas pertencem à aptidão do Ser e, neste, são subsistentes, sem que elas o sejam propriamente de *per si*.

A própria efetivação da forma, neste ou naquele ser, demonstra que ela era alguma coisa, e não um puro nada, antes do seu surgimento nesta ou naquela coisa, pois, do contrário, não teria surgido no pleno exercício desta ou daquela atualidade. Por um vício natural do espírito humano, cujo esquema tem uma base muito mais profunda na nossa experiência vital, tendemos, naturalmente, a substancializar as coisas, para dar-lhes uma firmeza que as sustente. É natural que, por um pensamento filosoficamente incipiente, procurassem alguns dar às formas uma substancialidade qualquer, mesmo de grau intensistamente fraco, considerando-as, assim, como algo com uma estrutura ôntica. Daí a necessidade de colocá-las em um lugar, o que já revela uma debilidade filosófica.

Jamais o pensamento platônico se pode confundir com esse pensamento vulgar. Considerar como tal a concepção de Platão, é um modo de caricaturizar a sua filosofia.

As formas não são, para ele, topicamente ubiquadas em qualquer lugar.

Nem tampouco têm elas qualquer estrutura sensível, isto é, captável pela intuição sensível. Eis por que não pertencem elas ao mundo da aparência, ao mundo do fenômeno, que é precisamente o que é captado pela intuição sensível, pelos sentidos. Se as formas têm uma consciência, não têm elas uma subsistência, com perseidade (de *per se*), isto é, atualizadas fora de suas causas, como é próprio de todo o existente.

Aqueles que pitagorizam Platão (como é comum dizer-se), na verdade interpretam genuinamente o pensamento do grande filósofo grego, pois as formas, não tendo uma existência de *per si*, pertencem, no entanto, ao mundo da verdade, que é o mundo divino, do Ser Supremo, no qual elas subsistem. Todos os seres, que formam uma unidade de qualquer espécie, quer de mera agregação, quer por acidente, quer substancialmente, têm uma forma, pela qual são o que são, e não outra coisa.

Esta forma, que é intrínseca dos seres, é a lei de proporcionalidade intrínseca que lhes dá especificidade. Quando Tomás de Aquino diz que a forma, enquanto ela mesma, não é propriamente um ente, mas sim *através dela* é que alguma coisa é o que é, quer dizer que a forma é produzida, não como uma forma de *per si* subsistente, mas por ter tal forma é que a coisa é propriamente produzida. Neste caso, o sujeito da forma achava-se em estado potencial para receber, graças à ação da causa eficiente, esta ou aquela forma, tornando-se, atualmente, esta ou aquela coisa, como uma *espécie* determinada, que, na língua latina, correspondente ao *eidos* aristotélico, *mas na coisa*.

Analisando este pensamento, podemos dizer o seguinte: esta coisa é desta espécie, porque tem tal forma desta espécie. Portanto, a forma é o *pelo qual* esta matéria é isto e não aquilo. Considerada a matéria, enquanto tal, ela seria indeterminada quanto à forma adquirida, e esta matéria tornou-se a matéria *de*, pela funcionalidade da forma. Para grosseiramente exemplificar, poderíamos dizer que um monte de barro, enquanto barro, não é ainda um vaso, senão quando recebe a forma do vaso pela causa eficiente que o modela. E, nesse momento, o barro passou a ser um vaso *pela* forma que recebeu. A forma não é propriamente um *o que* (*quod*) que se agregou ao barro.

Apenas o barro, como matéria, foi modelado, recebendo uma proporcionalidade intrínseca, assumindo, assim, a forma de um vaso, sem que propriamente tivesse ele aumentado ou diminuído quanto à sua matéria, mas apenas recebeu delimitações, determinações, pelas quais deixou de ser apenas um mero monte de barro para ser um vaso de barro.

Neste *de barro*, temos o que Aristóteles chamava a causa material; na forma, que recebe, de vaso, a causa formal, e na ação do homem que o modelou, a causa eficiente. A forma, portanto, não tem uma substancialidade quando tomada isoladamente pelo nosso espírito que a abstraiu, segundo o ponto de vista aristotélico, como também segundo o tomista, da coisa, na qual ela estava informada. Consequentemente, a expressão de Tomás de Aquino de que é "através dela" que alguma coisa é, fica, nesta posição filosófica, perfeitamente esclarecida.

Podemos examinar o pensamento platônico, permanecendo ainda neste grosseiro exemplo, que, no entanto, permite clarear os horizontes, que delimitam as duas doutrinas. Antes de haver surgido, feito pela mão humana, o primeiro vaso, a *forma vaso* não era um mero nada, porque se o fosse nunca poderia ter-se tornado *existente* no barro[1].

---

[1] Nunca é demais salientar que não se deve confundir a forma com a figura. No exemplo, sendo o vaso um ente da cultura, sua forma pode confundir-se com a figura, que é uma determinação qualitativa da quantidade. Mas um ser da natureza tem uma forma. Por isso, o exemplo é grosseiro, mas serve para esclarecer.

Mas a forma, tomada em si, não tem materialidade, porque não é captável pelos nossos sentidos, não é um fenômeno que surja aos mesmos.

Neste ponto, tanto uns como outros estão plenamente de acordo. Mas, o que caracteriza o pensamento platônico está nessa distinção, que é capital: a forma, se não é do mundo da aparência, é, pelo menos, do mundo da inteligência, pois pode ser captado intelectivamente, permitindo que, pela abstração, realizada pelo nosso intelecto, possa ser tomada à parte.

Neste ponto, ambos estariam de acordo. Surge, agora, o momento em que ambas as doutrinas se separam: é que antes dessa informação da matéria, isto é, antes do barro ter recebido a forma do vaso, esta forma, se não pertence ao mundo da aparência, não pode, por sua vez, ser reduzida a um puro nada, pois, do contrário, com uma certa quantidade de barro, a forma de um vaso ou outra forma, embora a matéria seja a mesma, seriam elas idênticas, o que repugnaria ao nosso espírito.

Considerando-se assim, a forma não pode ser classificada como um puro nada, mas, sim, como alguma coisa, portanto como uma entidade, diversa da matéria, uma entidade formal no sentido do *eidos* de Platão, isto é, como um ser de outra ordem, que não a da materialidade, em suma, um ser imaterial.

Se o barro pode receber a forma de um vaso, fundando-nos na nossa classificação dos fatores emergentes e predisponentes, temos que reconhecer que o barro tinha a possibilidade passiva de receber essa forma. E se levássemos mais longinquamente o nosso pensamento, poderíamos dizer que o que constitui o barro, a matéria da qual o barro surge, já continha em si, na sua emergência, a potência de, por sua vez, receber a forma do *barro*. E como nessa peregrinação não poderíamos ir até o infinito, e encontraríamos o ser, temos de admitir que, no ser, há a aptidão para apresentar-se com todas as formas que já surgiram, que surgem, e que acaso venham a surgir. E essas formas não vêm propriamente do nada, porque já estão contidas na aptidão do ser. O que as temporaliza são os momentos em que elas informam a matéria, mas, enquanto formas, elas são coeternas com o ser, e subsistem na coeternalidade do ser.

E como não têm elas a menor materialidade, não têm também uma ubiquação no espaço nem no tempo e, deste modo, não se pode pedir um lugar (pois esse conceito implica espaço), onde estejam as formas, mas sim que elas subsistem no mundo verdade, que é o mundo divino do ser.

Em linhas singelas, é esse o genuíno pensamento platônico. Mas tal pensamento é decorrente do verdadeiro pensamento pitagórico. E vamos mostrar.

Qualquer manual de filosofia nos diz que Pitágoras ensinava, e os pitagóricos repetiam, que a essência, neste caso a forma, de todos os seres, são os números. Usava Pitágoras o termo grego *arithmós*, e construiu uma verdadeira aritmologia, uma ciência do número, ao perscrutar a essência de todas as coisas. Ponhamos de lado o erro vulgar de se considerarem os números pitagóricos como apenas quantitativos, como são os números de aritmética, produtos de uma abstração de terceiro grau da quantidade, o que Pitágoras repelia, pois a este os chamava de números de cálculo (*arithmós logistikós*).

Devemos considerar ainda que os números eram considerados por ele, não só nesse sentido, como também, como qualitativos, como valores, tensões, conjuntos, funções, relações, harmonia, símbolos, fluxos etc. É, portanto, um crasso erro julgar que os pitagóricos afirmassem que a essência das coisas fossem os números aritméticos, os números sensíveis.

Toda forma, que é intrínseca a cada ser, é uma proporcionalidade interna, que não é apenas quantitativa, mas também qualitativa, relacional, funcional, etc. O *pelo qual* a coisa é o que é e não outra, que é a sua essência, é essa proporcionalidade, que é uma harmonia de opostos intrínsecos do ser. Portanto, a essência das coisas finitas, para Pitágoras, implica sempre a cooperação de opostos. Um ser finito conhece limites, como tivemos oportunidade de ver. A própria forma, que é uma estrutura ôntica do ser, aponta esses limites intrínsecos e, consequentemente, o que não é ela.

Todo ser é assim o que ele é, e o que ele não é, ou do que ele está privado. Todo ser é composto de sua presencialidade ontológica e ôntica, e da ausência, privação, que o delimita extrinsecamente. Se na sua intrinsiecidade, a proporcionalidade, que revela, implica pelo menos dois, pois todo ser finito é ato e também potência, todo ser finito é, portanto, numeroso na sua íntima estrutura, e tem um número. Este número *arithmós*, é a lei da proporcionalidade intrínseca do ser, é a sua essência ontologicamente considerada.

Neste ser aqui e agora, que se existencializa no tempo e no espaço, essa lei é repetida, embora apresente variantes outras que pertencem aos elementos componentes, mas também à invariância da proporcionalidade intrínseca, da harmonia intrínseca, que é a sua essência, o seu *arithmós*, pelo qual ele é o que é, e não outra coisa.

A forma platônica é esse *arithmós*, não quando concreta na coisa, mas quando subsistente na ordem do ser, no mundo verdade. Este ser repete esse *arithmós*, e nesse repetir imita, com o que tem, aquela proporcionalidade, e estamos na *mimesis* platônica (imitação). Por isso diz Platão que as coisas imitam as formas, pois, enquanto tais não são as formas.

As formas são imateriais, e se elas se existencializassem nas coisas, tornar-se-iam materiais. As coisas repetem-nas, mas não se identificam com elas, porque se se indentificassem tornar-se-iam imateriais e seriam formas. Deste modo, elas imitam as formas, materialmente, isto é, participam delas pela lei da harmonia intrínseca, a lei da proporcionalidade, sem, no entanto, serem elas, as quais permanecem eternas na ordem divina do ser.

E nessa ordem divina seriam essas formas subsistentes? E se o fossem, de que modo o seriam? Há, no pensamento platônico, um fundamento quanto à subsistência das formas? É o que nos cabe agora analisar.

Exemplificando com as ideias matemáticas, o número 3, por exemplo, seria uma aptidão dos seres de serem numerados em três, sem que, por isso, essa forma matemática se existencializasse naqueles seres que possam ser numerados com 3. Dizer que 3 é um ente meramente mental, isto é, sem uma presença *extra mentis*, seria considerá-lo como uma mera criação humana.

No entanto, um outro ser inteligente, que não o homem, poderia também numerar os seres por três, provando, assim, que essa forma matemática tem um ser que escapa ao campo do meramente conceitual. Se procurássemos para as formas, qual seria a em que consistiria o seu ser, seguindo a linha platônica, não poderíamos aceitar uma subsistência à semelhança dos seres corpóreos, nem Platão jamais tentou dar qualquer corporeidade às formas. Mas daí para considerá-las como apenas mentais, como o faz o conceptualismo, nas suas diversas modalidades, seria o mesmo que afirmar que a forma da maçã apenas tem existência na comunidade de notas das diversas maçãs, com as quais construímos o nosso conceito, que é um esquema abstrato-noético das maçãs, deixando de considerar o esquema concreto, que é a proporcionalidade intrínseca de cada maçã. Também não se poderia considerar a forma como susbsistente apenas no esquema concreto dos indivíduos, especificamente determinados. A forma da maçã não está apenas na forma concreta desta ou daquela maçã. A forma, como lei da proporcionalidade, teria certa analogia com as formas matemáticas, como a relação entre o diâmetro e a circunferência, que é constante, muito embora seja essa circunferência de dimensões maiores ou menores: Na ordem do ser, na ordem ontológica, todas as circunferências, sejam de que dimensão forem, terão, em relação ao seu diâmetro, a mesma proporção de 3,1416.

Percebe-se, assim, sem grande dificuldade, que as formas subsistem na ordem do ser, eternas e imutáveis, independentemente dos indivíduos que as imitem ou copiem. Esta aptidão do ser, este modo de ser aptitudinal das formas, não pode ser um mero nada.

Se não subsistem como as coisas corpóreas, terão uma subsistência incorpórea no ser?

Ora, o ser, como fonte, origem e princípio de todas as coisas, e único, como é demonstrado ontologicamente, é infinito. E a sua infinidade é uma infinidade de simples simplicidade, pois não é composto, pois se o fosse seria de *ser*, não é numeroso, pois consiste apenas em si mesmo, nele identificando-se essência com existência, pois, do contrário, haveria um outro.

Por essa razão, Pitágoras dizia que o Um (referindo-se ao ser enquanto ser na sua infinitude) não é número, porque nele não há o numeroso.

As formas platônicas encontrariam nesse ser sua subsistência. E para glosarmos um pensamento de Duns Scot, se o ser é infinito, nele, tudo é infinito. E a ideia de infinitude exige, implica, a de existência, pois o infinito inexistente seria absurdo. E se as ideias nele subsistem, elas têm de ser infinitas, e como tais serão um modo de ser infinito. Por isso são eternas e imutáveis, existindo coeternas com o ser, sem que se possa considerar como limitações dele, pois lhes falta uma topicidade, uma estrutura ontológica limitada, que as tornaria, por sua vez, limitantes[2]. Portanto, têm elas uma existencialidade essencial, quer dizer puramente ontológica no ser, sem limites determinados, mas apenas distinguindo-se, não fisicamente do ser, mas apenas formalmente, pois o ser infinito é ao mesmo tempo a infinitude das formas. A existencialização das formas em seres corpóreos se dará por imitação da corporeidade e não pela efetivação da forma ao informar a matéria, pois, nesse caso, dar-se-ia um segundo existir, inferior ao ontologicamente precedente, o que as tornaria hierarquicamente inferiores e, consequentemente, negaria a sua infinitude. Portanto, para o pensamento platônico, as formas, que se dão nas coisas, são apenas imitações das formas subsistentes no Ser Supremo.

Colocado, assim, o pensamento platônico adequa-se ao pitagórico, e se não se identifica com o pensamento tomista, que é aristotélico, tolera-o, pelo menos, pois tanto Aristóteles como Tomás de Aquino atualizam a forma como esquema concreto, portanto nas coisas[3].

---

[2] Propriamente Duns Scot não dá infinitude às formas subsistentes apenas no ser, mas o exame deste ponto só pode ser desenvolvido na Teologia.

[3] Impõem-se uma ressalva: na verdade, Tomás de Aquino é mais platônico que aristotélico, pois admite a transcendência das formas, negando apenas a sua perseidade (subsistência de *per se*). Este ponto exige, contudo, análises e provas que não caberiam aqui, mas que apresentamos em *Tratado de Esquematologia* e em *Teoria Geral das Tensões* (obras inéditas).

Consequentemente não poderiam deixar de reconhecer que a forma era apenas o *pelo qual* ou *através de* se permitia que uma coisa se tornasse o que era e não outra. O pensamento platônico-pitagórico não negaria a positividade do pensamento aristotélico-tomista, mas apenas considerá-lo-ia como parcial e não abrangendo a totalidade do que podemos construir, através de nossas especulações sobre a forma.

De qualquer modo, para a tese que aqui apresentamos, o que fica patente é a que a forma dos seres finitos, como esquema concreto ou não, aponta, de qualquer forma, a crise de todo ser finito, que é tal porque é crise, como já tivemos oportunidade de ver.

Salientamos, assim, o que dissemos acima: todo ser finito tem uma forma, e essa é da sua emergência, a qual estabelece os limites das suas processões ativas ou passivas. O ser finito está em crise pela forma, isto é, pela sua estrutura ontológica, pela privação de o outro que não é ele, que com ele se limita, pela potencialidade, pois não é tudo quanto pode ser, pela sua estrutura ôntica, pois, como tal, é limitado pelo não ente, além dos limites intrínsecos. Por todos os ângulos, o ser finito é crise. Comprovamos, assim, em várias esferas, que a crise está sempre presente. Eis porque ela permite a construção de uma filosofia *da* crise para nos salvarmos das filosofias *de* crise, em que está mergulhado o pensamento moderno, o que justifica a razão deste trabalho[4].

---

[4] Se não há uma evolução da forma, enquanto considerada como *eidos*, no sentido platônico, ou *arithmós*, no sentido pitagórico, há, porém, a possibilidade de uma *transformação* em sentido concreto, isto é, uma mudança da "lei da proporcionalidade" do esquema concreto, que está *nas* coisas, com a possível transmissão da nova forma, por geração, como o aceitam as hipóteses evolucionistas. Mas aqui já se tange um tema que não é só da ciência mas da filosofia, o qual exige outras providências, que o âmbito deste livro não pode abranger.

A crise no pensamento filosófico e no religioso

Positivado, como até aqui o fizemos, conceito de crise, tem este o seu conteúdo já claramente delineado. Os seres finitos estão em crise, e o seu surgimento é um apontar da mesma.

Surgiu o mundo "quando Deus separou a Luz das Trevas", os dois princípios positivos do ser, os dois extremos do ser, do ser ativo, do ser potencial, simbolizados pela luz e pelas trevas, aquela o ser enquanto ativo e estas o ser enquanto potencialidade, o ser enquanto determinante e o ser enquanto determinabilidade, mas ambas duas grandes presenças do e no ser.

Dessa oposição entre a determinabilidade, que é sempre positiva, porque é o extremo inverso do ser, ao outro extremo inverso da determinação, surge toda variedade do existir, toda a heterogeneidade dos seres diversos, que todos afirmam, na constante mutabilidade do devir, a eterna presencialidade do ser, sempre ser. Este pensamento, que é o fundo das religiões nos diversos ciclos culturais, apesar da variedade das denominações, estava consubstanciado, em sua generalidade, no genuíno pensamento pitagórico, que se pode tomar como ponto de partida para a análise da história do pensamento no Ocidente, como um momento mais sincrítico que diacrítico, pois unia, em vez de separar, como também capta a separação, sem esquecer jamais o que unia, a união infinitamente unitiva do ser, que não admite intercalações de nada[1].

---

[1] O pensamento pitagórico de grau de *paraskeiê* e *catarthysis* (aprendiz e companheiro) é sincrítico; mas o de grau de *teleiôtes* (mestre) é transcendente.

E se os chamamos *Pakriti*, como no pensamento hindu, para nomear a potencialidade, a determinabilidade, ou Yin, na filosofia chinesa, ou chamamos *Purusha*, para nomear a determinação, o ato, ou Yang, *dynamis* o primeiro e *enérgeia* o segundo, como em Aristóteles, os conteúdos são, metafisicamente, os mesmos, embora cada um, tomado como *ens logicum*, isto é, como ente lógico, e com o conteúdo esquemático de cada cultura, seja diferente, mas apenas *diferente*, e não *diverso* (o que exige gêneros diferentes).

E o que os distingue uns dos outros é uma diferença e não uma diversidade, pois todos eles tendem a apontar o mesmo conteúdo, ao qual todos querem referir-se, apesar da variedade das vozes humanas e da esquemática de cada povo, pois todos são genericamente unívocos.

A crise é imanente ao finito, e só é vencida dentro do âmbito das religiões, através e pela transcendência do Ser Supremo. Urge vencer a delimitação, que o *diástema* entre as coisas estabelece, e também a separação efetuada pelas estruturas tensionais.

A solução da crise não é a síncrise, porque esta ainda é crise. Não é apenas adicionar, unir, agregar; não é realizar a *congregatio*, a assembleia das partes que se ajuntam, porque a crise ainda está instalada nos limites. Todas as religiões afirmam, sabem e proclamam, que não há solução para a crise, imanente ao finito, se apenas se realizar a *congregatio* das partes.

É preciso transcender os limites das próprias partes, e essa transcendência se dá pela *fusão* com o transcendente, o *yoga* dos hindus, a beatitude dos cristãos ou o *nirvana*, em termos, dos hindus, e não do budismo tardio, que afirma a inevitabilidade de crise, ou o *tau* de Lau-Tsé, que é o caminho da libertação dos limites.

Todas as grandes religiões, em seus mais altos momentos, propõem a salvação através da transcendência, não de uma síncrise, mas de uma libertação de toda crise. E esta é apenas um apontar do que a transcende, porque se a crise se instala no ente, não é do Ser Supremo, mas do ser finito.

Todas as grandes religiões conheceram seus instantes de desagregação, quando do núcleo central, que unia os adeptos, vão, pouco a pouco, separando-se as seitas (de *secare*, cortar), que lutam entre si a posse de verdade. É a crise que se instala em sua fase diacrítica, pelo aumento do *diástema*, das separações, cuja etiologia examinaremos no capítulo onde estudamos o "ciclo das formas viciosas", que é ainda um processo de crise, que perdura em tudo quanto foi criação humana.

O que une é uma tensão que se forma, trans-imanente às partes componentes; é o *Corpus Christi*, a Igreja, no cristianismo, que não é apenas *ecclesia*, que não é apenas a *aggregatio* dos componentes, mas a *comunhão*, a fusão num *consensus*, num aceitar *simpateticamente* vivencial, a união em Cristo, que unifica os cristãos, mesmo fisicamente separados.

Seria um erro gravíssimo não querer reconhecer, no âmbito das religiões, a presença dessa tensão que estrutura os crentes, e lhes dá uma coerência, que não é apenas produto de uma adição de partes, como uma visão meramente atomística das religiões poderia permitir.

Há um transcender, que é já um ultrapassar do símbolo para penetrar no simbolizado, um *itinerarium mysticum*, um penetrar no que se oculta aos olhos do corpo e aos da intelectualidade, e que ultrapassa o operacional do nosso espírito, para ser uma *vivência* genuinamente afetiva, uma *apprehensio* genuinamente *páthica*, que é uma *frônese*, um fundir-se num todo tensional: a religião vivida, na reverência. (*Alegeyn* que se dirige vetorialmente *re-re-alegeyn*, um *re-ligere*, de *legere*, de ligar, um unir ao logos pelo logos, religião, um reverenciar ao que nos une à divindade.)

As religiões, portanto, em seus momentos de apogeu, buscam realizar, e o conseguem, uma vitória sobre a crise, sobre as finitudes, e é nesse sentido que se encerra o verdadeiro conteúdo desse termo "salvação", um salvar-se da crise.

Todas as grandes religiões afirmam que descendemos, que *descemos* de uma origem divina, e que aspiramos ao retorno, ao volver, a *re-legere*.

E como só o homem tem consciência do seu estado de queda (da *descensio*), só ele pode construir as normas, as regras, ordens, o *rito* (entre os hindus *ritá*, é o que se realiza segundo a "ordem" para subir as escadas da ascensão, *ascensio*).

Todas as religiões afirmam que é dever do homem ascender essa escala pela realização de atos que o ergam da animalidade, através da humanidade, para alcançar o que transcende a crise. Ou um ato de entrega, de submissão (*islam*) à divindade, ou um ato de querer, um ato volitivo, ou um de despojamento místico, de ascese continuada, etc. Mas sempre o que é pregado pelas religiões é a vitória sobre a crise, vitória que é uma realização do homem.

E saber que cada um de nós está imerso neste ser, mas em estado de crise, é uma garantia de que não será inútil essa busca de ascensão, essa libertação dos limites, e a penetração, pela fusão mística, no ser da Divindade.

E se em certos momentos, algumas religiões, como em algumas seitas budistas, *jainistas* e do *mimansá*, encontramos uma afirmação da perduração da crise, o que predomina e vive, nos altos momentos das religiões, é a salvação que está ao nosso alcance.

E em todas elas se exige do homem um ato pelo qual prove a sua entrega à Divindade, o *sacrifício*, que é sempre a doação ou cessão de algo que lhe é valioso, como penhor de submissão e entrega.

Portanto, em seus altos momentos, as religiões oferecem ao homem uma solução para a crise. E como esta, como já vimos, só é obtida pela vitória sobre o que nos separa, e só se conquista pela fusão tensional com a divindade, todas as religiões reconhecem e afirmam que a solução da crise não se dá pela síncrise, como movimento inverso da diácrise, mas pela sua transcendência, pela sua superação.

* * *

Quando o homem não vive mais nas religiões a solução da crise, ele a busca na filosofia. E tal afanar-se demonstra que, se vivemos na crise e somos a crise, nela não encontramos a nossa pátria, como diria Nietzsche. Queremos superá-la, ou, do contrário, tombarmos definitivamente nela, sem esperar sair dela, *desesperando-nos* portanto.

E o que nos mostra na filosofia, de modo mais patente, esse constante afanar-se, é a longa polêmica, fundamental de todo pensamento filosófico: a alternância entre as tomadas de posição, ora pelo Um (o Ser), ora pelo Múltiplo (o devir), concrecionados em alguns momentos históricos numa filosofia de síntese, que os transcende, a qual realiza, não apenas uma síncrese, mas uma superação da crise, como verificamos, na cultura grega, com a filosofia de Aristóteles. Este realizava a transcendência em face da síncrise de Parmênides, que reduzia tudo ao ser, e da diácrise de Heráclito, que reduzia tudo ao Devir, ao eterno vir-a-ser das coisas, embora, este, para sermos fiéis ao seu pensamento, aceitasse a unificação no Logos (a Razão), analogante de todo o ser em seu constante transmutar-se. Não é difícil, numa rápida visão do processo filosófico, captar essa alternância, presente na filosofia, com as suas três fases de diácrise, síncrise e de sintetização transcendental, que também corresponde e é análoga ao que se verifica no campo das religiões.

Se as seitas realizam a *diácrise*, como vemos no cristianismo de nossos dias, e também em nas baixas culturas, pelos cultos locais e pela afirmação de um pensamento politeístico, encontramos aqueles momentos de síncrise, que se positivam pela formação da *ecclesia*, das assembleias dos crentes, no *consensus* religioso, até alcançar a síntese transcendental, ao formar-se uma ou retornar-se a uma religião monoteísta superior, que é também uma visão concrecional do universo e, simultaneamente, uma afirmativa da vitória sobre a crise, pela transcendência de um Ser Supremo, de onde provimos e para onde podemos retornar.

Podemos colocar em três colunas as diversas personalidades e escolas, que surgiram, esquematizando deste modo o que expusemos até aqui:

Diácrise	*Síncrise*	*Síntese transcendental*
	Tales de Mileto	Lau-Tsé
	("a água")	Brahmanismo
	Anaximandro	Antiga religião egípcia
	("o ápeiron" o indeterminado)	
	Anaxímenes	Pitágoras (o "Um"
	(o ar)	transcendental e os
		números "arithmoi" da
		crise. O *Um* não é número)
Heráclito	Os eleáticos	
Empédocles	Parmênides	
Anaxágoras		
E os atomistas:		
Demócrito e		
Leucipo		

Como representantes da filosofia do desespero, os relativistas, os *céticos*, os sofistas, etc. Protágoras, Górgias, Hipias, etc.

	Os megáricos	*Platão*, pitagoricamente interpretado
	Os cínicos	(o Um é o Bem), mas com resquícios
		sincríticos
Os estóicos		ARISTÓTELES
("Stoa")		
Zeno de Cítio		
Crisipo		

– A Stoa média, com Panécio e Posidônio, busca a síncrise, tendendo para o aristotelismo.

Epicurismo

– Os céticos da Academia, como os pirrônicos, revelam o *desespero* ante a crise.

	O ecletismo é sincrítico	
		Alguns platônicos, neoplatônicos e neopitagóricos
	Alguns neopitagóricos	Teosofia judaico-alexandrina
		Filon – Alguns gnósticos
	Jâmblico e a Escola Síria	*Plotino*
		Proclo
Escola de Pérgamo		Hipatia e Sinésio
		Nemésio – Calcídio
		Boécio
		A patrística
Cerinto, Basílides		São Gregório Nazianzeno
		SANTO AGOSTINHO
	Scoto Eriúgema	
		SANTO ANSELMO
	Bernardo de Tours	
		AVICENA
		ALEXANDRE DE HALES
		SÃO BOAVENTURA
		TOMÁS DE AQUINO
		DUNS SCOT
Bacon (Roger)	Meister Eckardt	
Buridan	William Ockham	
	Os monistas em geral	SUÁREZ
	Os panteístas em geral	
Gassendi		
	Jacob Boehme	

		NICOLAU DE CUSA
Francis Bacon	Giordano Bruno	
Hobbes	Miguel Servet	
	Spinoza	
Leibniz	Descartes	
	Malebranche	Tomistas, escotistas e suaristas
Locke	Berkeley	
Hume	Wolff	
	Kant	
	Fichte, Schelling	
	Hegel	
	Krause	
Os evolucionistas	Schopenhauer	
	Fries, Beneke	
O materialismo		
Mayer, Joule, Helmhotz, Darwin, etc		
Positivismo		
Empírico-criticismo	Marx	
Pragmatismo	Wundt	
Neo-kantismo	Driesch	
Lotze,	Uexküll	
Eduard Von Hartmann	Brentano	
	Husserl	
Dilthey		Balmes
Spengler		
	Scheler	

	Nikolai Hartmann	Maréchal
	Nietzsche	Mercier, Maritain
	Kierkegaard	Hoenen
	Jaspers	
Sartre	Heidegger	
Jean Wahl	Rosmini, Gioberti	
	Croce, Gentile	

Esta classificação não pode ser tomada como rigorosa, pois as diferenças específicas, salientadas nas obras dos diversos autores, revelam pontos intermediários. Assim um Leibniz, embora diacrítico com a teoria das mônadas, não deixa de aceitar uma divindade transcendental. Mas, não se deve esquecer, que o desejo de ultrapassar a crise não é ainda o seu ultrapassamento. É mister que a obra filosófica realmente o faça.

Há aí teístas que estão colocados entre os diacríticos, os quais não puderam evitar a crise e o *diástema* que suas ideias pregaram. Na verdade, são poucos os filósofos, que, entre o Múltiplo e o Um, foram capazes de resolver, com coerência, a síntese desejada, e, para nós, são apenas aqueles que salientamos. Outros, inclusos numa categoria, valem como seguidores dos maiores e não propriamente como criadores de uma filosofia capaz de vencer a crise.

A solução da crise não a podemos resolver na imanência, porque, nesta, ela está instaurada. A crise é ultrapassável pelo que a transcende.

Toda filosofia da imanência, como é a predominante nestes últimos tempos, é uma filosofia de crise, como o são as que se colocam nas duas primeiras colunas. Não basta afirmar a superação da crise; é necessário realizá-la filosoficamente. Eis por que muitas dessas filosofias, que são, na verdade, *de crise*, julgaram que a haviam vencido e a superavam, sem, no entanto, alcançar a transcendência.

O sentido, que damos à imanência e à transcendência, estará claro ao tratarmos das tensões.

A solução tensional, que se funda nas positividades mais solidamente justificadas da filosofia de todos os tempos, não é uma filosofia que se arroga a ingênua e medíocre pretensão de originalidade, como é típico de literatos sistemáticos e pedantes. A concepção tensional quer ser apenas um pensamento, que ao dirigir-se ao pensamento universal, encontre correspondência nos seus momentos mais sólidos, mais positivos, colocando-se acima de todo o sectarismo, e procurando compreender para explicar.

Como foi exposta até aqui, não apresenta uma transcendência, pois permanece ainda na trans-imanência, que é já ultrapassar da imanência para a transcendência, sem precisar dicotomizar o mundo entre dois mundos, caindo, assim, nas velhas aporias dos dualistas.

A solução aristotélica e a da escolástica, tão desconhecidas, infelizmente, de muitos filósofos modernos, ofereceram-nos um caminho que a concepção tensional não poderá deixar de registrar, embora não o possamos ainda fazer nesta obra, o que caberá à *Teoria Geral das Tensões*.

O transcender, que é um ultrapassar os obstáculos e os limites (*transcendere*, no latim), deve ser tomado aqui, não no sentido ontológico de ultrapassar a nossa experiência (que é uma experiência de crise e como experiência é já crise). É um penetrar no in-experimentável, ao que nos escapa aos nossos meios intuitivo-sensíveis, ao que só nos é dado através de outras apreensões, por outros atos intelectivos e *páthicos*, por especulações, que são, filosoficamente falando, a invasão de setores que permanecem além do intuitivo-sensível, para o qual dispomos apenas do pensamento, tomado em sentido amplo.

Na filosofia moderna, no existencialismo de Heidegger e de Jaspers, há uma descoberta da transcendência. Em Jaspers pelo ser "envolvente" (*Umgreifend*) e, em Heidegger, pela superação do ente para "o" ser, que, no entanto, é indeterminado por ele. Há nessas filosofias um buscar vencer a crise, sem consegui-lo ainda, porque se enquadram na esquemática sincrítica.

Não se pode negar que há no homem esse desejo, pelo menos, de alcançar o bem que estaria além da crise. Ou o aceita ou não. Procura-o e, ou o acha, ou desespera de achá-lo e até de procurá-lo.

O que nenhum filósofo pode negar é que "seria melhor" se vencêssemos a crise. "Seria melhor" se nos fosse dado transcendê-la efetivamente. Nesse "seria melhor", que se apresenta no vago de uma dúvida ou na firmeza de uma certeza, o espírito humano encontra-se sempre ante dois caminhos: procurá-lo e achá-lo, ou abandonar essa busca. E há abandono naqueles que previamente aceitam a inutilidade dessa busca, o que ainda é desespero.

Ninguém pode negar que há em nós esse testemunho de um "seria melhor".

E ele nos comprova que não há uma aceitação total da crise, porque "seria melhor" se a pudéssemos transcender. E é um velho princípio dos escolásticos, que vem de origens gregas, que não há nenhum impulso emergente em nós que seja absolutamente inútil. Se tendemos para algo superior, há em nós uma raiz mais distante que o justifica.

Como poderíamos aceitar o bem de uma solução melhor, de um "seria melhor", se nenhuma emergência houvesse em nós que nos impelisse para ele?

Há em nós alguma coisa que fala e não entendemos, mas apenas ouvimos no balbuciar de um desejo, que em outros se torna um ímpeto e em muitos uma certeza.

Se alguns sentem inútil crer nesse "seria melhor", não podem, no entanto, negar que ele tem uma emergência, e que a predisponência do que nos cerca agrava, agudiza, transformando-o num desejo mais amplo e até numa vontade, que é sempre ativa, pois é nisto que ela se distingue do desejo.

Não nos satisfaz o estado de crise. E quando o homem, morbidamente resolve vivê-la, como os "malditos" do fim do século, ou alguns niilistas e existencialistas de hoje, espojando-se nela, há nesse gesto uma rebeldia e não uma aceitação, aquela rebeldia que vibrava nos versos de Baudelaire, que era mais o grito de quem não mais podia crer do que o de quem não tem fé.

Negar esse impulso universal é querer ocultar uma positividade. Portanto, se nós estamos na crise, e se em certo sentido somos a crise, há em nós o que se proclama contra ela, algo que se rebela, algo que não aceita, algo que não se conforma, e que nos impele para além.

Essa verdade mais profunda, e que as palavras são pálidas para reproduzir o seu conteúdo, está viva em cada um. Nem todos sabem ouvi-la, nem senti-la em toda a sua intensidade, e o seu empenho em querer soluções na imanência, aqui e agora, nas soluções, por exemplo, do campo social, revelam esse ímpeto que perdeu a sua meta, como uma seta atirada ao acaso, sem um alvo que a justifique.

E se pensarmos que a religião nasce do homem, como um ser consciente, e se notarmos que surge de uma tomada de consciência da crise, a religião é uma busca do transcendente, do que ultrapassa a crise, um conjunto de regras (ritos) e práticas também, que nos ensinam caminhos para vencê-la. A religião nasce quando o homem toma consciência da crise. E quanto mais profunda é essa consciência, mais profunda é a sua religião.

Pode a religião aparecer na história sob variantes das mais heterogêneas, mas há, nela, o que formalmente se pode estabelecer como invariante: ela é um caminho para buscar o transcendente, para apreendê-lo, para conservá-lo, mas sempre um ímpeto que procura vencer a crise. Por isso, as religiões, as grandes pelos menos (não queremos nos referir a certas seitas), são sempre um conjunto de meios que buscam a síntese transcendental, e não um saber *de crise*, mas um saber que surge *da crise* para superá-la, pois toda religião promete vencê-la.

A filosofia é já um especular na justificação da transcendência. Nasce na crise, nela permanece nas filosofias *de* crise, ou dela procura libertar-se nas filosofias transcendentes, que são filosofias *da* crise, porque a estudam e buscam superá-la.

Nesse "seria melhor", nessa *tímese parabólica*, como chamamos, nessa apreciação (de *timós*, valor de apreciação) através de uma comparação (*parábola*), em que o ser humano *compara* o que tem, o em que está, com o que "seria melhor", perfeição que não lhe é atual, há uma transcendência. Há aqui um emparelhar (de *par*, *comparar*) do que lhe é patente aos olhos, aos sentidos, à sua experiência intuitivo-sensitiva, com o que não tem, do qual tem apenas uma *posse virtual*, o "seria melhor", que é uma vitória total da crise, a beatitude dos cristãos, fim último do homem, ou o nirvana dos budistas, fim último que ultrapassa o território da crise, porque, neste, o bem será sempre um bem de crise, limitado e, portanto, incompleto.

Se nos colocamos no ângulo da crise, vemos que religião e filosofia têm um ponto de encontro. Se uma é um saber místico do que a transcende, a segunda busca, especulativamente, estudar essa crise para transcendê-la ou não, para nela imanentizar-se, ou para dela libertar-se.

Toda filosofia transcendental é uma filosofia de salvação; toda filosofia do imanente é uma filosofia que busca ou desespera, mas é uma filosofia da crise.

Religião e filosofia têm, assim, um ponto de encontro importantíssimo, que já aponta a improcedência daqueles filósofos de crise, que procuram alagar o *diástema* entre uma e outra, criar o *abismo*, e realizar a crise que não sabem nem podem superar.

Esta tese que defendemos, que será exposta em *Teoria Geral das Tensões*, apoiada ainda em outros elementos, mostra-nos que há um caminho de concreção de todo o saber epistêmico, de todo o saber culto, pois as religiões das altas culturas são também um saber epistêmico, e não uma mera prática, como muitos poderiam concluir, quando atualizam apenas o aspecto exotérico das religiões. Estes não procuram penetrar no que é mais importante, no esotérico, percorrendo o caminho da mística, essa estética do simbolizado, pois é um partir dos símbolos para alcançar os referidos, que se ocultam (*myô*, em grego, ocultar, daí *mysterion*, e *mystos*, o iniciado dos mistérios), e que exigem uma ordem (*rita* dos hindus, *ritus* no idioma latino) para alcançá-lo.

Na Filosofia transcendental, filosofia e religião se encontram, sem perderem o contato com a imanência, como vemos na filosofia de Tomás de Aquino e na de Aristóteles, para exemplificar.

Consideravam os escolásticos como conceitos transcendentais aqueles que podiam ser captados em todo ser. Todo ser forma uma *unidade*, é *alguma coisa*, é um *valor*, é *verdadeiro* em si mesmo, e mantém *relações*. E tanto podemos predicar dos seres finitos como de um ser infinito, porque o Ser Supremo mantém, por sua vez, relações também, mas transcendentais, na trindade, por exemplo.

São esses conceitos instrumentos da especulação transcendental. As categorias e os gêneros, espécies, diferenças, propriedades, etc., encontramo-los nos seres em crise e de crise.

O cientista, quando pesquisa, dispõe de instrumentos para medir. Pode estabelecer suas certezas, fundadas na experiência intuitivo-sensível, pode medir comparando o que não conhece com o que conhece, mas o desconhecido é imanente ao mesmo mundo que por ele é conhecido, e na esfera em que algo é conhecido. O filósofo, não. Dispõe apenas de um instrumento, o pensamento, e tem de investigar num terreno que ultrapassa ao campo da sua experiência intuito-sensível, penetrar numa esfera para a qual os sentidos são cegos e surdos, e dispõe desses conceitos transcendentais, para com eles investigar o que lhe fica além.

Essa pobreza do filósofo é a sua riqueza, e o seu maior galardão de glória.

É fácil fazer-se ciência; é difícil filosofar com segurança. Em cada lugar há um perigo, há a ameaça de um desvio, de um erro. Um simples raciocínio, que se aparenta perfeita ao primeiro relance, encerra em si imensos erros, que só tardiamente vão transparecer. Não é de admirar, por isso, que, no setor da filosofia, a heterogeneidade de opiniões seja tão grande, e que os valores de primeira plana sejam tão raros.

Já o disse certa vez que a ciência sabe, a filosofia quer saber, a arte cria, e a religião crê. Não há nessas palavras nenhuma originalidade, mas apenas acentuam o que é patente a cada uma. A ciência, quando afirma, proclama o que é, a religião afirma uma convicção mais profunda; a filosofia investiga sempre, e o artista se salva na criação de um mundo imaginário, ficcional, mas ainda cheio de uma realidade, porque sempre o artista, ao realizar a sua arte, é ele um esteta, e a estética é uma mística do símbolo, e o símbolo é do imanente, porque é o apontar daqui, para o que fica além. Por isso a arte conhece seus pontos de contato (e sem dúvida dos maiores) com a religião e a filosofia.

E no exame do imanente, a ciência, que é um saber culto, teórico, deste, conhece os seus limites, pois é um conhecer imanente da crise para dominá-lo na crise, pois o que pretende ela, como finalidade principal, do que oferecer ao homem um domínio sobre as coisas?

E seguindo este caminho, a ciência conhece os seus limites, além dos quais ela não pode ultrapassar. A crise limita-a, porque é nela que a ciência se forma, saber teórico-prático, que é da própria crise.

Mas, ao conhecê-los, não aponta a ciência ao que a transcende? Não é ela um caminho que se encontra, portanto, com a filosofia, da qual não se separa, apesar do espírito de crise de certos especialistas, que desejam estabelecer abismos, onde a realidade os nega?

Também há aí um ponto de concreção. É como se todo o saber fosse uma esfera, em cujo centro vão convergir todos os raios. Podem eles buscar a longínqua superfície, mas todos têm sempre uma raiz no mesmo ponto de partida, imenso ponto que a justifica, pois a própria ciência, para definir-se bem, precisa dele, pois *sem ele ela não é*.

Não palmilhamos um terreno fácil, mas difícil, e não poderíamos aqui dizer tudo quanto cabe dizer, porque este ponto, pela sua vastidão, exige trabalhos especiais, que achamos de nosso dever realizar em obras posteriores.

Mas, sintetizando tudo quanto dissemos, queremos estabelecer o que ficou em pé.

Há um saber *de* crise e um saber *da* crise. Podemos permanecer na crise, na imanência, ou tentar dela libertar-nos por uma filosofia transcendental.

A ciência poderá dar-nos um domínio maior sobre as coisas, mas conhece ela os seus limites, que são os da imanência. A ciência não pode, por si só, salvar-nos da crise, mas, apenas, minorar os seus efeitos. Se há um caminho de salvação, esse só pode ser transcendental.

Ou aceitamos esta afirmativa, e procuramos esse caminho, ou cairemos no desespero manso de alguns estoicos ou no mórbido dos malditos, dos niilistas, e do ateísmo negro.

Nós podemos escolher. Há liberdade para tanto. E é nessa liberdade que está a nossa grandeza e também o dramático de nossa existência, pois são todos capazes de projetar ante si mesmos um ideal de superação e procurar o caminho da vitória. Muitos temem cair derrotados nessa batalha, e preferem entregar-se previamente à derrota. Outros levam em si mesmos essa decisão, que é a da dignidade do homem: buscar essa vitória. E essa dignidade é a do filósofo quando investiga o absoluto, a do cientista que busca no imanente os seus limites, e a do crente que se submete, ou que busca alcançar o transcendente, porque há na crença também algo de heroico, pois a humildade não é sempre uma derrota, e há, na entrega, o abandono a um orgulho que nos prende ao menor, ao mais baixo, e muitas vezes tem um traço bem forte de amargura.

Coordenadas de agravamento da crise

Através do exame da crise, que procedemos até aqui, tornou-se patente que o "limite" está a apontar-nos uma certa incomunicabilidade entre os seres finitos.

Tal é patente entre nós, seres humanos. Há em nós algo que nunca podemos transmitir, porque há uma vivência, que é unicamente nossa, que tem essa especificidade especialíssima de ser única e só. Única, porque não se poderia identificar com outras; e só, porque sempre marcará uma fronteira intransponível.

Dizia Buda que nascemos sós, vivemos sós, e morremos sós. Vivemos sempre a nossa vida, e morremos a nossa morte. Podem outros acompanhar-nos quando tombamos, como os soldados que morrem nos campos de batalha. Podem as suas mortes coincidir no tempo, mas, cada uma, é irremediavelmente, única, porque é a "minha", é a "tua" morte.

Todo ser finito é um *syntheton*, na linguagem aristotélica, um composto de dois princípios: forma e matéria. Mas cada indivíduo tem uma individualidade, esse princípio de individualização, que é tão problemático para os filósofos, indica-nos, no entanto, que há uma fronteira indevassável entre os seres.

E se prestarmos bem atenção aos seres finitos do mundo da natureza, neles também encontraremos essa unicidade, essa espécie especialíssima, que é o indivíduo, que os torna irredutíveis uns aos outros, em alguma coisa que é deles e exclusivamente deles, de serem este e não outro, de ser este aqui e não aquele outro ali, embora, entre ambos, se dê uma identidade de forma, uma semelhança de aspectos e até uma igualdade quantitativa.

Essa incomunicabilidade entre as coisas, essa irredutibilidade, que as separa, é crise. E não há meios, enquanto permanecemos no imanente, de poder ultrapassar essa fronteira: a da unicidade. Embora, em muitos outros aspectos formais, através das analogias entre os seres, encontremos pontos de identificação, há sempre um diferente absoluto que se coloca entre os seres finitos, que não só lhes dá um valor, mas também lhes marca a mais alta dignidade ôntica, pois é um valor que vale, dispensando as apreciações valorativas.

No plano físico, o *diástema* marca extensivamente o agravamento da *diácrise*, quando é aumentado o afastamento, ou o agravamento da *síncrise*, quando este é diminuído. O processo tensional, que já estudamos, favorece também a captação desses agravamentos, pois, nele, os seres realizam, sob a ação da predisponência, o ciclo das possibilidades atualizadas da emergência. E cada possibilidade atualizada coloca possibilidades próximas, isto é: se as sincritiza, por sua vez aumenta a diácrise para as possibilidades, que passam para o epimeteico dos seres, os seja, o passado não atualizado, as possibilidades que se desvanecem longinquamente num "nunca mais".

Desta forma, cada momento de *síncrise* é um agravamento de uma *diácrise*.

E bastaria para se tornar bem patente esta tese, que ponderássemos cada um de nós apenas sobre a nossa vida. Quando surgimos ao mundo, mais amplo é o nosso prometeico, as possibilidades futuras são inúmeras. Mas as condições e os fatores predisponentes vão favorecer a atualização destas ou daquelas possibilidades, e não de outras. Essa atualização torna cada vez mais distante as possibilidades que até então pertenciam ao nosso prometeico, e passam, irremediavelmente, para o epimeteico, agravando-se a crise pela diácrise crescente.

As possibilidades não atualizadas recuam no tempo, e muitas vezes a lembrança de uma possível atualização nos é suficiente para encher de amargura. E é bem verdade, pois toda a nossa vida está povoada dos fantasmas das possibilidades não atualizadas, do possível não vivido, do "poderia ter sido assim", dos "eu podia ter feito isso", e das interrogações muitas vezes dolorosas dos "por que não fiz isso? ", "por que não segui esse caminho? ". Esse epimeteico é muito de nossa vida, cuja história não é composta apenas do que vivemos, do que experimentamos, mas também de tudo quanto um dia nos pareceu ter estado às mãos, e que se nos escapou no tempo fugidio, que cada vez se distancia mais de nós.

Somos também a recordação do que não fomos. E muitas vezes, quando a nossa imaginação acompanha aquelas possibilidades e lhes empresta o arremedo de uma realidade atual, sentimos satisfações, como sentimos medo e até terrores. E não conta toda a psicologia moderna esses inúmeros fantasmas, aos quais muitas vezes damos uma realidade tão grande, que até nos convencemos que formam um lastro das nossas atualidades históricas?

No instante preciso em que uma possibilidade se atualiza, uma e muitas possibilidades afastam-se de nós. Neste instante em que escrevo, quantas possibilidades que a ele caberiam não serão mais atualizadas, e passarão para o epimeteico de minha vida. E se hoje sou isto ou aquilo, deixei para sempre o que poderia ser. E pode alguém negar a nostalgia que nos causam aquelas possibilidades não atualizadas? O romance que não vivemos, a história que não foi nossa, os dias de arrebatamentos juvenis que não nos pertenceram? E pode acaso o que hoje temos, abrandar a amargura das satisfações não sentidas, da vida não vivida?

Pois é assim o nosso mundo de crise. A cada instante que a síncrise se processa, aumenta uma diácrise. À proporção que o prometeico alcança o fugidio instante da atualidade, no epimeteico uma possibilidade se distancia, aumentando o diaástema que dela nos separa.

Em todo o existir finito há sempre um agravamento. É crise, e a aumenta, porque cada um dos seus vetores se agravam, porque, ou agravada a síncrise, ou a diácrise, ela sempre permanece.

Mas além da que se processa na esfera físico-química, na esfera do acontecer, há as crises que nós mesmos agravamos.

Já vimos que onde há uma escolha, há uma seleção: há um preferido e um preterido. Todo ato de escolher tem um dúplice vetor.

Quando preferimos alguma coisa, preterimos o resto; toda preferência é acompanhada de uma preterição.

Todo ato de existir finito é um ato seletivo. Já o vimos em todas as esferas, pois quando há uma existência físico-química, há uma combinação, e essa se realiza por uma escolha, por uma preferência e uma preterição, que obedece às leis cósmicas. E ainda há mais: em toda preterição ou preferência, há a revelação de uma adequação entre o preferido e o preferente, pois o que prefere tem alguma afinidade com o preferido, como o preterido pode também ter uma afinidade, mas de grau menor ao outro.

Ora, onde há uma preferência e uma preterição, há, portanto, valores. E tais valores, nesse caso, eles implicam um valorador e um valorado, e para que tal se dê, é preciso haver adequação entre um e outro.

Mas os valores, que estão em todas as coisas (pois todo o ser é um valor), apresentam-se sob vetores diferentes. Todo ser é um valor; é verdade ontológica. Mas os seres finitos não têm valores infinitos, porque o seu valor vale também ante outro, e é por esse outro delimitado. Nenhum ser finito, como tal, atualiza tudo quanto pode ser na sua espécie. E muito menos ainda todas as perfeições, para usar uma linguagem clássica da filosofia, que lhes cabem como seres finitos. Portanto, o seu valor é sempre finito.

E nas relações que os seres mantêm entre si, nessas preferências e nessas preterições, executam uma avaliação dos valores, e muitas vezes eles recebem um acréscimo, que os aumenta; são valorizados.

O ato de valorar psicológico é sempre acompanhado de um ato de valorização ou de desvalorização, porque somos impotentes para captar o valor ontológico de cada ser, pois este nos escapa, mas apenas o valor que surge na relação que conosco ele realiza. E nessas valorações, acompanhadas de valorizações e desvalorizações, realizamos um agravamento da crise.

Tudo quanto nos é apetecível desejamos ter.

A apetibilidade intrínseca das coisas conhece um grau de intensificação pela nossa apetência. E nesse ato há já uma valorização, como, no inverso, uma desvalorização.

Na maneira como manejamos a nossa capacidade valoradora, isto é, de apreciar valores, realizamos síncrises ou diácrises.

E não seria difícil, ao examinar o espetáculo da nossa existência, verificar em todos os setores das nossas experiências, que a nossa valoração atua como uma coordenada de agravamento da crise.

Como os seres finitos não estão total e absolutamente sós, pois mantêm relações das mais variadas espécies, sofrem, consequentemente, a ação dos fatores predisponentes, que atuam sobre a sua emergência, facilitando-lhes a eclosão de possibilidades latentes, de modalidades, etc.

Mas, cada ser finito tem uma forma, pela qual é o que é e não outra coisa. E o seu processo tensional se realiza num desenvolvimento adequado dessa forma, pois nenhum ser pode realizar *mais* do que lhe é proporcionado a ela, e, sim, menos, pois o efeito não pode superar as suas causas, mas, quando muito, ser-lhe igual, ou inferior.

No seu acontecer, os seres finitos surgem e perecem. Todo ser finito é um ser composto, e tudo quanto é composto um dia se decomporá, para compor-se com outros, e assim sucessivamente. Todos os seres finitos realizam as suas possibilidades, que são proporcionadas à sua emergência, dependendo da predisponência que favorecerá a atualização destas, e a virtualização daquelas. Mas, por outro lado, segue uma linha invariante, que lhe é dada por sua forma.

Por isso, cada ser tem um processo tensional, que é coordenado pela emergência e pela predisponência. Aquela é delimitada e determinada pela forma, e esta poderá permitir o surgimento ou não do que já está contido em possibilidade, em potência naquela.

Desse modo, o processo tensional de um ser é também uma agravante da crise, pois facilita a síncrise ou a diácrise.

E, como vimos, todos os seres finitos conhecem um início e conhecerão um fim, pois não permanecem, como tais, sempiternamente. Um dia se corromperão. E como toda a corrupção é a passagem de um ser, que é isto ou aquilo, a não ser isto ou aquilo, no mesmo instante que um ser se corrompe, surge outro diferente do primeiro, isto é, gera-se um novo ser. E a geração é a passagem do não ser isto ou aquilo, para ser isto ou aquilo.

A corrupção e a geração são ainda coordenadas pela crise.

Em nós, ademais, há outra coordenada. Como nosso espírito funciona ao captar o mundo exterior por meio de abstrações, pois há abstração desde o funcionamento dos nossos reflexos, como há em nossas reações, pois sempre há um separar na maneira de atuarem, também os nossos sentidos captam, do mundo exterior, apenas aquela parte que é assimilável aos nossos esquemas, como o nosso intelecto apenas conhece o que é assimilável pelos esquemas intelectuais, como a nossa afetividade só apreende o que é assimilável aos esquemas afetivos.

Assim, a atividade do nosso psiquismo é abstratista, embora atue diferentemente. A abstração é outra coordenada de agravamento da crise, da nossa crise.

É o que vimos ao estudar a Filosofia e veremos no estudo da história, como a função abstratora do nosso espírito atua como coordenada de agravamento da crise, a qual conhece intensificações no abstratismo, que é uma forma viciosa.

O ciclo das formas viciosas

Há um ponto de máxima importância para a boa compreensão da nossa teoria da crise, no que se refere ao homem e aos campos onde ele atua e sofre determinações. Este ponto é, sem dúvida, o da abstração.

O verbo *abstrahere,* em latim significa trazer, *trahere* e de, *abs*, separar, portanto. Nesse sentido etimológico é que a palavra foi sempre considerada em sua amplitude acepcional.

Mas, na filosofia, o termo restringiu-se mais ao sentido de uma separação mental, isto é, a que é realizada pela mente, e não numa separação física, como a das folhas destacadas de um caderno. Por isso, se consideram como exemplos mais elementares e mais fáceis, para entender o que é a abstração, as figuras geométricas, por exemplo, destacadas, pela mente, dos objetos nos quais elas se dão.

Na abstração, há, portanto, a presença de três termos: o agente que realiza a abstração, o ato abstrativo e o objeto sobre o qual o mesmo se realiza. O resultado dessa operação é o seu conteúdo. É comum, na filosofia, empregarem-se termos como "ação abstratora, abstrator, abstraído", no sentido, tanto do conteúdo, como do que foi passível da ação abstratora.

No sentido filosófico do termo, ao realizarmos uma abstração, esta se dá na mente humana, porque o objeto, como tal, nada sofre, permanecendo o que é. Há, assim, na abstração, uma atividade metafísica quando considerada em relação ao objeto, pois fisicamente não há nenhuma separação, mas apenas a que realiza, por imagens ou ideias, a mente humana, uma atividade que é transfísica. E sem essa atividade, não poderia o ser humano ter sobrevivido, pois a abstração lhe é necessária, para que possa dar ordem ao mundo que lhe surge caoticamente. Dessa atividade surgiram os conceitos, as categorias, e todas as formas noéticas, que permitem ao homem ter uma visão ordenada do mundo.

A abstração não é algo contra a vida, como o afirmam certos autores. A própria vida já realiza uma ação abstratora, num sentido naturalmente biológico, porque, no viver, há também um selecionar, um escolher, um preferir e um preterir, um separar o que convém à vida de o que não convém. E nessa atividade abstratora biológica, há, evidentemente, crise. Se prestarmos atenção ao mundo físico-químico, as afinidades químicas, que se revelam nas combinações, mostram-nos que há uma ação abstratora físico-química.

Mas todas essas ações se distinguem da psíquica, pois, enquanto naquelas há separações de ordem física, nesta as separações se dão apenas no plano noético, no plano do espírito, e o que é separado o é apenas através de esquemas abstrato-noéticos, sem que se deem separações de ordem física.

É, portanto, apenas no sentido psíquico, que a abstração é tomada pela filosofia. Dá-se nesse plano, quando é separado de um todo, pela ação da nossa mente, algo incapaz de existência independente do mesmo, como, por exemplo, a cor de um objeto. Esta separação se dá fora da ordem ôntica do objeto, e dela é que poderá surgir o conceito.

Segundo temos exposto sempre em nossas obras, verificamos que, num ato intuitivo sensível, isto é, na captação de um fato do mundo exterior, a nossa sensibilidade capta-o apenas proporcionadamente aos esquemas sensíveis acomodados, e o conteúdo da imagem é, por sua vez, proporcionada a tais esquemas, ou, em outras palavras, a assimilação que se processa é proporcionada aos esquemas acomodados.

Estas são as duas fases da adaptação da sensibilidade. A imagem, consequentemente, é uma *imago*, isto é, uma apreensão do objeto pela correspondência dos esquemas acomodados, que antecedem à assimilação. A imagem, que temos do mundo objetivo, sendo adequada aos esquemas, não é uma reprodução completa do objeto do mundo exterior. Embora o capte como um todo, e essa captação não é falsa, se considerada na sua especificidade, como nos pode demonstrar a Gnosiologia, ela, porém, não reproduz totalmente (*totaliter*), como dizem os escolásticos, o que o objeto é, mas somente o que dele corresponde aos nossos esquemas. A *imago* é, pois, intencional; tem um conteúdo psíquico, que é dado pelos esquemas acomodados e pela assimilação correspondente, e ela corresponde ao que é no objeto *in totum*, por semelhança, e não o que o objeto é totalmente, isto é, por identidade.

Na *imago*, há uma identificação entre o intencional e o fundamental do objeto, mas em termos, pois é uma identificação apenas parcial da apreensão psíquica do objeto como um todo, e não uma apreensão dele *totalmente* como é.

Esse fato leva facilmente à compreensão de que, na apreensão sensível, já se dá uma abstração mental, pois a *imago* é uma *intimização* do objeto, segundo a acomodação dos esquemas. E não sendo a reprodução do objeto *totaliter*, ela é menos que ele, se partirmos do ângulo do objeto, mas diferente, se partirmos do ângulo do sujeito *cognoscente*, que não aprende tudo, mas apenas o que lhe é proporcionado.

Sobre esta maneira de conceber a abstração, palmilhamos um terreno, onde surgiram muitas controvérsias na filosofia. Onde, porém, todos os filósofos, com pequenas variações, estão de acordo, é que a nossa mente possui a capacidade de realizar abstrações, operação que lhe é própria.

Para a filosofia escolástica, fundada no pensamento aristotélico e platônico, essa operação abstratora de nosso espírito não elimina, propriamente, o real, mas se mantém sempre próxima dele, pois capta, pela separação do individual, o geral e o essencial, que constituem, *também*, a realidade das coisas.

Desta maneira, a potência abstrativa do ser humano é uma força criadora, que faz surgir do real, do sensível, o intelectual em sentido restrito, a forma, a essência das coisas, que, na intuição sensível, é apresentada confusamente. Essa ação, realizada pelo *intelecto agente*, isto é, pelo intelecto em ato, é o que caracteriza a racionalidade, pois esta é a faculdade do ser inteligente para captar, no que é dado confusamente, a *ratio*, a razão das coisas.

A abstração era classificada em *abstração total* e *abstração formal*. Na primeira se separa o geral do particular, como, por exemplo, a figura geométrica de um determinado corpo. A primeira é chamada *abstração total*, porque o seu resultado é sempre um todo; e a segunda, *formal*, porque capta uma forma.

A abstração revela graus: o *primeiro grau* é aquele em que se consideram os objetos abstraídos da matéria, quando se abstraem as particularidades, contingentes e estritamente individuais. Esta é a abstração realizada pela física. A *abstração de segundo grau* realiza-se sobre a primeira e capta a quantidade, o número, as figuras, e é o objeto de matemática. Finalmente, há uma abstração *de terceiro grau*, que é aquela em que concebe as leis, os seres que podem existir independentemente da matéria, as formas puras, Deus, os espíritos puros[1].

Esta é, para a filosofia clássica, a abstração própria da metafísica. Para dar um exemplo dos três planos, dos três graus da abstração (e aqui queremos referir-nos apenas à intelectual), poderíamos fazê-lo da seguinte maneira: num determinado corpo físico, se considerarmos as suas particularidades, o que lhe é próprio, separadamente, ou seja, o seu volume, a sua massa, etc., estamos na abstração da física; se dessas particularidades, considerarmos as suas generalidades, como seja número, figura, etc., estamos no campo da matemática, e quando consideramos as leis e as formas, os espíritos puros, sem considerá-los como concrecionados na matéria, realizamos a abstração metafísica.

Deve-se, no entanto, considerar também como abstração metafísica as de grau inferior, pois em todas elas há um separar transfísico.

Um estudo filosófico da abstração, no qual se tentasse justificá-la, levaria a penetrar em amplos terrenos, que já invadem o setor, não só da filosofia geral,

---

[1] Para nós a primeira abstração, é *segunda*, porque é antecedida pela abstração intuitivo-sensível, como já vimos.

como, especialmente, de disciplinas como a gnosiologia, a psicologia e as metafísicas particulares.

Para o desenvolvimento da nossa tese, o que nos interessa estabelecer é que o abstraído, pela nossa mente, dá-se, ou não, no conjunto da realidade.

Admitem muitos filósofos que a nossa mente é capaz de abstrair universalidades, que não são reais, mas meramente conceptuais, isto é, que não encontram um fundamento nas coisas, mas apenas são criações do nosso espírito. Outros, porém, afirmam que todas as abstrações que a nossa mente é capaz de fazer, desde que sejam rigorosamente construídas, segundo os princípios da lógica, correspondem a uma realidade, quer física, quer metafísica. O ser humano se diferencia dos animais por possuir a racionalidade, isto é, a capacidade de construir esquemas generalizadores, com os quais ele dá uma ordem lógica (de *logos*, razão), ou seja, uma ordem das razões que correspondem ao nexo das coisas, com a qual ele "organiza" o cosmos, que aos nossos sentidos surge caoticamente, eivado de heterogeneidades.

Sendo generalizadora a atividade abstrativa do homem, tem ela que considerar, primordialmente, o que é homogêneo, separando o que é heterogêneo; assim, no conceito, consideram-se apenas as notas imprescindíveis que se repetem nos indivíduos, isto é, que os indivíduos têm comum. Por essa razão, muitas vezes surgem, na filosofia, aqueles que combatem a atividade operativa racional por considerarem-na excessivamente abstratora, por desprezar as heterogeneidades e não apresentar uma correspondência à realidade, que é heterogênea.

A longa polêmica travada entre racionalistas, que atribuem a prioridade, no conhecimento, à razão, e também a ela o critério de conhecer, e os irracionalistas de toda espécie, que lhe negam tais valores, já esgotou todos os argumentos que poderiam ser esgrimidos entre as duas facções. Estas duas posições são posições de crise, porque uma atualiza, na razão, apenas os aspectos positivos, enquanto a outra, apenas os negativos.

Por isso, intercalando-se entre ambas, surgem outras posições, como a de Aristóteles e a dos escolásticos, que reconhecem o grande papel que tem a razão humana, como também as suas deficiências.

Para o desenvolvimento da nossa tese, o que é preciso considerar é o seguinte:

1. Toda atividade noética do homem é abstratora, em graus maiores ou menores, isto é, escalares portanto, e realizam uma crise.
2. As abstrações, realizadas pelo espírito humano, quando correspondem à realidade, não a apanham totalmente, mas apenas como um todo (*totum et non totaliter*), o que também revela crise.

Estabelecidos estes dois pontos, podemos agora estudar, no conjunto do real, onde estão os fundamentos da abstração noética. Nesse conjunto da realidade, tudo quanto se refere à atividade abstratora do espírito se dá concrecionado. A separação realizada é meramente mental, pois a realidade forma um todo concreto.

O agravamento da crise, e nesse caso seria uma *diácrise*, está no fato de o espírito humano considerar o que ele abstraiu, e que separou, portanto, mentalmente, como se estivesse *realmente* (aqui real-fisicamente) separado no mundo real. Quando o homem, ao realizar a abstração, para analisar os seus conteúdos, se esquece de devolvê-los à realidade, ou obstina-se em não fazê-lo, agrava a crise, de tal modo, que as consequências se tornam perigosas para o próprio homem. Essa última posição é uma posição viciosa, porque se afasta do verdadeiro caminho, e a ela chamamos abstratista, e, nesse conceito, pomos sempre um conteúdo negativo.

A história humana está cheia de exemplos de atitudes abstratistas, as quais geram as posições absolutistas, também viciosas, que trouxeram e trazem consigo um corolário de consequências das mais perniciosas para o ser humano.

Passamos agora, antes de prosseguir nesta análise, a dar exemplos de tomadas de posição abstratistas, cujas consequências foram desastrosas para a humanidade em geral.

Se tomarmos como objeto de nossas pesquisas o ser humano, podemos considerá-lo segundo os fatores que o determinam na sua estrutura ôntica, e segundo a sua circunstância ambiental, sob os ângulos da emergência e da predisponência.

São fatores de emergência os princípios intrínsecos do homem, como sejam a sua materialidade animal, e o seu psiquismo, espiritual ou não, não importa. O homem é assim, emergentemente, corpo e alma.

Mas o homem implica a sociedade humana, de onde ele vem e na qual permanece, bem como ocupa certo *hábitat* geográfico. Estes fatores atuam como predisponentes, porque dispõem o seu surgimento como também o seu modo de proceder. Concretamente considerado, o homem é um corpo com psiquismo, que vive numa sociedade, num âmbito geográfico.

No seu desenvolvimento, no processo da sua existência, não só depende dos fatores emergentes, como o seu corpo, o temperamento, o biótipo, etc., como também da esquemática psicológica de que é provido, e ainda das influências ecológicas do ambiente circunstancial, como clima, lugar, fisionomia geonômica, etc., e da determinação e influências, que possam exercer os seus semelhantes, bem como o lastro cultural que o antecede e o acompanha, como a religião, ciência, arte, técnica, e todas as criações superiores. Todos esses fatores se coordenam para estruturar intelectualmente o indivíduo.

Nenhum ser pode realizar algo além das suas possibilidades, ou, para lembrarmos um adágio da filosofia clássica, a ação segue-se ao agente. Este não pode realizar senão o que é proporcionado às suas possibilidades.

No caso em questão, o homem só pode atualizar o que cabe na sua emergência; portanto está determinado pela potência da sua materialidade e da sua espiritualidade. Mas o ser humano, sofrendo a ação do meio ambiente e sob ele exercendo a sua ação, é determinado, e determina-se proporcionadamente às suas possibilidades e às possibilidades do meio ambiente. Se a predisponência exerce um grande papel sobre o homem, esta só poderá fazer eclodir aquilo que o homem já contenha em potência. Portanto, é fácil compreender que os fatores ecológicos e os histórico-sociais, que inegavelmente exercem sua ação sobre ele, atuam dentro do âmbito da emergência humana. Esta é uma visão concreta do homem.

Se alguém se coloca num desses fatores e o considera como determinante exclusivo ou predominante da atuação humana, ter-se-á colocado numa posição de crise, pois ao atualizar um dos fatores estará virtualizando os outros. O biologismo, como vimos, levará muitos a considerarem que o fator bionômico (do corpo) determina toda a ação do ser humano. O psicologismo atualizará apenas o fator psicológico, considerando todos os outros como submetidos a este. O ecologismo afirmará que o homem é um produto dos fatores geonômicos, e o historicismo proporá que o homem é apenas um produto dos fatores histórico-sociais.

Qualquer dessas formas estará atualizando apenas um fator, excluindo os outros, ou submetendo-os, hierarquicamente, àquele, promovendo, deste modo, uma providência de crise, pois realizará uma modalidade do abstratismo.

E todas essas posições encontram, como sempre encontraram, argumentos e exemplos eloquentes de que realmente um desses fatores é o predominante. E tal se dá porque virtualizam os exemplos que mostram a predominância de outros fatores.

Se no desenvolvimento de uma vida humana ou de um grupo social, vemos a predominância de um fator, há exemplos numerosos para provar, para mostrar a de outros.

Todos esses *ismos* são manifestações abstratistas, e as filosofias, que neles se fundaram, serão filosofias *de* crise.

Tais filosofias nos revelam as suas formas viciosas, como nós a chamamos. E essas formas têm um papel importantíssimo na história do pensamento humano, exercendo influência sobre as atitudes e o destino do homem.

Elas realizam tais formas viciosas, genuinamente abstratistas, um verdadeiro ciclo, que chamamos "ciclo das formas viciosas", que apresenta um ponto de partida sempre abstratista, que desenvolve-se até alcançar uma posição de absolutismo, conhecendo, posteriormente, uma desintegração, após fluxos e refluxos, até terminar pelo abandono de seus representantes, e passar, depois, para as páginas da história, como mais uma da suas mais amargas experiências e das mais doloridas desilusões humanas.

* * *

O processo abstrativo do ser humano corresponde, no plano psicológico, ao processo seletivo que tivemos oportunidade de examinar, tanto na esfera biológica como na físico-química.

Seria, entretanto, uma deficiência filosófica, se pretendêssemos reduzir os fatos psicológicos aos biológicos, ou aos físico-químicos.

O processo seletivo dá-se em todos os seres finitos, mas apresenta-se com peculariedades correspondentes às diversas esferas, como já vimos.

* * *

Já verificamos que em todos os seres que existem cronotopicamente, isto é, no tempo e no espaço, há um separar-se, pois o ser finito, ao afirmar-se de qualquer modo, recusa, contemporaneamente, o que não é ele.

O ser infinito, na filosofia, não apresenta propriamente esta recusa, porque não há outro que se lhe oponha, pois ele é o único.

Mas, um ser finito implica, automaticamente, a presença de um outro, que é também ser. A única posição que se poderia estabelecer ou propor para o ser infinito seria a do nada absoluto ou metafísico.

Ora, sendo este *nada*, ausência absoluta de todo e qualquer ser, consequentemente de toda e qualquer eficácia, não é ele positivo de nenhum modo, e como tal não poderia ser termo de uma oposição.

Pois o que se opõe, põe-se *ob*, ante outro, o que implica positividade. Para o ser infinito, não há crise, porque não há distância entre ele e o não ele.

Mas, para o ser finito, há sempre crise, porque o outro é um ser real, um termo positivo, que se coloca ante, e, ante ambos, se estabelece uma distância.

Na intuição sensível há essa distância porque a apreensão realizada não capta totalmente o fato exterior, mas apenas segundo a atividade que corresponde à forma do cognoscente, à sua esquemática.

No ato intelectivo racional, o processo já é claramente metafísico, porque, no momento em que a razão humana apreende a universalidade de uma coisa, ela a *desmaterializa* da sua singularidade, virtualiza-a, como tal, para considerá-la como generalidade, isto é, para concentrar a operação apenas sobre aquelas notas, que a coisa tenha em comum com outros seres, classificados no esquema conceitual, abstrativo, portanto, que lhe são correspondentes no mundo noético, no mundo do espírito.

Se a intuição sensível nos dá o fato na sua singularidade e na sua generalidade, confusamente, a abstração intelectual racional realiza um processo de separação, pois vai concentrar os fatos apenas na sua atualidade geral.

Vê-se, desse modo, que a nossa razão realiza uma crise mais ampla, por isso é ela genuinamente crítica. Se prestarmos atenção ao homem em seu estado atual, e se remontarmos, ademais, no processo evolutivo que se verifica na criança, até alcançar a racionalidade plena, veremos que nenhuma das nossas intuições sensíveis, senão em raríssimos momentos, se apresenta em toda a sua pujança. Não podemos mais impedir que os esquemas abstratos, que constituem o lastro intelectual de um ser humano, influam ao se dar a intuição sensível.

Um simples exemplo seria grandemente esclarecedor.

Todos sabem que a criança não tem, na sua primeira infância, uma noção clara das distâncias entre os fatos do mundo exterior. Por isso, pode ela estirar os braços para tentar alcançar uma estrela ou para tomar um objeto que lhe está muito distante.

Atingida a racionalidade, não poderíamos realizar conscientemente tais tentativas, porque embora ao olharmos os fatos, na distância, pareçam-nos mais próximos de nós, como flutuando num só plano, *sabemos* que eles se colocam afastados uns dos outros, na profundidade, a distâncias que são por nós captadas através de uma operação instantânea de adequação com as perspectivas.

No entanto, se prestarmos bem atenção, veremos que a nossa intuição sensível capta aquela casa no horizonte como um ponto que caberia entre dois dedos e, no entanto, *sabemos* que ela é dimensionalmente muito maior do que a dimensão indicada pelos nossos olhos.

Há, assim, uma ordenação dos fatos apreendidos pela intuição sensível, operativamente racional, pois já atuam aí esquemas generalizadores, que compensam as nossas deficiências sensíveis. Os homens, no estado em que se encontram, *decoram* a imagem apreendida com a interferência intelectual racional, e esta é a razão porque suas intuições já não se apresentam com as características da plena singularidade, como se verifica no caso da criança.

O mundo não é novo mais para nós. É algo repetido, porque embora cada fato seja historicamente inédito, já contém em si o "mesmo" das nossas experiências anteriores. Só em raros momentos da nossa vida, em certos êxtases fisiológicos e místicos, pode o ser humano sentir aquele ineditismo da intuição pura, como também ante a surpresa, e esta é a razão porque ela nos dá um prazer que atinge um grau de intensidade mais elevado.

Fora disto, o mundo é para o homem adulto um espetáculo que se repete, e daí a grande necessidade que tem de buscar dentro de si aqueles caminhos ainda não percorridos, que lhe possam oferecer instantes daquela satisfação peculiar na intuição pura e que nem sempre consegue encontrar nem sentir.

Temos, assim, alguns fundamentos para compreendermos o "ciclo das formas viciosas", de que falamos.

Na nossa atividade intelectual, a razão, coordenadora e classificadora, tende a separar o que é homogêneo do que é heterogêneo, para dar aquela ordem lógica aos fatos do mundo, que se apresentam para nós confusamente.

Nessa atividade abstratora, encontra a razão, nos esquemas que ela constrói, um nexo que é uma homogeneidade, na qual as primeiras generalidades podem ser classificadas.

Podemos exemplificar com as categorias, que são conceitos de conceitos, pois, na categoria da quantidade, por exemplo, incluem-se todas as generalidades que classificam os seres corporais, que são quantitativos.

Nesse proceder lógico que, etimologicamente, é uma busca do *LOGOS*, da razão, do nexo das coisas, a atividade intelectual consegue captar o que "costura", o que alinhava um conjunto de fatos, os quais se referem a uma generalidade que os coordena logicamente, e temos, então, a *TEORIA*.[2]

Toda vez que o homem constrói um sistema, ele o separa dos que a ele se opõe. Todo sistema é uma construção fechada e, consequentemente, excludente de tudo que lhe não cabe logicamente.

Revela-nos a história humana, em todos os seus ciclos, a construção, não só de teorias, como de doutrinas, que surgem como surge a vida: balbuciantes, imprecisas, até adquirirem uma forte solidez, e abrirem abismos entre partidários e não partidários e, finalmente, realizarem o seu ciclo, até tombarem, fragorosamente, depois de um longo crepúsculo. O exame dos ciclos das altas culturas, como foram a egípcia, a hindu, a árabe, a greco-romana, a fáustica ocidental, revela-nos que há um período que se caracteriza de absolutista: é o momento em que se encarna num homem, fundado numa casta social, todo o poder, todo o *quantum* despótico social.

Esse período, que é o clímax de uma cultura, marca o seu zênite também, e é o ponto onde começa a sua irremediável decadência. E também as doutrinas

---

[2] Este termo, de origem grega, que significa *VISÃO*, era empregado pelos gregos, para chamar as procissões que realizavam, por ocasião das festas religiosas, que se dirigiam, vindas das cidades, em que os habitantes enfileirados, iam até os templos, ligados por festões de flores ou de ramos, formando, assim, uma totalidade. Essas fileiras eram chamadas *teorias*. Passou depois esse termo para a filosofia, significando sempre o que é capaz de entrosar e conexionar um conjunto de fatos, naturalmente tomados no sentido racional. As teorias tendem a separar os fatos que a elas se referem e, por isso, têm sido na história grandes criadoras de *diácrises*. É fácil, daí, alcançarmos a doutrina que seria a conexão de teorias, fundadas em hipóteses, sendo os sistemas verdadeiras constelações de teorias.

que surgem balbuciantes, ingênuas, juvenis, alcançam a maturidade, conhecem aquele patamar, que é o seu ponto mais alto, o seu zênite, o seu momento de absolutismo avassalador, que também é o instante em que começa o declínio, a irremediável decadência.

Consideramos como um fator de degenerescência de toda a construção do ser humano, aquele momento em que ela começa a subir os degraus do absolutismo que podem ser expostos da seguinte maneira:

uma doutrina é considerada como certa e eficaz;
como a *mais* certa e eficaz;
como a única certa e eficaz.

Ao alcançar esse terceiro ponto, toda e qualquer objeção é considerada herética. Não é mais possível, nesse momento, transigir com os adversários, porque a própria defesa da doutrina exige uma vigilância constante contra todos os opositores, até contra partidários vacilantes, transigentes ou tíbios, e toda vacilação é uma ofensa aos princípios absolutamente *verdadeiros*, sobre os quais não se pode permitir o menor vislumbre de dúvida ou a menor suspeita.

E se esta doutrina ou sistema dispuser do poder físico (do cratos social, do grego *cráton*, força, solidez), ela o exercerá inevitavelmente, empregando a força para combater opositores e partidários vacilantes. Atinge, nesse momento, o seu *clímax*. E é nesse mesmo instante que se forma uma centralização de poder e uma oligarquia que o constitui, passando esta a ser usufrutuária e beneficiária das vantagens que oferece o domínio, estabelecendo seus componentes, entre si, uma luta interna, de início surda, na formação de grupos, encarnados por chefes. Exibe ela uma unidade, sustentada mais pela coação, o que impede o acirramento da luta interna que, fatalmente, ultrapassará as fronteiras da oligarquia, extravasando-se no exterior, e gestando as inevitáveis conspirações, que não escolherão meios, afinal, e que precipitarão o processo corruptivo total, apressado pelos fatores predisponentes.

A decadência é inevitável, porque os homens procurarão ater-se ao poder e, desta forma, atualizarão os meios em vez de os fins, e todas as vezes que se substituem os fins pelos meios, nada mais impedirá a decadência final.

Eis uma forma viciosa que se repete na História.

São sempre os que mantêm em suas mãos todo o poder, que procuraram dar a coesão imposta pela força, distinta da força dada pela coesão, peculiar aos novos movimentos em sua primeira fase juvenil, de ascensão.

A destruição final é inevitável, porque a crise se agrava e, como decorrência dos excessos, que serão obrigados a cometer, estimulam-se doutrinas opostas, excessivas por sua vez, cumprindo-se, assim, o ciclo das alternâncias, tão visível em todos os fatos da história humana.

Toda vez, porém, que um sistema não alcança o poder político, não exerce ele aquela brutalidade que perpassa pelas páginas da história, como as de que são ricas os nossos dias, mas tal não impede que outras brutalidades também se verifiquem. Se não é possível realizar-se um policiamento à semelhança de o que realiza o Estado político, há policiamento ideológico, que também exerce um papel autoritário, violento, como se vê nas lutas entre seitas de toda espécie.

Basta que passemos os olhos pela história de todas as doutrinas filosóficas para vermos a presença da lei da alternância.

Aos excessos do materialismo, os excessos do idealismo; aos excessos do racionalismo, os excessos do irracionalismo; aos excessos do dogmatismo, os do ceticismo. De excesso em excesso, decorre a história humana, intercalada por alguns momentos lúcidos, em que alguns, sem se deixarem avassalar pelas paixões dos extremismos, constroem as visões que resistem aos extremos, e realizam os verdadeiros sistemas que não perduram, em seu domínio, porque o ser humano, por um quase determinismo bárbaro de sua constituição, que é sempre contraditória, insatisfaz-se até quando alcança uma satisfação. Mas o conteúdo construtivo de tais sistemas perdura, embora entre grupos menores, como o aristotelismo, por exemplo.

E continuará esse ciclo de formas viciosas até o dia, o que é uma possibilidade, em que se ilumine o espírito humano e alcance o que parece impossível: a plenitude de uma visão perene, que concilie os extremos, transcendendo-os.

Assim, a crise não se separa de nós, e as *diácrises* sobrevêm às *síncrises*.

E só podemos ultrapassá-las, quando alcançarmos aquela posição, transcendental, que realiza um quase milagre de unir os cumes, apesar dos vales que tanto os distanciam. Mas, para tal, é mister águias, porque são elas que voam de cume em cume, que, para elas, é o caminho mais curto.

* * *

Todo o existir é formado de singularidade, porque são os indivíduos que existem, e os seres corpóreos, que transitam no tempo, são singulares, e cada instante de sua existência é sucedido por outro instante.

A característica filosófica do tempo é a irreversibilidade. Não podemos fazer o tempo retornar sobre si mesmo. Se, ao medirmos um objeto, podemos partir de um ponto para outro, podemos repetir a mesma medida, partindo do segundo para o primeiro. Assim, é possível a reversibilidade no espaço; não, porém, quanto ao tempo. Ao instante decorrido sobrevêm outros, e jamais o passado conhece novo presente. Todos os seres corpóreos, como se dão no tempo e no espaço, são, enquanto tempo, irreversíveis. Essa característica é a que se chama, propriamente de histórica. Neste sentido o *histórico*, poderia ser considerado como uma característica da temporalidade dos seres corpóreos.

O nosso cosmos é, assim, corpóreo, mas nele há repetições. Por acaso as folhas daquela árvore não repetem as folhas de árvores da mesma espécie?

Há uma repetição, não quanto ao tempo, mas apenas quanto à forma ou à figura. Por isso, se nos colocarmos ante a história, apenas no campo da temporalidade, os fatos humanos são irrepetíveis. Mas, se consideramos, sob o ângulo das formas, teremos de reconhecer que há uma repetição. Se a história se encerrar apenas no que chamamos de *historial*, que é a descrição cronológica dos fatos, é ela apenas uma disciplina subsidiária da Ética, como é, ou melhor, deveria ser a Sociologia.

Colocada assim a História não é Ciência, porque não há ciência da singularidade. A Ciência é sempre do geral e o geral é a forma. E para a História tornar-se Ciência, é necessário que ela estabeleça, além do objeto material, que seriam os fatos humanos importantes, também o objeto formal, o que historicamente é repetível: a forma, em suma.

No modo de conceber os que escrevem história, não é histórico qualquer fato social.

Num determinado dia do ano nascem inúmeras crianças. É apenas um fato social. Mas sucede que, nesse dia, nasceu alguém que se tornou Napoleão Bonaparte. E desde esse momento, essa data passou a ser histórica. Mas nem todos os lances da vida de Napoleão são históricos, porque muitos ele os viveu como vive o homem comum.

Mas muitos deles foram históricos, quando ultrapassaram o âmbito da sua vida pessoal, ou meramente familiar, para influírem sobre o maior número. Temos aqui, uma das características do fato histórico. Há nele sempre, um ultrapassar do âmbito em que se dá, ao influir em âmbitos maiores.

Muitas vezes, certos fatos aparentemente sem importância, atuam, ultrapassando o âmbito comum, influindo sobre coletividades maiores, o que nem sempre é facilmente reconhecível.

A verdadeira acuidade do historiador está em captar, no conjunto dos fatos, aqueles que, direta ou indiretamente, influíram sobre os acontecimentos, embora pareçam, ao primeiro olhar, desprovidos de maior significação.

Neste livro, não poderíamos alongar-nos em exemplos de que a história está cheia, descritos nas obras dos grandes historiadores.

Mas há momentos decisivos na vida dos povos, que muitas vezes têm a sua origem em um fato aparentemente simples, de consequências históricas imensas, como por exemplo, o cálculo renal que destruiu a vida de Cromwell, e deu outro rumo à história europeia, ou o famoso banho de Alexandre, que lhe provocou a pneumonia, que o levou a morte, etc.

O que nos interessa, agora, é examinar o desenvolvimento do que expusemos: o ciclo das formas viciosas.

O homem, colocado historicamente, é o produto de uma coordenação de fatores emergentes e predisponentes, que o determinam. A sua atuação histórica dependerá, portanto, não só das condições bionômicas e psíquicas, que constituem propriamente a emergência, como das condições ecológicas e histórico-sociais, que constituem a predisponência, que o precedem, que o acompanham e o sucedem.

O estudo da cooperação desses fatores e de como eles atuam no decorrer da história não caberia propriamente fazê-lo aqui, pois é matéria de outros trabalhos. Interessa-nos, porém, verificar qual o papel que esses fatores têm na formação da crise histórica.[3]

---

[3] Esses temas examinados em *Filosofia e História da Cultura*, que faz parte desta Enciclopédia.

As fases cráticas na história

Para corroborar a nossa teoria do ciclo das formas viciosas, examinemos os aspectos cráticos na história.

Não atentam eles a certos princípios já estabelecidos, como o de que toda tensão é sempre o campo de uma luta constante entre os vetores de conservação e os de destruição, e que a vitória final desta é, no mundo cósmico, uma lei?

Todos sabem que as coisas não são eternas. Elas desaparecem, não só no desenvolvimento natural do seu processo tensional, como pela ação antagonista de outras tensões ambientais.

Não há sociedades humanas eternas, como não são eternos os seus elementos componentes.

A perdurabilidade maior ou menor de uma forma social não implica um eternizar-se, que é incompatível com o cósmico, que sucede, atravessando ciclos de formas, que embora se repitam e possam afirmar, no campo formal, um indício de eternidade, não impedem a transitoriedade do individual, do singular, que realiza uma vida, como vemos demonstrada em todo o cósmico, desde a esfera físico-química à sociológica.

Consequentemente a história não escapa à regra (lembremo-nos da *anankê* dos gregos, do *dharma* dos hindus, do *ciclo* dos egípcios, etc.). A presença dos *cratos* (poder, em grego) na constituição social, como força de coesão, coerenciando a tensão social, é inevitável na história. Mas convém distinguir, pois a falta de uma nítida distinção leva, como tem levado, a interpretações falsas, que correspondem aos desejos e às opiniões de grupos ideológicos, interessados em justificar atitudes e práticas.

Se considerarmos o *cratos* como força de coesão social, como superindividual, e acima de grupos, devemos considerá-la:

a) como correspondente à coesão *(tonós arithmós* pitagórico), como o que dá coerência *(com-haerens* de *haereo*, estar pegado, perfeitamente unido, junto, daí herança) à sociedade tomada como tensão;
b) como estruturado num organismo político (à parte), que surge na história, desde as formas mais simples de centralização de poder (conselhos dos mais velhos, etc.) até o Estado moderno.

No primeiro caso, a coesão *(tonós)* dá força à sociedade; no segundo, a força dá a coesão. Há exemplos médios de participação de ambos.

Há uma inversão de vetores, cuja mudança, apenas da ordem, permite uma distinção nítida.

Conhecemos, na sociologia, diversos modos de surgirem as forças de coesão, como as formas de persuasão (religiões, etc.), as formas de constrangimento (Estado em todas as suas modalidades; a moral, sob alguns aspectos, etc.) e as trocas de vantagens (interesses comuns criados, relações de parentesco em parte, etc.).

O *cratos*, estruturado num organismo centralizador de poder (com graus de centralização, que correspondem à alternância do processo histórico dos ciclos culturais, como ainda veremos), é o que caracteriza, propriamente, a *cracia*, que realiza a *crátesis*, a ação de dominar politicamente, dominar sobre diversos estratos da estrutura social.

O *cratos* estrutura-se, porém, em formas diversas, configurativas, que têm nascimento, desenvolvimento e deperecimento, segundo os ciclos históricos.

Se considerarmos, por exemplo, os quatro períodos dos ciclos históricos, estabelecidos por Spengler, podemos incluir neles três fases cráticas correspondentes.

Ao processo *juvenil* de formação de uma cultura, temos três fases cráticas, nitidamente distinguíveis na história, apesar de suas raízes e prolongamentos interseccionarem-se com outras.

1) *Teocrática* – Toda cultura, quando se estrutura tensionalmente, o faz sob uma forma teocrática.

A divindade dá as leis que regulam a ordem social. Um iluminado, figura que se torna mítica, e que se esfuma entre o histórico e o lendário, recebe da divindade a lei aplicável à nova sociedade. Essa figura humana pode ser divinizada.

Aparece como um Deus ou um homem, que ascende a privar com a divindade. Rama entre os árias, Maomé entre os árabes, Moisés entre os judeus, Cristo entre os cristãos, Thot (ou Hermes Trismegisto) entre os egípcios, são homens divinos ou divindades incarnadas, que dão a nova lei, a nova ordem.

A sociedade estrutura-se numa coesão dada pelo *consensus*. O *cratos* é usado pelo guia sem restrições. É uma forma de absolutismo aceita e não totalmente imposta, porque se funda no *consensus* e no reconhecimento da divindade, que escolhe um intérprete, que traduz em língua humana a vontade divina.

Em torno dessa personagem divina, presente muitas vezes em corpo, ou presente em espírito, estrutura-se uma ordem de homens *hieráticos*, santificados, que cumprem e fazem cumprir a lei.

É aqui que, progressivamente, se estrutura a segunda fase crática:

2) *Hierocracia (hieros* = santo*).* Os homens santificados (sacerdotes) estruturam o *cratos* social. São os representantes e cumpridores da lei.

Nesse período (os dos *brahmanin*, nos hindus; dos grandes sacerdotes, no Egito, com correspondências em todas as altas culturas, já desnecessário de citar), que se prolonga por um tempo maior ou menor, surgem os grandes choques entre os ortodoxos e os heréticos (lembremo-nos dos *charvakas*, na Índia, *gnósticos* e heréticos no cristianismo, etc.). Essas heresias conhecem toda a gama de afirmações, desde as mais intransigentes puristas da lei até as que a negam. É nesse período que surgem movimentos de opinião destrutiva da própria lei. Ideias materialistas, movimentos anticlericalistas atuam de forma eficiente e enérgica aqui. (Conhecemos essa fase na nossa cultura, e em outras culturas, como na hindu, temos a luta dos charvakas, budistas, dos materialistas como Keshakambalim, dos indiferentistas de Kasyapa, que provocaram a ênfase ética dos jainistas).Impõe-se, então, nesse momento de refluxo da coesão religiosa, um movimento de fluxo ético, de espiritualidade mais agressiva para manter a ordem de coesão. Os jainistas, os *rishis* da Índia, o ascetismo ocidental, são exemplos, com correspondências em todas as culturas, fáceis de encontrar.

Essa atividade gesta a formação de uma terceira fase crática:

3) *Aretocracia (aretê,* virtude*).* O cratos é dominado pelos homens virtuosos (sentido grego do termo), corajosos, impetuosos na fé, que unem a força material à força da fé.

Já não é o poder apenas dos sacerdotes (dos homens dotados de *sacer,* de sacralidade), em sentido puramente regular, mas da sacralidade que a vida temporal também aponta pelo cumprimento dos princípios ético-religiosos: os virtuosos.

Essa passagem do poder religioso ao temporal, em que ambos se estruturam já com o germe da separação, que se processará crescentemente, impele as classes economicamente dominadoras, ainda sem o domínio político, a disputá-lo.

E surge a primeira revolução que faz ascender ao *cratos* a:

4) *Aristocracia.* Os "melhores" *(aristós)* exigem mais direitos e apossam-se pouco a pouco do poder temporal. Os choques entre estes e os sacerdotes são inevitáveis, e a figura centralizadora do poder, que é referida, desde as três primeiras fases, por um representante supremo, é o Grande Sacerdote, escolhido entre seus pares. Inicia-se, neste período, a preparação crescente da primeira grande revolução social, a aristocrática, que cria restrições ao poder.

Os choques são inevitáveis, e dá-se, ora o predomínio de sacerdotes sobre aristocratas ou destes sobre aqueles. É um período agitado, que obriga a uma centralização de poder, mais temporal, cada vez crescente. Os aristocratas escolhem o seu rei *(rex, rajah*, etc.). Este, porém, ainda é um *par*, escolhido entre pares.

Lembremo-nos das eleições do rei entre os nobres polacos, entre os nobres asturianos, etc.

As perturbações que se observam neste período, provocadas pela ascensão de nova classe dos nobres, exige a hipertrofiação do *cratos* político. Por isso, o dirigente, apontado num grupo pequeno, mas unido, estrutura a:

5) *Oligocracia*. O *cratos* é exercido pelo monarca, apoiado num grupo escolhido *(oligós)*, pequeno, de senhores. Neste período a separação entre o poder temporal e o religioso se processa de tal forma, que este último perde o seu papel de subordinante para o de subordinado.

Os sacerdotes falam mais às coisas do espírito, e subordinam-se, pouco a pouco, aos interesses das novas castas dominantes.

É quando surge o absolutismo e temos a:

6) *Monocracia* - que maneja o poder sob o título de um rei poderoso, mas que, na verdade, se apoia num grupo.

Os desmandos supervenientes neste período provocam as ambições das novas classes, já detentoras do poder econômico, e que aspiram ao político, como a classe dos mercadores (burgueses, *vasyas*, entre os hindus, etc.), que através dos ideais republicanos (a coisa pública, *res publica*) provocam a segunda grande revolução social, que é a:

7) *Democracia*. Com esta se encerra o segundo período do ciclo cultural, que fora o período clássico, para entrarem as fases já em declínio na sociedade. A separação entre o *cratos* político e o *cratos* religioso é completa.

A ascensão dos homens das classes inferiores leva ao poder os representantes dos interesses econômicos. Não estamos mais na fase em que vale uma aristocracia espiritual, nem uma aristocracia do sangue, mas uma aristocracia do dinheiro. Por isso, a democracia se transforma numa:

8) *Plutocracia*. No *cratos* dos *plutoi*, dos ricos. Os homens de negócios, vindos muitos da própria aristocracia, que são a base e o fundamento do *cratos* plutocrático, terminam por ser dirigidos pelos interesses dos homens mais ricos, dos dominadores do dinheiro e temos a:

9) *Argirocracia (argyrus*, prata). O dinheiro é o denominador comum de todas as coisas. E os homens de negócio acabam por transformar o Estado numa empresa meramente econômica, num amplo negócio, e as desmoralizações consequentes provocam grandes agitações, que levam à terceira grande revolução social, à:

10) *Oclocracia (oclos*, a massa das ruas). O domínio das "vontades" populares, das massas, da desordem destruidora que, avassalando tudo em sua voragem, encerra o terceiro período do ciclo cultural, e abre a fase final da decadência da cultura. A desordem exige a ordem, a:

11) *Cesariocracia*. O *cratos* entregue a homens poderosos, apoiados nas forças militarizadas da sociedade, impõe-se como único meio de salvação à catástrofe inevitável. Período de guerras sangrentas com outros povos, que levam à destruição final do *cratos* político, ou da invasão de povos, que é fácil, e apoiada pela degenerescência interna da sociedade. Sobrevém, aos poucos, após longa degeneração, a fase final, de:

12) *Acracia*. Em que não há mais o poder centralizado, mas ou um poder atomizado e disperso em pequenas unidades ou, então, a substituição por uma nova ordem imposta do exterior e a transformação do povo, que representava a cultura, à situação de *felah*, no pior dos casos.

Durante esses períodos finais em que há súbitos retornos a diversas crenças do passado, surge um novo ideal, sob base cooperacional, pelo *consensus*, que articulado com outros povos, se estrutura para dar nascimento a uma nova tensão cultural, com suas possibilidades novas, incarnadas na figura de um grande santo, do presente ou do passado, que inaugura, outra vez a Teocracia, e o ciclo da tensão cultural. Ele prossegue, conhecendo os mesmos avatares do cratos, cumprindo o ciclo das formas viciosas

Podemos, ainda, em torno das fases cráticas, por nós até aqui estudadas, fazer alguns comentários, que corroboram as nossas afirmativas.

Não podemos esquecer a variância e a invariância na história, pois sabemos que se essas formas *se repetem*, por entre fluxos e refluxos, por entre a alternância de afirmativas positivas e opositivas, como a luta entre os partidos ou as perspectivas evolutivas e as conservadoras, entre revolutivas e involutivas, que em cada momento surgem para dominar os acontecimentos, que elas, em sua variância, *não se repetem*, como singularidades tipicamente históricas, com suas características peculiares, com suas notas diferenciais, que estruturam a sua unicidade no acontecer humano.

No período democrático, não há, por exemplo, necessidade de um republicanismo nítido, pois um monarca pode, como já tantas vezes aconteceu, representar o interesse das classes possuidoras dos bens móveis, comerciais e industriais, etc, como em nossa cultura vemos um Napoleão Bonaparte, e até um Bismarck, representarem interesses de origem burguesa.

Também se verificam na história períodos de restauração de formas anteriores, em consequência dos azares dos acontecimentos, mas quase sempre de curtíssima duração. Os fluxos e refluxos do absolutismo podem ser compreendidos ao dar-se a ascensão de novos grupos dirigentes, que sempre estabelecem maior liberdade aos seus pares, restringindo a dos adversários.

Por sua vez, a conjunção dos fatores emergentes e predisponentes, formando seus verdadeiros *arithmoi plethoi*, condicionam situações diversas que nos podem explicar a grande variância dos fatos históricos, e que serão temas para futuros estudos.

Em definitivo, deve-se olhar estas formas cráticas como *formas*, e considerá--las como *analógicas* nos diversos ciclos culturais, nunca esquecendo a presença dialética da *variância (singular)* ao lado da *invariância (formal)*.[1]

---

[1] Esses quatro períodos, com suas três fases, observados na história, têm um fundamento na emergência humana. Em toda e qualquer sociedade, independentemente da sua estrutura econômica ou social, podemos ver, fundados no temperamento humano e nos aspectos caracterológicos, que há sempre lugar para a classificação de quatro tipos:
1) aqueles que têm uma tendência acentuada para o transcendental, para o místico, para *ver* além das coisas o que as coisas *calam*, e consequentemente, com acentuado impulso religioso, com manifestações virtuosas muito mais intensas que outros: homens virtuosos, ascéticos, sacerdotes, etc., eminentemente *virtuosos*;
2) aqueles que revelam acentuadamente um ímpeto agressivo, empreendedor de façanhas desinteressadas, amando mais a ação pela ação, desejosos de realizar atos, que estão além dos interesses utilitários, orgulhosos de sua força, de sua combatividade, de sua agressividade (guerreiros, pioneiros, cavaleiros andantes, caçadores, que mais se orgulham do que fazer do que propriamente dos proventos obtidos, etc.), eminentemente *aristocratas*. Nesses dois tipos, reconhecemos que a escala de valores é hierarquicamente diferente. Aos primeiros sobressaem os valores de ordem religiosa e ética, enquanto aos segundos os valores de ordem ético-aristocrática equiparam-se e confundem-se com os primeiros.
3) O daqueles em que predominam os valores utilitários, que tendem a organizar a produção e as trocas, mais hábeis para as realizações econômicas e à ordem não propriamente guerreira, mas a de trabalho, que assumem a direção da produção ou da distribuição e trocas com outras coletividades; e finalmente,
4) daqueles que acentuadamente obedecem, prestam serviços, executam ordens, e que revelam certa incapacidade para autonomizar-se e tendem a ser servidores dos três primeiros.
Em todos os seres humanos há essa emergência e, individualmente em cada um, ela se dá com graus intensistamente menores ou maiores. Todos nós somos esses quatro tipos, com graus diferentes. E a acentuação desses graus revela o que somos. Tal não impede que muitas vezes alguém esteja numa função social, que não corresponde perfeitamente à sua tendência principal. Estamos em face de marginais, de inadaptados, de extraviados, que subitamente se rebelam, revelando o que são, dadas certas circunstâncias predisponentes.
A estruturação das classes sociais se processa pela precipitação provocada pela predisponência. Nesta, incluímos o histórico-social, o que nos permite compreender a variância das atualizações históricas. Em suma, a emergência se atualiza nas modais

Tomando em síntese o que tivemos oportunidade de examinar, nunca é demais repetir que essas fases cráticas não obedecem a uma exatidão mecânica. Sabemos muito bem que podemos matematizar os fatos da físico-química, quando no plano macroscópico, pois na microfísica a ciência atual encontra uma certa dificuldade para uma matematização em sentido meramente quantitativo. O átomo já revela, na sua íntima constituição, a presença de aspectos intensistas, que não podem ser reduzidos a números quantitativos.

Se passarmos para a esfera da biologia, logo verificaremos que a vida não pode ser reduzida a números também quantitativos, e muito menos se quisermos estudá-la nas esferas da psicologia e da sociologia.

Se as ciências naturais podem usar, com certo êxito, a matemática quantitativa, nas ciências culturais esta nem sempre pode ser usada com o mesmo êxito. Nestas, pode existir um maior ou menor rigor, que corresponderia, analogicamente, à exatidão matemática das primeiras. Se a história humana sucedesse como sucedem os fatos físico-químicos, excluiríamos dele o bionômico e o psicológico, nos quais há lugar para a liberdade, como também para o imprevisto.

Por isso essas fases cráticas que examinamos, não sucedem exatamente numa sequência mecânica, mas apresentam fluxos e refluxos, acelerações e

---

proporcionais à predisponência. E esta é a razão porque uma explicação meramente materialista-histórica, como a que efetua, por exemplo, o marxismo, não alcança concretamente a gestação das classes sociais, porque as vê como produtos de uma estrutura meramente econômica, desprezando o papel importante que exerce a emergência.

Não é possível neste livro examinarmos pormenorizadamente essa tese. Em *Filosofia e História da Cultura* teremos oportunidade de justificá-la em face dos estudos realizados no setor, não só da sociologia, como no da antropologia e da história. A boa fundamentação dessa tese contribui de modo eficiente e decisivo para que se construam os alicerces de uma historiologia, os quais favorecerão a melhor solução dos problemas sociais, pois as soluções sempre apresentadas, por não considerarem tal emergência, são parciais, abstratas, e consequentemente utópicas, falhando ao dar-se a sua aplicação, porque não se fundam numa realidade, que é por muitos escamoteada.

retardamentos, graus de intensidade diversos, que impedem *considerá-las exatas, mas apenas rigorosas*. Se aplicarmos o que já examinamos sobre o ciclo das formas viciosas a essas fases cráticas, anotamos, com facilidade, que os detentores do *cratos* conhecem seus períodos de decadência, no preciso instante em que se tornam absolutistas, provocando o desenvolvimento das oposições.

A lei da alternância está presente nos fatos da história.

Dá-se o absolutismo naquele momento em que a força natural de uma doutrina ou de uma forma crática vacila, e o emprego dos meios, para dar-lhe a coesão, facilita o ingresso de representantes menos categorizados. Toda forma crática, que se apresenta para orientar a sociedade, em seu início, é encabeçada por verdadeiros idealistas, que atuam em toda a sua pureza formal. Com o decorrer do tempo há sempre um marchar para as formas inferiores, e daí surgirem as frases que constantemente se repetem: "Não é essa a forma que eu sonhara".

E tal se dá, porque a posse do poder é acompanhada de certos benefícios, que atiçam a ambição de muitos, que o olham mais como fim do que como meio, e aspiram ao poder para usufrui-los. A política que é uma técnica de harmonizar os interesses individuais com os sociais, passa, nesses momentos, a ser uma técnica de conquista do poder e de conservação do mesmo. E nesse instante os meios substituem os fins, e a marcha para a decadência é inevitável. Por isso há sempre uma crise histórica, porque há sempre separação entre os que governam e os que são governados, e a luta pelo poder é um constante agravamento da crise.

Ela está imersa na vida histórica dos povos, e conhece seus momentos em que é maior a intensificação do agravamento da diácrise entre os antagonistas, e da síncrise muitas vezes forçada dos partidários. Eis porque a história é o grande campo da crise.

No estudo dos fatos históricos podemos fazer a crítica dos fatores emergentes e predisponentes, separá-los para a análise, demorarmo-nos ao perscrutá-los, mas agravaremos a crise, se nos esquecermos de devolvê-los à concreção da qual fazem parte.

Os exemplos são esclarecedores. Os fatores geográficos, englobados nos ecológicos são, sem dúvida, predominantes na escolha da formação de produção.

A pecuária se estabelece onde pode estabelecer-se; as formas de produção artesanal dependem da geografia; e o árabe do deserto, por exemplo, não poderia tornar-se agricultor. A cerâmica não pode surgir onde não há argila. Só num posterior desenvolvimento da técnica seria possível realizar um domínio sobre o geográfico. A adaptação humana se realiza dependendo das condições do ambiente geográfico.

Outros fatores podem ser examinados para melhor explicação dos fatos históricos, como, por exemplo a influência dos fatores étnicos, que são entrosadamente emergentes e predisponentes, pois neles há uma cooperação do bionômico, do psíquico e do histórico-social, o que permite compreender a teoria do desafio-resposta de Toynbee. Assim, povos em face de um mesmo desafio, quer da natureza, quer de outros agrupamentos humanos, respondem diferentemente, dependendo tal heterogeneidade, em grande parte, das condições étnicas.

Há povos que, ante a agressão, submetem-se, e há outros que reagem. Não se pode estabelecer uma mecânica social, pois cada fato histórico obriga a uma análise *a posteriori* dos fatores que cooperam para a sua precipitação.

Ao historiólogo (e a historiologia é a futura ciência que se há de construir sobre os fatos históricos) cabe a missão de procurar quais os invariantes que possam surgir, ao dar-se a cooperação dos fatores.

Talvez um dia (e o esperamos muito proximamente), o historiólogo estabeleça essas invariantes, e então se poderá dizer que, dadas tais ou quais circunstâncias, o resultado será, probabilisticamente, num grau maior ou menor, este ou aquele.

Em face dos atuais estudos da história, já se podem estabelecer algumas regras, que apresentam um certo rigor.

Nas sociedades tipicamente marítimas observa-se uma predominância do individualismo, enquanto que nas sociedades tipicamente continentais há uma subordinação maior do indivíduo à sociedade.

As primeiras tendem a valorizar o indivíduo, a estabelecer um direito individualista, a tender para o liberalismo, a facilitar a iniciativa individual e são, consequentemente, mais tolerantes, até cosmopolitas, porque mantêm relações de trocas com povos estranhos, de modo acentuado.

E como não se trocam apenas os bens materiais, e há também trocas de ideias, há, consequentemente, maior progresso científico, maior desenvolvimento do racionalismo, e uma tendência à construção de religiões universais.

Nas sociedades tipicamente territoriais, a riqueza é imóvel e o direito é predominantemente feudal. Mas, arredias às relações com outros povos são, consequentemente, intolerantes. O nacionalismo é exagerado, e a religião é mais nacional. Se observarmos a história, veremos exemplos surgirem em todos os ciclos culturais, e como é matéria de estudos específicos, não poderíamos nós senão apontar alguns aspectos que favorecem a compreensão da nossa Filosofia da Crise.

Numa sociedade tipicamente marítima, a síncrese se realiza pela agregação dos indivíduos atomizados. Numa sociedade tipicamente continental, a síncrese se realiza pela subordinação ao Estado.

Na primeira, a *diácrise* se processa pelo individualismo e, na segunda, a diácrise se processa pelos estamentos sociais, classes, castas, muito mais separados do que na primeira.

Deste modo se vê que ambas as sociedades revelam a crise, mas sob aspectos diferentes em diferentes graus de agravamento.

A primeira tende a formas viciosas pela inevitabilidade da burocratização do Estado, que cria hierarquizações posteriores, realizando despedaçadamente da solidariedade, pois os estamentos sociais vão se fundar em interesses criados, decorrendo daí a ruína inevitável.

A segunda, fundada no feudalismo, tenderá a construir o Estado sob o domínio das classes hierarquicamente superiores. A oligarquia, que se forma, provocará a reação inevitável, com o decorrer do tempo, das classes não participantes do poder

A burocratização é também inevitável, e o Estado, separando-se da sociedade, agravando a crise que ele significa, provocará o choque, sobrevindo a ruína e, em ambas as formas de sociedade, o ciclo das formas viciosas se processa sob uma invariante, apesar das variâncias que pertencem ao campo da história.[2]

Não há sociedades eternamente jovens, como não há seres humanos eternamente jovens. A história é um monótono relato das formas ascensionais, que surgem prenhes de possibilidades, mas que terminam, depois de um longo patamar, na inevitável degenerescência.

É uma afirmativa um tanto melancólica a que fazemos, mas nem por isso menos verdadeira. A crise se instala numa sociedade humana, sempre, não só de indivíduo para indivíduo, como de grupo para grupo, como até na sociedade considerada como um todo.

Essa crise é inevitável, e as síncrises e as diácrises, que nela surgem, provocam sempre a mesma alternância que se caracteriza por passar de um excesso para outro. A observação de tais fatos, naturalmente, leva o estudioso a uma atitude pessimista, mas sempre há em nós algo que se rebela contra esse pessimismo, que por alguns momentos nos domina.

Há um desejo em nós de ultrapassar essa crise, de evitá-la até. E de vencê-la, quando dela tomamos consciência. E o que é a história de todas as grandes ideias, senão a constante proposição de uma solução que muitas vezes nos embriaga, mas que os fatos posteriores teimam obstinadamente em refutar.

A sociedade é como um corpo doente, ao qual muitos oferecem sua terapêutica. Uma terapêutica para a crise é o que sempre desejaram os homens. E nunca, assim nos parece, foi tão ansiada como nos dias em que vivemos.

---

[2] Em nosso livro *Filosofia e História da Cultura*, analisamos os fatos mais eloquentes da história, para comprovação desta tese.

Mas pode-se acaso negar o problema que, pela sua complexidade, está a exigir o melhor dos nossos esforços? – Como poderíamos propor uma terapêutica segura sobre uma doença ainda desconhecida? – Portanto, para que proponhamos uma terapêutica, impõe-se, primeiramente, que se analisem bem, até onde for possível, as características da crise. Mais uma vez se vê que a solução dos problemas humanos não pode prescindir da cooperação do filósofo, porque a crise é inegavelmente um grande problema da filosofia.[3]

---

[3] O processo cíclico de uma estrutura ideológica ou de uma tensão cultural, apresenta, sempre, em suas fases, correspondentes às fases cíclicas do *cratos*, já por nós examinadas, os seguintes representantes: de início, os idealistas, juvenis, entusiastas, propugnadores, a seguir, os pioneiros que realizam as primeiras obras, os *heróis*, os cavaleiros andantes da ideia. Seguem-se, depois, os realizadores práticos, que correspondem ao período *clássico* e, finalmente, os absolutistas, que surgem quando a coerência intrínseca do ciclo histórico, enfraqueceu e é substituída por uma coesão imposta, por uma *universalização coativa*, período de absolutismo, de cesarismo, que marca o fim do processo evolutivo, e a inevitável decadência.

No setor econômico, ainda evidente em nossos dias, vemos, no período do alto capitalismo (*Hochskapitalismus*, de Sombart), os pioneiros, os grandes realizadores, que ainda estão imbuídos de ideais, verdadeiros heróis, cavaleiros andantes, como um Mauá, entre nós, para sobreviverem, finalmente, os realizadores, como Ford, Siemens, Krupp, etc., seguindo-se, depois, os aproveitadores, que já se organizam em grandes sindicatos, associações de classe, com o intuito de manter uma coesão, já quase impossível, ante as arremetidas dos adversários. É o período que hoje vivemos, que inicia a descida inevitável. Os exemplos, que demos, servem apenas para ilustrar o que é facilmente observável em todos os outros setores, não só econômicos, como nos da chamada superestrutura cultural, ideias, correntes filosóficas, ideais políticos, religiões, etc.

Como sempre, e não esquecendo nunca de repetir o que é importante, tais fatos não devem ser considerados mecanicamente, numa exatidão matemática em sentido quantitativo, mas apenas num rigor que revela uma invariância, que é de magna importância para os estudos dos fatos históricos, e que contribuirão, se bem orientados, para fornecer não só material mas, também, as diversas formalidades, que permitirão com o tempo que, da história, se possa construir uma historiologia, uma verdadeira *ciência da história*.

A crise na ética

É desnecessário dizer que todos sentem, e muitos proclamam, que a moral está em crise. E não só encontramos essa crise nas relações do homem para consigo mesmo, do homem para com seus semelhantes, do homem para com as coisas, como do homem para com o Ser do qual participa, como também a crise se instala nos estudos que se realizam sobre disciplinas tão importantes, reinando aqui, como em todos os outros setores, a maior confusão.

A nossa época é uma época de confusão de ideias. E é confusa porque as ideias, que foram separadas para a análise, que o trabalho crítico realizou para estudá-las em separado, não foram devolvidas de modo hábil à concreção, mas reunidas *confusamente*, isto é, *fundidas com outras*, obedecendo a novas hierarquias de valores, que não correspondem ao que melhor *devera ser*, embora revelem *o que se dá* na presente fase do processo histórico.

Estamos numa época crítica, porque vivemos como em nenhum outro momento, a *crise*. E como esta se instala em todos os setores, também teria de surgir na ética.

Não se trata aqui de afirmar que uma precedeu à outra, porque, na verdade, como nos mostra uma análise dialética dos fatos, ela é contemporânea em todos os setores, embora os graus intensistas de agravamento possam atrair mais a nossa atenção, e pela captação cronológica, julgarmos que o antecedente é causa do que cronologicamente é subsequente.

Poder-se-ia dizer que a crise (e muitos o fazem), surgindo no setor da Economia, foi a causa da crise ética. À proporção que a sociedade medieval se foi desintegrando pela atomização individual, pelos abismos abertos entre as classes, em sentido econômico, consequentemente, a crise se agrava a cada dia.

A descrição dos fatos e uma apreciação superficial permitiriam deduzir tais considerações. Mas um exame mais detido dos fatos, graças ao emprego da dialética, como a preconizamos, que não separa, mas concreciona, favorece-nos apreciações mais seguras.

Em primeiro lugar, como já vimos, a crise está onde está o ser finito. Portanto, no período medieval já havia a crise, com graus vários de agravamento. No entanto, nesse período, sobretudo na chamada Alta Idade Média, a religião católica, por seu apelo ao transcendente, revelava a força dada pela coesão religiosa. Virtualizara-se, assim, no homem, a diácrise como emergência, já que os fatores predisponentes, o histórico-social e as lutas travadas com outras culturas opostas, como a árabe, favoreciam essa atualização da emergência. A sociedade europeia de então conhecia a coesão que lhe era dada pela religião cristã.

Podem as nossas ideias encontrar objeções, e embora não nos seja possível, no âmbito desta obra, estudar todo o processo histórico do Ocidente, permitem-nos, no entanto, aproveitando o método decadialético, estabelecer certos postulados, que têm a seu favor, para fundamentá-los, os conhecimentos até aqui estabelecidos, que encontram sua validez nos próprios fatos.

Não podemos esquecer que a formação do ciclo cultural, que chamamos bizantino-católico, processou-se, no Ocidente, com características tão peculiares, que o tornaram distinto de todos os outros ciclos culturais, que a história registra. Roma, como potência ocidental, exercia sua hegemonia sobre o mundo e impunha sua escala de valores, a sua ética, enfim, toda a estrutura cultural daquele período, já de decadência do helenismo, conjugado com a contribuição latina.

Ninguém pode negar que o cristianismo se apresentou como uma concepção do mundo, oposta à predominante na cultura greco-romana, mesmo que se considerem as contribuições de ordem hebreia e orientais em geral. Na formação do cristianismo, no ocidente, não podemos desmerecer que, na própria sociedade romana, havia uma emergência para ele, como nos mostra uma sucinta análise dos fatos de então, ante as crenças religiosas de origem órfica, o culto de Mitra, e outros cultos afins, que abriram campo para a penetração cristã.

Ademais, os excessos, atualizados pelos romanos, o cansaço devido ao esgotamento das possibilidades culturais do helenismo, o desejo de paz, que se abrigava nas populações tão sacrificadas pelo seu imperialismo, a descrença, instalada em Roma, quanto aos próprios fundamentos da sua estrutura, tudo isso eram portas abertas à propaganda cristã, que encontrou mais entraves de ordem superestrutural do que propriamente estrutural, ou, em nossa linguagem, encontrou uma emergência virtual no bom sentido do termo, apta a receber o ensinamento moral e religioso, que o cristianismo oferecia.

Os primitivos cristãos, como todos os primeiros representantes de uma nova concepção do mundo, apresentavam aqueles caracteres peculiares: zelo juvenil, ímpeto realizador, e não lhes faltaram ainda os pioneiros, os heróis, os mártires que, pelo exemplo, justificavam melhor as suas crenças do que o poderiam fazer todas as palavras humanas.

Por mais ardente que seja a nossa imaginação, talvez não possamos viver, nem de leve, o entusiasmo cristão que se apresentava no excesso oposto aos excessos da sociedade romana em decadência. Se o cristianismo tivesse sido um movimento de acomodação, ou de renovação apenas parcial da sociedade, teria desde logo a fácil adesão daqueles que buscam o meio termo vicioso.

Mas os cristãos exigiam tanto, e era o exigido tão oposto ao que constituiu a estrutura romana, que só poderiam aderir a tal movimento corações inflamados pela rebeldia e pelo desejo de uma renovação total de toda a estrutura histórica.

Não pretendiam os cristãos continuar a história, mas revertê-la, por isso é que os romanos os consideraram, do seu ponto de vista, como rebeldes perturbadores da ordem vigente, revolucionários, em suma.

Os primeiros passos do cristianismo foram os de uma epopeia gloriosa, que ninguém pode desmerecer, nem menoscabar, e, ao lado da cultura romana em decadência, assolada e ameaçada pelas constantes penetrações dos povos chamados bárbaros, o império romano, em crise, desfazia-se na diácrise inevitável, à qual se opunha apenas uma síncrise coativa, imposta pela força, e não como um ímpeto intrínseco de coesão. Já o mesmo não se verificava entre os cristãos, cuja síncrise era espontânea, e tinha a animá-la o impulso místico, transcendental da religião, que prometia aos homens a salvação, isto é, salvá-los, não só daquele estado de coisas em que viviam, como lhes dava a esperança de uma vida futura melhor, que não podiam mais vislumbrar nos horizontes da sociedade romana.

O cristianismo surgia com a força da coesão, ante a coesão da força dos romanos. E ao mesmo tempo que a sociedade romana se corrompia cada vez mais, constituía-se cada vez mais a sociedade cristã. E esses dois antagonistas, um empunhando a brutalidade, e o outro, o sentimento e o amor transcendental, encontraram-se nesta encruzilhada da história, no momento em que o destino tinha de decidir-se por um ou por outro.

E chegou afinal aquela hora em que a coesão da força não foi mais suficiente para manter a estrutura romana, já que o cristianismo invadira todos os setores, e animava a maior parte dos corações daquela época

O equilíbrio era impossível manter-se, e é nesses momentos, os mais tremendos da história, que se jogam sobre a mesa os dados do destino.

Roma não poderia manter-se por si só, porque lhe faltava a coesão, e foi nesse instante que Constantino compreendeu e aproveitou-se dessa força de coerência para salvar Roma, que não podia mais resistir aos constantes ataques dos adversários que a cercavam, e que nela haviam penetrado.

Num gesto eminentemente político, quer queiram quer não, Constantino empunhou o estandarte cristão, e transformou o símbolo da cruz no símbolo de todo um povo, procurando, nele, a salvação do que não podia mais salvar-se, porque estava irremediavelmente perdido.

Este momento dramático da história abriu um novo campo para o Cristianismo, mas deixou-lhe, no entanto, os germes da futura dissolução. E por quê?

Aceito e amparado pelo estado, não podia mais o cristianismo evitar que em suas fileiras penetrassem os inevitáveis adesistas, que não vinham inflamados pelo zelo religioso dos primeiros cristãos, os quais, por mais vigilantes que quisessem ser, e sinceros à nova fé, não podiam evitar que tais adesões, que se faziam constantemente, viessem a germinar, no futuro, as dissoluções que a sociedade cristã teria fatalmente de conhecer.

Outra vez, a diácrise, ainda virtual, aguardava apenas que os fatores predisponentes favorecessem a sua eclosão. A sociedade cristã, ameaçada pelos antagonistas vindos de outras regiões, manteve sua coesão durante um longo período. Mas não esqueçamos um ponto importante: o que antes era atual no Império Romano em decadência, tinha raízes na emergência humana e se durante o período de domínio cristão se virtualizara, não fora, no entanto, destruído, e aqueles ímpetos, que eclodem na decadência, os "cães selvagens" da alma humana, latiam silenciosamente no âmago de cada um, embora toda a aparência fosse contrária.

Havia, no cristianismo, um aspecto que teve um papel importante no desenvolvimento histórico do ocidente.

Em toda prédica cristã havia sempre a promessa de uma solução próxima aos homens. O reino de Deus estava prestes a chegar, e o Juízo Final permitira fossem escolhidos os justos, que receberiam em paga a felicidade eterna, e seriam separados daqueles que sofreriam as penas da condenação.

Enquanto a sociedade cristã esteve sob a ameaça dos povos alheios à cultura ocidental, a coesão foi mantida, apesar de já revelar sinais de agravamentos diacríticos, mas facilmente contornáveis. Ao chegar, porém, ao século onze, momento de equilíbrio nas relações exteriores, em que o advento do Ano Mil fora aguardado como um momento escolhido para o Juízo Final, e este não sobreveio, as decepções já manifestas, agravaram-se constantemente, e os cristãos, unidos até então por um poder místico, passaram a meditar sobre a sua situação neste mundo. As solicitações constantes, vindas de outros povos, com os quais mantinham relações, as técnicas importadas, os conhecimentos transmitidos, o luxo, etc., prepararam, fomentaram e precipitaram o agravamento da diácrise, o que facilitou a decadência.

Foi, então, que a Igreja, no intuito de salvar a unidade cristã, manteve-se mais vigilante do que nunca, e muitas vezes lançou mão da coesão da força para manter a unidade ameaçada por tantos males. Desde então, revela a nossa história o agravamento da diácrise, com fluxos e refluxos da síncrise, com alternância das mais variadas.

Neste período é que se percebem dissoluções mais evidentes na ética em geral, e se dão, simultaneamente, diácrises observadas em outros setores, como os da economia, da estrutura social, etc. Através do Renascimento, a diácrise agravou-se constantemente, apesar de todas as tentativas contrárias, inclusive da grande tentativa da contrarreforma, até alcançar os nossos dias, em que é fácil perceber-se a intensidade do agravamento, pois não há mais um setor onde a diácrise não domine soberanamente.

Por essa razão é que não é demais retornar aqui, embora num rápido relance aos fundamentos da moral cristã, da sua ética e, para tal, aproveitamos, apenas para exemplificar, o pensamento ético de Tomás de Aquino, para que dele partamos para uma visão justa da moral cristã, que em nossos dias está, por todos os lados, não só ameaçada, mas inegavelmente em parte decomposta.

O parêntese, que vamos fazer, permitirá que tomemos plena consciência, embora em aspectos gerais, dos fundamentos ontológicos da ética cristã, através de Tomás de Aquino, sem com isso querermos desprezar outras contribuições.

A moral segundo Tomás de Aquino

Gnosiologicamente, Tomás de Aquino é um racionalista empirista. E é partindo da realidade empírica que ele estrutura a sua posição filosófica.

A moral cristã é comumente acusada de apriorística, fundada arbitrariamente em mandamentos, que não receberam uma justificativa positiva.

Se tal afirmativa se pode fazer quanto a muitos autores católicos, não a podemos fazer quanto a Tomás de Aquino.

É metafísica, no entanto, a sua posição, afirmam muitos. Nem poderia dar-se o contrário, pois partindo do ser, que é o tema fundamental da ontologia, ao estudá-lo e ao procurar nele as leis gerais, não poderia esquivar-se à metafísica.

Mas Tomás de Aquino parte da realidade do ser. E o homem é um ser entre seres semelhantes e diferentes. E incluso no ser, não pode fugir à regra do ser. Mas o homem é um ser que tem consciência, sente brotar em si seus impulsos. E sua conduta precisa ajustar-se a esses impulsos, e ao meio onde vive, entre seres semelhantes e diferentes.

Ao ver a finalidade de sua existência, que ele intelectualmente capta, quer orientar a sua atividade. E como pode fazê-lo, pois conhece, e porque conhece, pode escolher; sua atividade tem uma responsabilidade. E é essa situação que dá o aspecto trágico de sua existência, pois sabe que seus atos lhe podem ser ora prejudiciais, ora benéficos.

Mas se é terrível essa situação trágica, é também um título de glória para ele, e aí está a sua grandeza. Sua vida tem fins, e há necessidade de cumprir os seus fins.

E a moral nada mais é que a arte de conduzir os passos de modo a realizar o fim, ou seja, a ciência do que deve ser o homem em razão do que é, como diz Sertillanges.

Não é possível compreender a moral tomista, sem que alguns conceitos fundamentais sejam esclarecidos. E entre esses temos o de *felicidade*. Tudo quanto existe tende a algo, que é o seu fim. Se a ação não tivesse um fim, ela seria apenas ação, nada resultando daí. Não teria nenhuma explicação o determinismo natural, e um acaso absoluto dominaria plenamente o mundo, e nem a ciência seria possível.

Mas se todo ser tende para algo, e busca-o, nem todos têm consciência desse fim. E mesmo que conheçam, não o conhecem precisamente como fim, "como resultado a obter com sua ação apropriada, pelos meios justos que ele mesmo exige para a sua obtenção" (Sertillanges).

Ora, só a razão pode realizar tal trabalho, e só o homem é o que a possui em nosso mundo.

Todo ser tende à realização de si mesmo, à sua conservação, ao seu desenvolvimento, e se é evolutivo (cuja possibilidade não é rejeitada por Tomás de Aquino), à sua culminação definitiva, acabada e perfeita.

O homem não é uma exclusão a esta regra. E sua razão, quando obedece a si mesma, quer realizar esse fim.

Em que consiste o aperfeiçoamento humano? Se a harmonia implica o ajustamento hierárquico das funções subsidiárias à função principal, o aperfeiçoamento só pode ser conseguido através da plenitude do funcionamento integral em todos os planos, segundo o consentimento do principal.

Resta agora saber o que é o principal em nós. E o principal em nós, a função mais elevada, é a inteligência.

Desta forma, uma vida plena, orientada para um fim superior, para a inteligência, é alcançar a plenitude de seus desejos. E isto é a felicidade.

Mas é preciso saber o que nos dá essa felicidade, e como precisamos proceder para alcançá-la.

O homem deve ser o que o homem é. Portanto, um humanismo integral é o fim do tomismo. Se o homem é um ser inteligente, seu ideal supremo deve ser um objeto intelectual. E se a felicidade exige a perfeição, tal objeto deve ser perfeito. E esse objeto é Deus, esse ser inteligentemente perfeito.

Mas poder-se-ia objetar que a tal ponto só poucos poderiam alcançar, pois os homens não são todos capazes de alcançar tal meta. Há débeis, fracos, que estariam fatalmente afastados dessa conquista.

Tomás de Aquino explicava:

> Se a felicidade humana é o fim da nossa atividade, ela só pode ser alcançada através de nossos atos. E esses atos nos levam direta ou indiretamente ao fim almejado. E a razão é o meio de que dispõe o homem para alcançar esse fim.

O homem é um ser imerso no ser. É cumprindo a Lei do ser que ele poderá alcançar a sua plenitude.

Portanto, a felicidade só poderá ser conseguida na plenitude do ser acabado e perfeito. E um ser racional não atinge sua plenitude na racionalidade?

A moralidade só pode firmar-se no que favoreça a realização dos destinos humanos, no que permita alcançar o seu fim. A atividade formal deve coincidir com a atividade racional. Mas um ato é racional, afirma Tomás de Aquino, quando é apto, por sua natureza, para obter o fim que intenta a razão, que é a felicidade.

> Onde quer que se estabeleça uma ordem de finalidade bem determinada, é de necessidade que a ordem instituída conduza ao fim proposto e que o afastar-se dela implique já o privar-se de tal fim. Pois, o que é em razão de um fim, recebe sua necessidade desse mesmo fim; de forma tal, que deve positivar-se, se se quer obtê-lo: e uma vez posto, salvo o caso de força maior, o fim é conseguido.[1]

---

[1] Tomás de Aquino, *Summa Contra Gentiles*, c.104, citado por Sertillanges.

Mas um ato de virtude não nos dá logo a felicidade, nem mesmo uma vida inteira, reconhecia ele. Há desgraças entre os momentos, infortúnios que surgem, azares que transtornam as vidas, conspirações de condições e, além disso, o escândalo constante dos ímpios triunfantes e a opressão sobre os justos.

Tais fatos podem enfraquecer o descrente, que na descrença se abismará.

São tantas as circunstâncias de que depende a felicidade, que esta e a virtude marcham isoladas muitas vezes. Mas a virtude pode realizar-se independentemente, por si mesma, embora não nos dê logo a felicidade. E muitas vezes a virtude não a alcança, o que é desconcertante.

Por isso, os estóicos acabam por considerar que não há verdadeiro bem humano fora do bem moral em si mesmo. A vontade de agir bem é o bem, e não há outro. Por isso Kant termina por afirmar que a moral não poderia pretender resultados práticos. A satisfação deve estar no dever cumprido.

Mas Tomás de Aquino não fecha os olhos ante tais evidências.

A moralidade, afirma ele categoricamente, não tem apenas a finalidade de satisfazer um formalismo abstrato, um imperativo sem fundamentação no ser, nem a mandamentos arbitrários, mas a mandamentos que estão no ser.

A virtude é para ele um autêntico prolongar dos instintos, sempre que estes sejam autênticos, que sejam realmente naturais, que pertençam ao gênio da espécie.

Se os atos de bem não realizam desde logo a felicidade, eles são, no entanto, uma semente.

Realizar a ordem do ser é santificar-se. A virtude vem de uma lei universal. Nossas obras "nos seguem". A realidade não é moral por si mesma, mas o é em sua totalidade, porque o ser o é, e Deus é o ser supremo. E esse ser está no universo, e em cada homem. É o ser em nós que nos incita ao bem e à felicidade. E se unimos nosso esforço ao do ser supremo seremos invencíveis, porque permanecemos na ordem universal.

A boa consciência é uma força. De que valeria a virtude se ela não lutasse pela conservação do ser e por ampliá-lo? Ela não se apoia em mal-entendidos, em ilusões, em preconceitos. Se tende a realizações temporais, tende ainda mais a realizações intemporais, extratemporais, sobrenaturais, porque o ser ultrapassa a tudo quanto é limitado. Nossa natureza integral não se prende apenas à nossa natureza. O que podemos realizar, como seres daqui, é apenas uma parte do que podemos realizar.

Não se exclui da ideia de felicidade a de prazer. Nós conhecemos prazeres entre dores e mágoas. O prazer é também uma perfeição, pois é o cumprimento de uma ação vital. É um complemento intrínseco das operações vitais. Quando Spinoza diz que o gozo é "a passagem de uma perfeição menor a uma perfeição maior", e a tristeza o inverso, não o negava Tomás de Aquino, com antecedência, pois dizia o mesmo.

Eis porque todo ser humano deseja o prazer. Se vivemos, por que não levar até o seu último termo o gosto da vida?

Perguntava Aristóteles em sua Ética se teria sido criado "o prazer para a vida ou a vida para o prazer". Tomás de Aquino é decisivo. Repele esta última possibilidade e aceita a primeira. Não é o deleite que dá a intenção à criação; o deleite é secundário. O prazer é um bem em si, não por si mesmo. É um bem e um germe de novos bens. Sempre que ligamos a agradabilidade a alguma coisa, fazemo-la melhor. Caminha-se melhor por um caminho agradável. Daí concluir que se a virtude for realizada com gosto, ela se torna mais virtuosa. O prazer não é um óbice à ação, salvo quando a ela se opõe. O prazer da ação ativa o homem.

Por isso, Tomás de Aquino não condena o prazer. O prazer está no cume de todas as coisas. E bem sabe ele que o gozo de Deus é Deus. Deus é beatitude.

Mas nossos prazeres são passageiros, transeuntes, frágeis, relativos e proporcionais ao bem que os acompanha. Desaparecido o objeto, desaparece o prazer, desvanece-se. Desejamos um prazer eterno.

Reprova Tomás de Aquino as invectivas que se dirigem ao prazer, que só se aceita quanto ao prazer irracional e abusivo. Há prazeres nobres e há prazeres viciosos. Toda forma viciosa ofende a razão.

O prazer é um bem, mas como não é o primeiro, é consequentemente secundário. Se o prazer favorece à vida, não é a vida.

Quem se sentiria satisfeito de ser rei apenas de pantomima? Ser um rei de brincadeira?

A natureza uniu o prazer à ação. E se assim é, evidentemente o prazer favorece a sua normal atividade. O maior prazer corporal está ligado ao que respeita à espécie. Há, no prazer, um valor. A posse de uma verdade nos dá um prazer, porque a verdade é um bem. Se no comer há um prazer, é porque nutrir-se corporalmente é um bem para a vida do corpo.

Há bens maiores e menores. O prazer está ligado ao objeto. Gozar por gozar é contra a razão e, portanto, imoral. Se afeta apenas a ordem da vida é uma é uma falta leve, mas quando tais prazeres transtornam os valores da vida, desorganizam-na, o dano que produzem revela a sua imoralidade.

A moral é, portanto, para o homem, a arte de chegar ao seu fim. E este fim é o *bem*. E esse bem é a plena realização de si mesmo, de sua natureza humana. E é moral o meio que o facilite. Desrespeitá-lo é provocar a *sanção*, que sobrevém consequentemente.

As ações humanas devem enquadrar-se numa realização moral; as ações naturais devem ser realizadas naturalmente; as humanas, humanamente; isto é, livremente.

Há uma lei imanente que dirige o mundo; na verdade, leis, que se subordinam à Lei primeira. Sair da ordem natural, o que o homem pode, devido ao seu livre arbítrio, é ser mau, e é, por isso, responsável.

O homem quer o bem e não pode fugir a essa lei. Mas pode escolher entre bens diferentes. Há uma moral imanente que o homem pode descobrir; é a moral da própria vida. A moral não é heterônima e imposta por Deus. A moral é imanente ao ser e a sanção surge da própria imanência. O prêmio está no cumprimento dessa lei, e o castigo sobrevém porque nos afastamos da rota ascensional imanente ao ser.

A virtude é o meio racional da felicidade, e o vício o desdém irracional desse meio. A virtude é um meio e não um fim.

"O valor da vida é a razão do respeito à vida; o valor da saúde, a razão da higiene; o do saber, a razão do estudo; o de nossas relações recíprocas, a razão da justiça; o da felicidade integral, a razão da virtude em sua integridade também", afirma Sertillanges.

Se não há correspondências sempre neste mundo, se são precárias as nossas seguranças na vida presente, esta não é um termo final, lembra Tomás de Aquino.

> A moral tomista é uma moral sem obrigação, uma moral sem sanções. Repele o legalismo kantiano ou escotista para permanecer com a filosofia do ser evolutivo sobre a base de Deus; e quanto às sanções, não conta com recompensas extrínsecas, mas com o resultado de uma evolução normal, dentro, e sob a garantia de uma ordem que sabemos ser divina (Sertillanges).

A moral é o cumprimento da Lei divina do ser, e é cumprindo-a, nela elevando-nos, nela exaltando-nos é que alcançamos a plenitude do ser, a suprema felicidade do ser que, em sua plenitude, realiza a plenitude de si mesmo.

* * *

Na verdade, o que a ética cristã exige dos homens não é algo que esteja acima das suas forças naturais. E o pensamento, que expusemos, fundados na obra tomista, poderia ser aceito até por aqueles que se julgam os mais impenitentes adversários da moral cristã.

Temos a consciência de que não há em nossas palavras nenhum exagero. Até Nietzsche, que é apontado como Anticristo da nossa época, se um dia tivesse estudado este pensamento teria nele encontrado inúmeros pontos de convergência com as suas opiniões.

Nietzsche é apresentado como um inimigo da moral; no entanto, seu pensamento é profundamente ético, e poucos lutaram por uma moral tão robusta como ele.

E se a paixão não lhe cegasse os olhos, e a ignorância da obra do grande aquinatense não lhe restringisse o campo de observação filosófica, teria ele proclamado que também em suas veias corria o sangue de Tomás de Aquino.

Mas fundando-nos no pensamento de Nietzsche, este grande psicólogo da nossa época, sabemos que os ascetas impossíveis, aqueles cujos ímpetos não são tão grandes que não possam vencê-los, foram os culpados de que a moral cristã tomasse, a seus olhos, aquele aspecto mórbido, contrário à vida, a qual ele tanto desejava santificar.

Nenhum cristão de boa fé poderá negar que a austeridade cristã foi pregada através de excessos, que mais contribuíram para que os homens dela se afastassem, do que neles influísse, como era o desejo de Cristo, tão humanamente compreensível, e que soube perdoar as nossas fraquezas, porque elas são da nossa própria natureza e, portanto, da ordem do nosso ser.

Exigiram eles dos homens mais do que os homens poderiam fazer, e se havia nesses excessos o desejo de alcançar, pelo menos, uma média, não puderam evitar que eles provocassem a emergência dos excessos que estavam virtualizados no ser humano. O desenvolvimento da técnica, da economia, etc., predispunha que essa emergência se atualizasse, e os fanáticos religiosos, querendo exigir dos outros o que lhes era fácil, mas que ia além das forças daqueles, terminaram por desesperá-los. Nós já vimos que, quando o homem não pode vencer a crise, ele desespera, e foi o que se deu, e a eclosão dos excessos opostos provocaram justificações, e essas não podiam ser encontradas no campo religioso, mas sim no campo antirreligioso. Desde então, a irreligiosidade cresceu, até dar os frutos da nossa época.

A má compreensão da ética cristã precipitou, no setor da moral, o agravamento de uma diácrise.

Mas, a lei da alternância é invariante. Na emergência ficaram virtualizadas as mais genuínas tendências cristãs, que a predisponência da nossa época não permitia mais que se realizassem, senão em raros indivíduos, porque ninguém crê que os cristãos de hoje sejam como o foram os primeiros cristãos.

Se a predisponência atual não favorece a emergência cristã, não se pode dizer, no entanto, que a iniba totalmente. Os dias que passam são ricos na demonstração de que surgem, constantemente, motivos para permitir outra vez a eclosão da religiosidade virtualizada, que apenas espera condições favoráveis.

Basta que passemos os olhos sobre as inúmeras seitas religiosas, ainda incipientes, que desabrocham em todos os setores. Estão todas elas a testemunhar a virtualidade emergente, que apenas aguarda aquele momento que lhe permitirá aparecer outra vez, ao lado de um novo ciclo humano, no qual se repetirão os mesmos idealistas, os mesmos pioneiros, os mesmos heróis, os mesmos realizadores, os mesmos absolutistas, e os mesmos césares da decadência.

Talvez sim, talvez não.

Já dissemos, e queremos sempre repetir, que a história humana se nega a obedecer a uma lei mecânica. Há sempre para os homens uma possibilidade, e esta lhes está às mãos. Poderão alcançá-la ou perdê-la outra vez. Seria uma posição extremamente pessimista negar essa possibilidade. Seria aceitar que a história se realiza através de leis férreas, e que nela não há lugar para o imprevisto.

Mas nenhuma sã filosofia, nem o que de melhor nos oferecem os estudos da história, justificariam esta posição. Há uma saída, e devemos procurá-la.

A crise em outros setores

Costuma-se dizer, no campo da economia, que há crise quando se verificam desequilíbrios desproporcionais entre a produção e o consumo. Essas crises podem abranger a totalidade dessas duas categorias econômicas, ou apenas a alguns setores, constituídos pelos fatores que os coordenam.

Assim se fala em crises de superprodução, nas quais o consumo não dá vazão aos produtos realizados, ou, então, crises de superelevação de preços, com diminuição do consumo, como consequência.

Em raros momentos da história houve equilíbrio, e evitaram-se tais crises, impedindo-se as diácrises entre a produção e o consumo.

Surgem inúmeras teorias sociais que pretendem resolvê-las e, no campo da economia, como no da política, toda ideia e ideologia política pretende oferecer uma terapêutica segura e eficaz.

Os atuais conhecimentos e práticas, o emprego da estatística, a intervenção do Estado na produção, regulando-a, os convênios internacionais, são muitas das experiências feitas para solucionar a crise endêmica, porque sempre, em qualquer momento histórico, há um setor pelo menos em crise; na verdade, em agravamento da crise.

A racionalização da produção e do consumo são oferecidas como soluções.

A desocupação tem sido uma das maiores consequências das crises e seus fatores são diversos, nela intervindo, entre outros, os fatores tecnológicos, como sejam o desenvolvimento da técnica, etc.

A crise do desemprego tem sido inevitável em toda coletividade que conhece um desenvolvimento técnico, e é mais pronunciada à proporção que tal desenvolvimento se processa. A desocupação acompanha sempre a crise, e agrava-se com ela.

Tema de economia, é nessa disciplina que deve ser estudada. Do campo da filosofia, a crise que se revela na economia é apenas um evidenciar da crise inevitável em todos os setores da vida humana.[1]

* * *

Um dos setores onde mais se acentua a crise atual é no da estética e das realizações artísticas. Uma investigação histórica da arte, para considerá-la em sua concreção, deve visualizá-la, não só como uma expressão da *catharsis* humana, isto é, a exteriorização da emoção do artista, como também da alma da cultura à qual pertence, tendendo, sobretudo, a expressar um pensamento místico e simbólico.

A arte egípcia do antigo Império ou a arte hindu revelam o simbólico com uma evidência meridiana. O mesmo pode dizer-se da arte chinesa, da arte árabe, que não é apenas decorativa, como se costuma dizer, e recuando mais distante, a arte dos povos chamados primitivos revela sempre esse sentido simbólico e, consequentemente, místico.

Dizemos *místico*, porque o mistério é o que se oculta, e o símbolo, referindo-se sempre a um simbolizado, é ele, enquanto tal, outro que o simbolizado ao qual se refere.

---

[1] Os aspectos específicos da crise econômica, vistos não só do ângulo econômico, como do filosófico, sobretudo em relação ao nosso país, são examinados em nosso livro *Tratado Decadialético de* Economia, de próxima publicação, (Nota do Editor: em 1962, Mário Ferreira dos Santos publicou, em dois volumes, pela sua Editora Logos, o *Tratado de Economia*.)

Quem compreende o significado do símbolo, sabe que ele aponta a um referido que se oculta. Eis porque a simbólica é sempre uma *via mística*, pois busca a verdade do que se cala (*myô*, eu calo).

Mas apesar desse setor marcante em todas as culturas, há sempre, em toda a arte, a presença da realidade histórico-social. Por isso há nela algo da realidade, além da expressão da alma do artista, formando esses três elementos a estrutura concreta e histórica de qualquer manifestação estética.

Se atentarmos para o Ocidente, veremos que a arte, eminentemente mística, surgida nos diversos períodos do cristianismo, torna-se acentuadamente profana, quando a unidade religiosa entra em crise. Assim, o Renascimento já nos revela a predominância do profano, mesmo quando se trate de temas religiosos.

Vê-se, assim, que a diácrise se processa na arte, no período do Renascimento, mais acentuada do que em outros anteriores. Na chamada "arte moderna", do classicismo para cá, essa diácrise é mais evidente.

O chamado movimento clássico foi apenas uma tentativa de manter a unidade, a síncrise dos valores eminentemente objetivos e técnicos que haviam alcançado os pontos eminentes durante o processo artístico, não só greco-romano, como também fáustico. Dessa forma, o classicismo era uma síncrise que não evitava, nem podia evitar totalmente a diácrise em processo de expansão, e tendia a agravar-se. O ideal clássico de manter e conservar os valores mais altos encerrava a arte dentro de cânones objetivos, e não poderia resistir à *catharsis*, à manifestação emocional do artista, que já vivia a crise agravada pelas condições histórico-sociais.

Portanto, não era de admirar que a arte moderna fosse uma arte diacrítica, em que os valores, tomados isoladamente, passassem, não só a predominar na unidade da ordem estética, como até a tornarem-se excludentes de outros valores.

Se uma obra de arte era decorativa *também*, o decorativismo vai apenas atualizar esse valor, esquecendo de harmonizá-lo com os outros.

Todos os *ismos* que surgiram nestes dois últimos séculos, foram uma manifestação de diácrise, uma separação dos valores estéticos e, consequentemente, o artista tem tido, nesta época, um símbolo da crise que eminentemente se agrava em nossos dias.

Aqueles que julgam que a arte moderna é uma antecipação do futuro têm uma visão errônea dos fatos, porque, na verdade, o artista apenas tem vivido o momento de agravamento da crise ou, quando muito, o futuro próximo, ainda dentro do campo da diácrise, sem, na verdade, ter oferecido nenhuma solução estética ao problema que aflige tão intensamente o homem atual.

Ao assistirmos uma exposição da arte moderna, sentimos crescer em nós angústias, que nos avassalam, e não encontramos, nessa arte, uma compensação à grave situação diacrítica de nossos dias.

É, portanto, facilmente compreensível, que os que se dedicam ao estudo da estética estejam imersos na maior confusão, e a heterogeneidade de pontos de vista seja tão imensa que, dificilmente, dois críticos atuais poderão encontrar-se num campo comum. A própria crítica se desmerece constantemente, devido aos excessos de aplausos aos que correspondem ao ponto de vista de críticos, ou excessos de reprovação à obra por eles não sentida nem entendida.

Consequentemente, as incompreensões aumentam, e não se pode esperar, para tão cedo, que os artistas penetrem num caminho em que a arte corresponde diretamente ao sentir da humanidade, como sucedeu em outros períodos históricos. Pode-se dizer, sem exagero, que a arte moderna é uma arte totalmente divorciada da alma da cultura, porque esta já cessou de realizar o maior, e apenas vive dos produtos que ela gerou nos seus períodos mais altos.

Muitos costumam dizer que o artista é um profeta. E há algo de verdadeiro nessa afirmação. O excesso do abstratismo na arte moderna corresponde aos excessos de abstratismo em outros setores, o que, por sua vez, é uma manifestação da diácrise. Nesse caso, o artista moderno profetiza o futuro próximo da total decadência em que vivemos, que é o agravamento exagerado dos abismos, interpostos entre os elementos componentes da nossa cultura, cujos excessos são explorados cada dia mais intensamente, e provocam o movimento da síncrise, que se impõe, aspirado por todos, e que um dia, depois das grandes comoções porque passará a sociedade, abrirá caminho para uma nova era, que será fatalmente de universalidade, *ecumênica*. E esse momento surgirá quando os homens, que construirão os fundamentos da nova cultura, tenham encontrado aquele ponto de unificação, cujas características formais desejamos analisar, ao entrar no capítulo final desta obra.

Fisionomia da época moderna

Desde a baixa Idade Média, quando se efetivavam as coordenadas que iriam favorecer o advento da chamada Época Moderna, à proporção que a fé religiosa sofria o agravamento da diácrise inevitável, a visão qualitativa do universo teria de, aos poucos, dar lugar ao surgimento da visão quantitativa, virtualizada sempre nos períodos em que predominam escalas nobres ou religiosas de valores.

Se tomarmos, como ponto de partida da filosofia moderna, a obra de Ockham, que devemos, no entanto, considerar apenas como um marco que separa duas épocas, a *medieval,* onde predominava a escolástica, e, portanto, a qualidade, e a *moderna,* onde predomina o quantitativo, podemos considerar Descartes como o símbolo desta época.

Desde então para cá, em todos os setores da vida cultural, o quantitativo se instala. Na própria arte, o qualitativo lhe cede cada vez mais o seu lugar e, na economia a predominância dos valores quantitativos ascende de modo vertiginoso, até formar-se essa visão de nossos dias, que, mais uma vez, tende a ceder ao qualitativo.

Manifesta-se na ciência pós-relativista um afastamento, forçado pela análise, dos preconceitos quantitativos, que predispuseram a atualização de uma visão mecanicista do mundo e de uma acosmia crescente, num desejo de destruir a visão criacionista.

Uma visão dialética não pode prescindir das duas ordens energéticas que se manifestam no cosmos: a ordem quantitativa, dos fatores de extensidade, e a ordem qualitativa, dos fatores de intensidade.

O espírito utilitário, vitorioso, provocou o domínio do quantitativo, pois o racionalismo moderno é uma expressão quantitativa e extensista do operacional humano, aplicado à visão do mundo por uma determinação de origem genuinamente afetiva, que tende a atualizar os aspectos quantitativos e a virtualizar os qualitativos.

Quem se põe a examinar o processo da vida moderna, vê, facilmente, quanto o extensista, o quantitativo, impõe-se na visualização dos fatos, como até no modo de ser das coisas modernas. A medida de todas as coisas é a quantidade, e as coisas valem pelo *quantum* que têm, e não pelo *qualis* que são. A própria qualidade, reduzida à quantidade, só é compreendida quando quantitativamente considerada. Todo o processo racionalista é um processo extensista, um modo de calcular, uma *logistikê*, como diria Pitágoras. Não se apreciam as coisas, mas se contam; não se avaliam os valores, mas apenas o extensista dos valores.

E é com quantidades que se mede tudo, e tudo vale *quanto* tem, e *quanto* é. Instala-se, assim, a crise entre a quantidade e a qualidade, que são definitivamente separadas, a ponto de a segunda ser considerada como uma manifestação da primeira, à qual aquela se reduz.

É verdade que em muitos não há a consciência dessa situação em que ainda nos encontramos, cujos frutos estamos colhendo. Chegou-se a construir uma cosmovisão integralmente quantitativa, e como a quantidade, tomada abstratamente, presta-se muito bem à matemática, e esta oferece a possibilidade de cálculos perfeitos, parecia ter-se encontrado o caminho para uma explicação acabada do universo, pela matematização quantitativa da natureza.

Desta forma, o mundo era apenas a obra de uma ordem matemática, no sentido restrito em que essa palavra foi tomada, e não no sentido eminente e amplo dos pitagóricos, como a técnica de construção dos conteúdos do saber supremo.[1]

Não poderia a matemática, na fase de domínio do quantitativo, ser diferente. Hoje ela pode penetrar, e já penetra, quer queiram ou não alguns de seus cultores, no campo do qualitativo. As incertezas de Heisenberg e as indeterminações são já um apontar dessa marcha inevitável, como o são certos cálculos modernos que, se não alcançam ao mais elevado, é porque a visão extensista ainda domina poderosamente o pensamento dos matemáticos.

A atomística do século XIX reduzia a teoria atômica à matemática quantitativa. Aos poucos, esta se libertou dessa visão de crise, e buscou ampliar-se pela invasão em setores qualitativos. Mas uma visão genuinamente dialética ainda demorará para alcançar as consciências dos sábios modernos, porque a ditadura do quantitativo predomina em todos os setores da nossa vida.

A visão meramente quantitativa é uma manifestação *acósmica* de certas escolas modernas, que deformam ao excesso, e destroem a ordem da realidade para substitui-la por uma ordem ideal, onde a imaginação nem sempre alcança um ponto eminente, por ser mais destrutiva que construtiva.

Todas essas manifestações são revelações de crise, e não uma superação, como não o é a síncrise.

Observados os setores do processo histórico que vivemos, em todos eles é fácil verificar-se o abstratismo quantitativista, que se processa de modo crescente, até atingir suas últimas consequências, como vemos em certos cientistas, que julgam ter alcançado a verdade quando tudo reduzem a fórmulas matemáticas quantitativas. Mas os próprios fatos se encarregam de

---

[1] Máthesis é a suprema instrução, *mathema* o conteúdo da *Máthesis*. O sufixo *ika* aponta a técnica para adquirir, para alcançar os conteúdos da instrução suprema. Nesse sentido genuíno é que os pitagóricos consideravam a *Mathematiká*. E chamavam de *Logistikê* a matemática como cálculo de quantidades. Essa era a maneira exotérica (externa) de se apresentar a *Máthesis* para os aprendizes, os iniciados de grau de *paraskeiê*. Julgou-se quer essa era a única forma de matematizar o mundo. E quem poderia chegar a essa opinião, senão aqueles que viam abstratamente o mundo, reduzindo-o apenas ao quantitativo?

desmenti-los, e é com assombro e inquietação, que aqueles se negam a encaixar-se em suas fórmulas.

Por isso, a própria ciência moderna, que é inegavelmente um ponto alto da nossa época, conhece também um estado de crise, e não é sem razão que se fala numa "crise da ciência moderna".

Seria fácil, se o quiséssemos, encher páginas de exemplos para robustecer a nossa tese, mas basta apenas uma chamada de atenção para tais fatos.

* * *

Caracteriza-se a nossa época pela intensiva atividade dos fatores de agravamento. Estamos vivendo um período de decadência de toda a esquemática de um ciclo cultural. Não há dúvida que o mito do progresso, tão vivido no século passado, e ainda persistente em nossos dias, em camadas ainda retardatárias, leva a muitos a não aceitar estejamos vivendo um período, não propriamente de refluxo, mas de decadência de uma cultura.

Para os que admitem que a história humana conhece apenas uma espiral progressiva, nossa época supera todas as outras que já registrou a história. No entanto, um superficial estudo dos fatos logo nos mostraria, suficientemente, que a história registra períodos de fluxos e refluxos, e o que se chama de progresso humano não é uma linha ascensional, que siga o ritmo da sucessão, o ritmo do tempo. Ademais, os exemplos eloquentes que a técnica nos tem oferecido facilitam a aceitação dessa opinião tão comum, e pode-se até dizer predominante no Ocidente, que não quer admitir, de modo algum, que se está vivendo uma fase de esgotamento cultural.

Hoje há mais escolas, mais universidades, mais diplomados, mais homens eruditos que em outras épocas. Essa opinião é muito comum, como é a de muitos que chegam a afirmar, do alto das cátedras, que um colegial de nossos dias tem maior conhecimento do mundo e das coisas do que tinha, por exemplo Aristóteles.

Só uma afirmativa, como esta, que está registrada até em obras de conspícuos catedráticos, é suficiente para mostrar a que grau de ignorância chegamos.

No entanto, não são poucos os que vão deixando de lado a obra desses autores, para volver, afanosamente, aos autores chamados clássicos, em busca do conhecimento que os nossos atuais não oferecem. E tudo isso é um sinal evidente da crise.

A crise atual não escolheu setores para atuar. Ela se instala, dominadoramente, em todos, e alastra-se em extensão e intensidade, em graus que não podemos comparar, senão com aqueles períodos crepusculares dos ciclos culturais.

O abstratismo, que é tão marcante no Ocidente, tem cooperado de forma definitiva no agravamento da crise. Pode dizer-se, sem exagero, que o abstratismo tende a avassalar todos os setores. Na arte, é ele mais evidente, pois a arte moderna se caracteriza por sua acentuação abstratista, dissociando valores artísticos, para acentuar uns, e até um, em detrimento dos outros, perdendo aquele sentido concreto de cooperação dos valores, que é exemplar nos períodos ascensionais das culturas.

Há, também, um abstratismo que surge, por exemplo, nos períodos juvenis. É quando a arte, que se forma, vai adquirindo valores novos, que muitas vezes trazem o cunho invariante do valor artístico, já atualizado em outros períodos de outros ciclos culturais, mas com a variância que lhe empresta a esquemática de novo ciclo, com a cooperação dos fatores emergentes e predisponentes, que lhe são próprios.

Nesse período, o abstratismo não é vicioso, porque se dá uma marcha do *menos* para o *mais*.

O que é abstrato tende a tornar-se cada vez mais concreto, pela incorporação dos valores. No período clássico, como é geralmente chamado, vemos uma espécie de equilíbrio entre a criação dos valores e o que de eminente já se alcançou. Este período, que marca o clímax da cultura no setor da arte, é também, por sua vez, o ponto de partida do abstratismo, já vicioso, que parte do *mais* para o *menos*, pois, desde então, tende a dissociar.

Em nossa linguagem, teríamos, no primeiro período, uma tendência sincrítica, pois tende a associar e, no segundo, uma tendência diacrítica, pois tende a separar ainda mais. Dessa forma não procedem as argumentações de muitos estetas, que procuram na arte primitiva das culturas a justificação do abstratismo dos períodos de decadência, pois naquela o abstratismo é de vetor diferente. Assim, a arte abstrata de nossos dias é um sinal do agravamento da crise, enquanto nos períodos primitivos é um sinal de um anseio de vencer a crise pela síncrise.

Comparar, aqui, é considerar os resultados sem considerar os processos, que são diferentes. É até uma manifestação de falta de espírito de sutileza, pois se não se é capaz de distinguir o que se diferencia, não se é capaz de ir além de uma visão superficial.

Na arquitetura, o funcional, por exemplo, é abstratista, se apenas o considerarmos, desprezando outros valores estéticos, inclusive os simbólicos.

Que a obra arquitetônica seja funcional, nada a opor-se, porque sempre o pretendeu ser, mas não deve ser esquecido o que foi maior na arquitetura.

Os grandes arquitetos modernos são precisamente aqueles que não esquecem tais aspectos. Se há uma tendência à simplificação, dadas as nossas condições históricas, agravadas pela pressa, que surge em certas fases dos períodos de decadência, não se pode, sem o perigo de cair numa arte superficial, deslembrar que outros valores devem estar presentes, embora em graus menores, mais condizentes com os esquemas atualizados de tais períodos.

A crise, instalada em todos os setores, tende a agravar a crise de cada região, e a estabelecer um clima crítico universal. A crise, na economia, agrava a crise na política, na moral, etc., estas agravam aquela. Há, assim, uma cooperação destrutiva em tais períodos, o que facilmente é observável no nosso.

E nada é mais patente do que o manifestado individualmente pelos seres humanos. Uma rápida análise dentro de nós, logo nos mostrará que *desejamos* vencer a crise, que o mundo seria melhor se houvesse maior unidade.

No entanto, quando a nossa vontade se manifesta, e queremos vencer a crise, procurando reunir, agregar pela síncrise, logo encontramos a resistência dos outros, que como nós, desejam também vencê-la. E nós, por nossa vez, também resistimos. Pode-se acaso negar que há um desejo de concreção? Alguma vez tanto se falou em *unidade*, cooperação, apoio mútuo, do que nesses últimos séculos em que os homens mais se separam? E nenhum de nós sabe bem porque tais fatos se dão. Acusamos os outros de não *quererem*, como nós o queremos, a unificação humana, e os outros também nos acusam do mesmo defeito, por sua vez. Apreciamos mal o modo de proceder dos outros, como os outros julgam mal o nosso.

Mas, a verdade é que não está *apenas* em nós a solução do problema diacrítico. Uma série de exemplos logo nos mostrará que procedem as nossas afirmativas.

Como se consegue uma unidade entre os homens, uma unidade que perdure? Basta apenas aproximá-los? Não é necessário algo que os *ultrapasse*, algo de uma espécie superior, que os unifique? Basta apenas que se agreguem uns aos outros?

É preciso um *bem comum*, para que os homens se unam fusionalmente, do contrário temos apenas um agregado mecânico que perdura por pouco tempo.

O Estado moderno não pretende realizar essa unidade? Mas que métodos usa, senão os coativos? Busca-se o ecumênico, o universal pela coação. Não há mais o *consensus*, senão em estamentos sociais, que por sua vez se mantém separados dos outros.

Uma unidade de classe, por exemplo, é já uma síncrise que cria uma diácrise maior. A proporção que as classes se unem através dos indivíduos, elas se separam como classes. E a unidade interna é imposta quase sempre pela coação, quer pela sanção moral, quer pela violenta.

E, no entanto, todos desejariam que não fosse assim. Mas cada um, por sua vez, contribui para separar.

Como se pode prescrever uma terapêutica da crise, sem que primeiramente se tome consciência das síncrises e diácrises em que vivemos?

Como poderá alguém vencer suas deficiências antes de saber que as tem?

Uma tomada de consciência da crise é o que primeiro se impõe. Portanto, em vez de apelar para falsos otimismos, que seriam negativos da realidade, é preferível que a enfrentemos conscientemente. Que cada um tenha consciência de que está na crise, e que é um fator, por sua vez, dela.

Essa não depende apenas dos fatores emergentes, mas, destes agravados pela ação dos predisponentes.

Na esquemática de nossa cultura, há uma série de crenças que não temos mais. O que fora para nós axiomático é hoje problemático, e para muitos até falso, totalmente falso. Não vivemos mais na religiosidade dos primeiros dias do cristianismo, e muitas das nossas esperanças, em alguns, já se desvaneceram. Não quer isso dizer que haja propriamente erro nas afirmativas passadas. O que apenas há é não ressoarem mais no comum dos homens, porque perderam aos seus olhos muito da sua realidade, sem que a tenham perdido em si mesmas.

Quando vemos tentativas de fazer reviver sentimentos ou crenças passadas, logo se nos torna patente a inutilidade de tais esforços. Tal não quer dizer que o homem não crerá mais, mas apenas que este homem não pode crer mais, ou pelo menos, no que os seus antepassados acreditavam.

Pode hoje aquela crença parecer-lhe ingênua, mas também não suporta mais a sua descrença. Não pode crer e também não pode não crer.

E é aqui, repetimos, que está o aspecto dramático de sua situação.

Por isso inventa novas crenças, não no transcendente, mas no imanente. O surto de certas posições semirreligiosas, com revivescência de crenças populares, tende para o imanente, não para o transcendente. O que está além de nós, está apenas além do homem, especificamente considerado, ou até no próprio homem, no que lhe é desconhecido.

Os poderes, que se procuram conjurar, são *deste* mundo, e o humano permanece neste mundo, mesmo no que tem ele de "espiritual", que é ainda manifestável do modo corpóreo. As crenças, que encontramos em gestação e em desenvolvimento nas vastas camadas humanas, não são, porém, o índice de algo ascensional. Elas, quase todas, são normais nos períodos críticos das decadências das culturas, e apontam um fato: o homem *não pode* mais crer no transcendental, mas também não pode permanecer na descrença e, por isso, procura uma conciliação entre o ímpeto de crer e a falta de ressonância das crenças antigas, criando formas híbridas, viciosas sem dúvida, que não resolvem a sua crise, mas, ao contrário, agravam-na ainda mais.

Pode-se ver, ainda, que, nessas crenças, o ímpeto cristão é patente. Não podem elas afastar-se da ética do cristianismo, e desejam incorporar-se no campo universal daquela crença, mas restringindo-se a uma região, à do imanente.

No entanto, há em tudo isso uma preparação de retorno. Ao materialismo desenfreado, tais reviverências que se apregoam de cientistas e não religiosas, são ainda símbolos de um desejo religioso evidente. E elas preparam, quer pensem ou não, o caminho para o advento das grandes religiões transcendentalistas. Não há, portanto, motivos de desespero para muitos crentes, pois tais movimentos não destruirão os avatares religiosos, que volverão outra vez, e com o ímpeto que a história sempre registrou.

Mas tal visão, para muitos otimistas, não nos deve afastar os olhos da realidade crítica em que vivemos, pois, do contrário, estaremos colaborando para fazer perdurar a grande impossibilidade do homem atual: a de não crer mais.

Observem-se ainda outros fatos. Procure-se nos movimentos socialistas o que há, ainda, de religiosidade. O amor pregado em favor dos afins ainda está acompanhado do ódio aos adversários. Mas há socialistas que desejam só o amor. E nenhum socialista sincero pode negar que esse é o seu desejo. São as circunstâncias históricas que obstaculizam a atualização desse amor, mas inegavelmente ele está sempre presente nos seus corações, apesar dos fatos e da sua conduta favorecerem uma interpretação diferente. Há ressentidos, odientos entre eles, mas há ainda muito amor. E esse amor há de dar bons furtos, apesar de muitos duvidarem.

Há, assim, em todos os setores, ao lado da crise que domina, sementes de uma vitória, e a promessa de um equilíbrio, que poderão vir muito mais cedo do que se espera.

Retornemos aos nossos passos. Não cabe desesperar, porque há ainda indícios de um melhor caminho.

Ele existe. Cabe-nos procurá-lo.

* * *

A universalização coativa que procura realizar o Estado, ou as doutrinas totalistas e as totalitárias de nossa época têm uma correspondência muito tênue com os movimentos ecumênicos, que surgem na formação das culturas, através das formas religiosas. O *katholon*, o universal, a universalização desejada pelo cristianismo, que deveria realizar com os homens um só rebanho e um só pastor, Cristo, empolgou o mundo ocidental.

Hoje, busca-se também esse *katholon*, através da universalização coativa moral ou violenta, das ideias ou do Estado, sem que se possa, na verdade, obter o mesmo poder de unificação que o cristianismo realizou, pela simples razão de que, neste, havia um tender para o transcendental, e a unidade tensional da sociedade humana ocidental realizava-se pela atualização de uma espécie superior, enquanto, nos movimentos modernos, há a atualização apenas de uma espécie imanente, que é a *congregatio*, a congregação das partes mecanicamente dispostas, o que oferece uma unidade precária, como vimos no fascismo, e em outros movimentos de nossos dias.

Portanto, o caminho seguido para a síncrise, até agora usado, não oferece soluções perenes (de *per* – e *annus*, através dos anos), mas apenas movimentos intensistamente fortes, porém de rápida duração. Basta que passemos os olhos pela história dos movimentos sociais e das diversas crenças religiosas, surgidas nesses dois últimos séculos, para sentirmos, de modo evidente, a fraqueza de tais soluções, que são eminentemente sincríticas.

Uma solução, dentro da imanência, será sempre frágil, mesmo quando assistida de uma dose mística poderosa, pois é preciso que se considerem bem os aspectos que esta apresenta.

Podemos dizer que há sempre uma mística social, quando os homens aceitam um mesmo símbolo, em cujo simbolizado, isto é, no seu referido, eles comungam. A mística hitlerista fundava-se na comunhão aceita e vivida pelo povo alemão da superioridade da raça germânica. O hitlerismo, de qualquer modo, usando seus símbolos, tocava fundo na alma dos alemães. Se, como símbolo, *pereceu*, o conteúdo místico não desapareceu daquele povo, e o movimento atual que se verifica na Alemanha, que busca "realizar cada vez mais o melhor", é ainda uma modal afirmativa da superioridade racial.

Ninguém, com sã justiça, pode negar aos alemães, os seus ideais, e é preferível que o conteúdo místico tome o rumo atual, do que reviverem outra vez as manifestações guerreiras do germanismo que, na verdade, não se podem atribuir apenas a essa emergência, mas também aos agravamentos que a predisponência contribuiu, pois a Alemanha foi um país que chegou tarde, e encontrou o mundo já dividido em zonas de influência pelos imperialistas dos séculos XVIII, XIX e XX.

Não compreender esse sentido mais profundo do movimento hitlerista, e apenas considerá-lo do ângulo da predisponência, como poderiam fazer materialistas históricos, é uma manifestação não dialética de uma visão também não dialética do processo histórico da Alemanha.

Já o fascismo italiano não tinha esse conteúdo místico, e por isso não conseguiu levar o povo italiano a uma atitude tão enérgica, como a que se manifestou no povo alemão, pois as ressonâncias eram muito menores do que naquele.

O cristianismo, em sua forma primitiva, ressoou no Ocidente, onde tomou formas e aspectos da variância histórica dessa região do mundo, porque, no Império Romano, já se manifestava o cansaço de não crer. O surto das diversas crenças populares e dos cultos estranhos, trazidos para Roma, predispunham a emergência de uma religiosidade que o cristianismo consubstanciou.

Dessa forma, uma vitória sobre a crise não pode realizar-se dentro do campo da síncrise, porque mecânica, mas de uma união que só transcendentalmente se pode obter, ou, seja, pela atualização de uma forma que corresponda aos mais profundos conteúdos da alma humana.

As soluções políticas, ou apenas filosóficas, não abrirão caminhos para um novo ressurgir, mas não se pode negar que cooperam, predisponentemente, para o surto do que é mais profundo.

Uma vitória sobre a crise só pode dar-se para o homem, quando ele realiza o transcendental, quando ele o acha, e enquanto não o achar, permanecerá, de qualquer forma, imerso na crise, apesar das universalidades coativas, que são apenas síncrises que não resolvem os problemas, e preparam, de qualquer forma, o agravamento posterior.

Não se encontrará nenhuma solução, se considerarmos o todo apenas uma soma das partes. É preciso compreender o Todo como uma transcendência das partes, e que o múltiplo se reuna no Um, pela síntese dos dois extremos de ser, em suas modalidades arquetípicas. A harmonização entre o Múltiplo e o Um, ideal máximo da filosofia, é preciso ser realizado, não só no campo da especulação, mas também no campo concreto da vida social.

Este é um ideal de concreção. Resta saber apenas se podemos alimentar esse ideal, e se há possibilidades de realizar essa concreção.

Não há vitória sobre a crise sem atingir este ponto eminentemente, e não desejaríamos encerrar nosso trabalho, sem oferecer um panorama dessa possibilidade, embora em linhas gerais, pois aqui palmilhamos um terreno tão vasto que encerra todo um programa de atividades futuras, verdadeiro ideal para uma vida.

As Estruturas Tensionais

Adição e estrutura

A visão estrutural, que coordenamos em *Teoria Geral das Tensões*, está esparsa na obra de muitos pensadores e corresponde a uma possibilidade de nossa época.[1]

As interpretações atomísticas e as somáticas, que surgiram no decorrer da nossa cultura, com suas raízes na filosofia grega, vão sendo, aos poucos, não propriamente substituídas, mas, preferimos dizer, completadas e superadas pelas novas ideias, que podemos chamar estruturalistas, que encontram construtores em vários campos do conhecimento humano, sobretudo na física, na química, na biologia e na psicologia.

Não seria difícil procurar precursores dessas ideias no decorrer do processo da filosofia, mas preferimos deixar tal tema para futuros trabalhos.

Podemos dizer, no entanto, que tais ideias de uma visão estrutural e esquemática no universo surgem, ora confessas em algumas obras, ora levemente delineadas em debuxos incompletos.

Em nossos dias, a universalização crescente do nosso conhecimento e a construção do edifício da ciência impelem pensadores a procurarem uma nova compreensão do mundo, que nos liberte de velhas aporias e nos ofereça um novo ponto de partida para futuras investigações.

---

[1] Tema desenvolvido em *Teoria Geral das Tensões*, que faz parte desta Enciclopédia.

Vemos, assim, delinear-se tal compreensão, imprecisa, mas já afirmadora, na concepção heideggeriana do *ser-no-mundo*, na biologia de Uexhüll, e ainda em cores já vivas e em contornos nítidos, na obra de Koffka, Wertheimer, Koehler, Ruyer, Spranger, e sobretudo na de Piaget, sem qualquer desmerecimento aos não citados, mas a cujos trabalhos ainda nos referiremos em oportunas ocasiões.

Considerar o existir como uma mera associação, uma soma de elementos primários e irredutíveis, como o fez o atomismo filosófico, que se não deve confundir com o atomismo da física atual, o qual procurou explicar os entes pela mera combinação quantitativa de seus elementos, representa o resultado, a nosso ver, de séculos de racionalismo e de um cientificismo, levados a extremos, às formas viciosas dos erros e defeitos, já contidos naqueles.

Quando se deu a estruturação do saber religioso em nossa cultura, através desse grandioso movimento filosófico que foi a escolástica, tão mal compreendida e interpretada por aqueles que a não estudaram ou não puderam acompanhá-la em suas sutis análises – a tendência ao racionalismo, à valorização da razão, como as tendências intelectualistas, e o idealismo exagerado, já estavam contidas no arcabouço da escolástica, como possibilidades a serem atualizadas, se encontrassem condições predisponentes satisfatórias. Na verdade, todas essas posições são produtos de uma diácrise das positividades que a escolástica havia concrecionado.

O Romantismo filosófico, com analogia na cultura grega, e poderíamos ainda ir mais longe em procura de suas raízes (que têm características próprias que não devem ser confundidas com o estético), também encontrava na escolástica um ponto de apoio, que permitiria seu desdobramento posterior.

Essa visão de conjunto da escolástica poderia ser analogicamente comparada com outras manifestações do espírito humano.

Assim, por exemplo, como encontramos na arte arcaica grega, dos dórios, os valores do naturalismo, do idealismo e do patetismo expressionista da época da decadência, não tão acentuadamente na escolástica encontramos todo o pensamento posterior, que os modernos iriam salientar, valorizar por atualizações e virtualizações.

O funcionamento sintético-analítico da razão e o analítico-sintético da intuição, no campo da intelectualidade, permitiram, por valorizações extremadas, que o homem de ciência duvidasse da sua afetividade, e procurasse construir o saber dentro da nitidez da evidência da razão, cujo funcionar "óptico" como vimos em outros trabalhos nossos, levou a essa "compreensão visual", contornada, delimitante, e que repele tudo quanto é obscuro.

Quando já seria de desaconselhar a dicotomização funcional do nosso espírito numa subjetividade-objetividade, apenas intelectual (a tendência *objetiva* da intelectualidade operatória, racionalizante), no entanto, acentuou os aspectos racionalistas e as deficiências que marcam abismos no corpo do nosso conhecimento.

Era preciso atingir-se a essa fase histórica. Depois dos "devaneios" místicos da chamada Idade Média – que tomam na boca de muitos um sabor pejorativo, por ignorância ou incapacidade de compreendê-los – ante o malogro do advento do juízo final, tão esperado e vivido naquele período, havia que volver os olhos para este mundo, que se objetivava com a nitidez de seus contornos e de suas fronteiras, e que os "devaneios fantasmáticos" do misticismo medieval haviam "obscurecido com suas sombras".

Um período de sombras, onde até o sol seria incoerente, era a impressão que causava ao espírito dos humanistas e estudiosos, que apenas atualizavam trevas.

Teria de surgir, como surgiu, e até na própria Igreja, um movimento de afastamento daquela visão do mundo, que se estruturou aos poucos através da obra de Tomás de Aquino, Duns Scot, Suárez, etc., através do iluminismo até o racionalismo moderno, cujas raízes já vinham da síntese filosófica do saber do passado grego, tentada por Aristóteles.

Seguindo, naturalmente, o "ciclo das formas viciosas" (cujos aspectos, fases e consequências já estudamos, embora parcialmente), esse afanar-se da intelectualidade teria de desembocar, como o fez, graças à valorização de uma linha racionalista, no atomismo filosófico, no associacionismo, no somativo, numa visão quantitativa do mundo.

A outra forma mais ecumênica de ver o mundo, mais concreta, menos abstrata, pareceria, nesse período, aos olhos dos estudioso, como precisamente o inverso, como supinamente abstrata, supinamente irracional, razão porque foi apenas de leve projetada incidentalmente na obra de pensadores desse período, para, finalmente, brotar agora com ímpeto, embora sujeita a defeitos naturalmente compreensíveis, e com o perigo de cair em outra unilateralidade, que nós procuramos evitar, através das nossas obras.

Essa concepção, que chamaremos por ora de estruturalista, caracteriza-se pela aceitação do que é timidamente sentido em alguns autores, que em outros surge com uma evidência que os assombra, e que, finalmente, é proclamada pelos mais decididos e audazes.

Não é para a posição estruturalista o todo apenas um conjunto de partes agregadas, somadas, adicionadas, que consiste apenas no que está nas partes, como seria a concepção atomista, associacionista, mas, especialmente, *pela peculiaridade, que apresenta a mudança quantitativa (específica)*, revelada pela totalidade, enquanto tal.

O axioma clássico de que

O todo é o conjunto das suas partes,

– considerado não totalmente errado, mas incompleto e imperfeito, é substituído por um novo postulado, agora ontológico, por ser aplicado a todas as regiões do ser, e que nós o expressaremos por este princípio, que é o ponto de partida e a tese fundamental da nossa exposição:

> *O todo é quantitativamente o conjunto das suas partes, mas é qualitativamente diferente delas.*

E como se explicaria, dentro da nossa concepção, tal salto qualitativo, pois estamos, nesse postulado, a afirmar que há um salto qualitativo, a incidência, a presença, no todo, de qualidades diferentes das qualidades das partes?

Nesse caso, a estrutura nova atualiza algo que não estava patente nas partes.

Vê-se, logo, quão importante se torna aqui o estudo do velho tema e problema da filosofia, que é o de ato e potência, que têm, consequentemente, de ser examinados sob novos ângulos e aspectos, sem que se desconsiderem as grandes contribuições da filosofia clássica.

E a tal éramos levados por um simples raciocínio: se estão patentes, no todo, tais qualidades, não patentes nas partes, surgiriam elas do nada, o que seria absurdo, ou então estariam em *estado de latência* nas partes, e que, ao se estruturalizarem, se atualizariam no todo.[2]

Veríamos que os elementos têm qualidades que se mantêm em estado de "latência", mas que se atualizam quando formam, com outros, uma estrutura. Nesse caso, surgir-nos-ia outro problema a ser examinado, além do de ato e potência, que implica saber o porquê da atualização, ora destas qualidades, em tal estrutura, e doutras qualidades, quando o elemento incorporado constitui uma estrutura nova e totalmente diversa da primeira.

E esse novo problema consiste em verificar que os elementos, enquanto tais, apresentam tais ou quais qualidades atualizadas, mas que, ao se estruturarem num todo, numa totalidade, ultrapassariam a si mesmos, enquanto tais, para serem outros, sem deixar, no entanto, de ser totalmente o que são. E surgiria aqui o problema da transcendência e da imanência, como também o da identidade e o da diferença.

Não seria difícil fazer ver que a concepção estruturalista nos leva a tanger, outra vez, todos os grandes problemas da filosofia, mas sob novos aspectos, e em novos campos.

O todo apresenta, em sua estruturalização, qualidades diferentes, pois a própria soma, enquanto tal, já é um diferente, como muito bem o mostrou Boutroux.

Não poderíamos, portanto, dar, embora em visão geral, as teses fundamentais da nossa teoria das tensões, sem que precedêssemos o nosso estudo de

---

[2] Em nosso livro *Ontologia e Cosmologia*, estudamos, sob novos ângulos, o tema de "ato e potência".

uma explanação de tais conceitos, fundamentalmente importantes para a boa inteligência do que vamos tratar.

É fácil ver que, após uma época de predominância transcendentalista, como foi a da filosofia clássica, até, e inclusive, a escolástica, sucedeu um movimento imanentista, que atingiu seu auge nos princípios do século XIX até os nossos dias, onde outra vez o transcendentalismo se oferece como tema e problema a exigir estudos e explicações.

Estamos sujeitos à lei da alternância, lei universal de nosso acontecer cósmico. A uma unilateralidade sucede outra inversa, o que é uma lei da história do pensamento humano.

Mas dá-se aqui outro aspecto, que não poderemos deixar de salientar. É que podemos superar essa própria lei, que sempre indica uma sucessão. Para considerá-la contemporaneamente, e tal nos obrigaria a construir uma dialética antinomista, trágica até certo ponto, por aceitar a constante presença dos vetores inversos, irredutíveis sempre, necessários ambos para a compreensão da totalidade, como tivemos ocasião de mostrar em nosso *Lógica e Dialética*.

Por essa razão tivemos de construir uma metodologia nova que fosse capaz de nos servir de veículo hábil para dar uma nova ordem pensamental, com a construção de novos esquemas, através do imenso caos de ideias e de fatos.

A decadialética, trabalhando com seus dez campos antinômicos, e a pentadialética, com cinco planos, como método de análise, a dialética simbólica, como método apofântico e epifânico, na busca dos *logoi* analogantes, que analogam os fatos e, afinal, o Logos supremo, subordinados aos quatro tempos do conhecimento, oferecem-nos a possibilidade de construir uma lógica existencial dialética dos conjuntos, uma *lógica concreta*, e dar-nos, assim, uma nova visão, livre de unilateralidades, de imprevisíveis consequências.

Não podemos estudar a "teoria geral das tensões", neste livro, mas vamos apenas abordar certos pontos que nos podem auxiliar para a melhor compreensão da Filosofia da Crise.

Transcendência e imanência

A filosofia escolástica, colocando-se nos ensinamentos aristotélicos, considerava *actio inmanens* (de *manere*, manar *in*, em; daí *permanens*, permanente), ações que permaneciam no próprio sujeito que as executava; e *actio transiens*, a que sai do sujeito para exercer-se sobre outra coisa, ou, melhor, a que passa do sujeito para exercer-se sobre outro.

Santo Anselmo falava na ação da alma sair de si mesma, de "transcender a si mesma". Nesse sentido, transcender seria sair de si mesmo, sair do que é, e dirigir-se para o que não é.

Apesar das diversas acepções que teve o termo, posteriormente, na filosofia, ficou sempre, pelo menos, a nota de que transcender seria um sair de si mesmo, um ir além de si mesmo, uma ação transitiva.

Embora analogicamente se possa exemplificar com a ação realizada no espaço, transcender passou para os filósofos a ter um sentido e um valor diferentes, como passagem de uma ordem para outra, hierarquicamente superior ou não, e aqui as discussões são variadas, mas, de qualquer forma, um ir além de si mesmo, o que levou a aceitar a possibilidade de dar-se um mundo transcendente, o mundo para o qual transitaria o sujeito na sua ação para Deus, por exemplo.

Tais afirmativas geraram, consequentemente, grandes polêmicas e diversas atitudes na filosofia, quer afirmativas dessa transcendência, como as das diversas posições religiosas, quer negativas, como a de Spinoza, que transformou Deus em imanência, e não em transcendência.

Em face das disputas, surgiram diversas maneiras de considerar a transcendência, até chegarmos ao racionalismo moderno, que a nega simplesmente devido à irracionalidade que apresenta.

Aceitar a transcendência do ser seria admitir mais do que é, mais do que racionalmente é compreendido.

Para ser entendida, exigir-se-ia fosse a transcendência compreendida em toda a sua extensão, atribuída e afirmada em toda a realidade, e não só numa região, como na espiritual, por exemplo.

O racionalismo moderno é imanentista, devido à valorização da ação identificadora da razão, como já o estudamos em *Filosofia e Cosmovisão*.

Antes de realizarmos a nossa análise, vejamos como a consideram na filosofia mais atual. Jean Wahl atribui quatro significados da transcendência para Heidegger:

1) a transcendência da existência sobre o nada;
2) a transcendência do existente quanto ao mundo;
3) a transcendência do mundo quanto ao existente;
4) a transcendência do existente em relação a si mesmo.

Fritz Heinemann distingue três transcendências:

1) um transcender para a generalidade, na esfera do objeto (por exemplo, para a ideia da unidade da ciência)
2) um transcender para a particularidade e caráter concreto do "eu mesmo" da existência;
3) um transcender para o absoluto numa metafísica que, contudo, não está já referida a uma "consciência em geral", mas à alma individual histórica, e pode conduzir só a um conhecimento simbólico.

Todo transcender, como produzir-se, pode ser sintetizado em três momentos: o que transcende, o ato de transcender, e o para o que transcende. E *esse para o que* tanto podem ser valores, esferas, Deus, etc.

Colocando o tema da transcendência e da imanência, neste ponto, podemos agora examiná-lo dialeticamente.

A visão da mutabilidade das coisas, o devir, levaria o homem, naturalmente, a conceituar a ação da *transitividade* de um estado para outro, de algo que se eleva de si mesmo para situações superiores ou inferiores, que passa de uma situação para outra.

A mutação meramente espacial permitiu formar, com o tempo, um esquema de transferência, do passar, do transitar meramente espacial. Mas, o passar para situações valorativamente superiores, daria um novo esquema, que permitiria construir um transitar diferente, que é um passar além de si mesmo, um superar-se. Daí, por despojamento de toda facticidade, construir-se um esquema eidético de transcendência pura foi uma realização do espírito, que já implicava um pensamento especulativo mais elevado.

O conceito de imanência, que só poderia surgir ante essa contradição, ante esse distinguir-se da transitividade, implica a afirmação de conterem as coisas em si, imanentemente, suas possibilidades. Mas por estas se atualizarem, passarem de meras possibilidades a ato, levou o homem a conceituar a transcendência como uma possibilidade sempre atual nas coisas.

A transcendência seria como um despertar de possibilidades adormecidas, e foi considerando desse modo que se disse, e se pode ainda dizer, que todo ser é transcender, porque em todo ser há sempre um atualizar-se constante, que é ação transcendente, que o leva de um estado para outro.

Colocado o transcendente nestes termos, a posição dialética, que aceita também um devir constante, não poderia deixar de preocupar-se com ela, pois se permanecesse na posição imanentista, tenderia a cair no estaticismo racionalista, e a não compreender mais, de modo profundo, e também claro, o próprio devir, que é um transcender.

Um pouco de história nos aclarará tão importante problema.

Lembremo-nos da polêmica entre efesinos e parmenídicos, e da tentativa sintetizadora de Demócrito, que buscou, por todos os meios, reduzir as transcendências ao imanentismo dos seus átomos, solução extraordinária, inteligente, que já fora tentada, e com maior profundidade ainda, por filósofos hindus e por Moscos, estes quatro séculos antes de Demócrito, e outros orientais.[1]

Nos séculos XVIII e XIX, o imanentismo encontrou elementos novos a seu favor, sobretudo graças à obra dos naturalistas (Darwin entre eles), que reduziam (ação preferente da razão) o transcendente ao imanente.

Mas todas essas tentativas de imanentismo acabaram por gerar transcendências matemáticas, transcendências na física, com complexos tempo-espaciais, hiper-espaços, polidimensionalidades, etc., como uma vingança do transcendentalismo esquecido ante as tentativas exageradas do imanentismo.

As tendências imanentistas do psicologismo, o qual reduziria a atividade humana à psique, e as do biologismo, que já explicaria esta pela biologia, e as do materialismo que acabaria por explicar a transcendência da biologia pela imanência do físico-químico, terminariam por levar à compreensão da irredutibilidade dessas esferas.

E por que tudo isso? Eis a lei da alternância atuando, mais uma vez, no que chamamos de "efêmero das posições adversas na filosofia". Ao atualizarem os argumentos a favor desta ou daquela posição, tende-se, naturalmente, a virtualizar os aspectos adversos, contrários, opostos, porque, desde que trabalhamos apenas com a Lógica Formal, sem a compreensão dialética, todo pensamento tenderá a essas unilateralidades, criadoras de situações aporéticas, ou de antinomias no sentido kantiano.

Toda tendência, apenas identificadora, é abstratista, formalista, e escamoteia, fatalmente, os aspectos opostos. A razão, em sua fase unilateral, que se

---

[1] Naturalmente tais palavras soarão estranhas aos que julgam que só houve filosofia na Grécia, onde ela nasceu, segundo as pegadas ingênuas da concepção primária, que se tinham das culturas, no decorrer dos séculos XVIII e XIX. Quanto aos que assim julgam, apenas poderíamos aconselhá-los que procurassem debruçar-se sobre o pensamento filosófico desses povos, onde encontrariam "novas" sugestões para velhos problemas.

estrutura no arquitetônico da Lógica Formal, tende à identificação, pela simples razão que sua assimilação esquemática só se pode dar através do que se repete, do que se generaliza.

Aos olhos de um racionalismo extremado, o físico aparece muito mais sólido que o biológico e, este, olhado do seu ângulo, mais sólido que o psíquico. Daí considerarem o biológico como mero acidente do físico-químico, epifenômeno como o estampilham, e o psíquico como mero epifenômeno, por sua vez, do biológico.

Todo o tradicionalismo escolástico levava ao transcendentalismo.

A época científica só poderia levar ao exagero oposto, adverso, do imanentismo, e daí a todas as formas viciosas, como também as conheceu a escolástica, através das formas viciosas do transcendentalismo. E todo o racionalismo, que já surgia vibrantemente na escolástica, tomou, nesse período de imanentização, sua forma mais enérgica.

Vejamos, por exemplo, o princípio ontológico da identidade, fundamento do racionalismo. A é A e não pode ser não A, ou cada coisa é o que é, na frase de Leibniz. Que é esse princípio senão a maior afirmação da imanência? Se A é A, não é nada mais que A; o que se diz de A esgota A.

Como poderia A então transcender? Se há transcendência, A deixaria de ser exclusivamente A.[2]

A transcendência realizaria algo além de A

Mas, para Hegel, repugna essa imanência; um devir não pode consistir apenas numa sucessão de imanências, mas sim num transcender. Repele, por isso, o princípio de identidade.

Parmênides afirmava na sua identificação do ser a absoluta imanência, que Heráclito, com o fluir das coisas, contrariava por um eterno transcender do

---

[2] O Ser Supremo é transcendente ao ser finito, mas imanente a si mesmo. Como tal, apenas é. O ser finito, que é imanente, transcende a si mesmo. O princípio ontológico de identidade é absolutamente válido no primeiro caso. No segundo, deve ter uma formulação dialética, como vimos em *Lógica e Dialética*.

existir. A luta entre a razão e o ser está aqui patente. O existir rejeita, com o devir, a razão por excelência identificadora.

No entanto, uma análise noológica, como a que temos feito em nossos livros, mostra-nos o sentido originário e funcional da razão, e que esta não pode absorver toda a possibilidade cognoscente, pois, se é hábil para conhecer, não é exclusiva, mas apenas auxiliar de uma visão dialética mais global e ampla. O espírito humano não é apenas racionalidade, como julgariam os racionalistas, nem mera intelectualidade, como o julgam os intelectualistas, mas também afetividade, e intuição estética, mística, apofântica e epifânica. E uma visão dialética nos mostra que podemos alcançar uma visão mais concreta da realidade.

Uma visão do universo, como *produto*, leva-nos a considerá-lo como imanente, mas visto do ângulo dinâmico do seu *produzir-se*, ele se nos aparece como transcendência.

Podemos ver a água como um mero produto da combinação do hidrogênio e do oxigênio, e vê-la-emos imanente nesses elementos, mas se notarmos que ela atualiza virtualidades, que estavam em potência no hidrogênio e no oxigênio, veremos nela um transcender do oxigênio e do hidrogênio. Pode a razão dizer que água é apenas H_2O, mas dirá apenas a quantitatividade que ela apresenta, e não o salto qualitativo que ela realiza.

O princípio ontológico de identidade, mal compreendido, precipitado, pelos excessos racionalistas, a imanentização identificadora, a ponto de se considerar o efeito como imanente à causa, apenas igual a esta, o que colocou a filosofia na posição substancialista geradora de aporias.

A essa ditadura imanentista opôs-se, com o romantismo filosófico sobretudo, um novo transcendentalismo, embora as peias do imanentismo ainda dominem, e impeçam renovações mais profundas.[3]

---

[3] *Formalmente*, há identidade nos seres, embora *materialmente* estejam em devir, atualizando possibilidades, que os tornam constantemente distintos do que *foram*, sem deixar de *serem* o que *formalmente são*.

Examinemos a identidade em face da transcendência e da imanência.
A identidade pode ser considerada:

a) no espaço (como simultaneidade), na homogeneidade;
b) no tempo (como sucessão), na permanência, na estabilidade.

No segundo caso, pareceria a identidade imanente a si mesma, não se transcendendo; mas, na verdade, algo nela se muda, transcende. Toda filosofia da identidade, desde Parmênides, ou desde a interpretação que dele se faz, tende a aceitar a absoluta imanência, e termina por negar a transcendência por irracional, o que a leva ao mais perfeito mecanicismo, por imanetizar totalmente a realidade, através do princípio de causalidade, quando identifica a causa com o efeito.

A aceitação da identidade leva a imanetizar fatalmente, e daí a tornar irracional a transcendência.

Não surgiu o atomismo filosófico com o intuito de imanentizar a realidade e de identificar o átomo que, cientificamente, teve de ser desdobrado em modalidades que o transcendem?

E não é levado o cientista, por sua vez, a procurar o átomo do átomo científico, o átomo filosófico, que há de ser a última identidade e a última imanência?

Não foi toda a filosofia da identidade e da imanência, ante o ataque da filosofia romântica, genuinamente transcendentalista, apesar de nem sempre transparecer como tal, completamente falha até aqui, e sem esperanças de o deixar de ser?

E não tem sido essa marcha racional da identidade e da imanência um despojar de todas as heterogeneidades até chegar ao vazio, ao nada, última diligência da razão, diligência acósmica, aniquiladora?

Toda a eficacidade do ser e todo ímpeto do existir não afirmam a transcendência?

As análises dialéticas, que já tivemos ocasião de fazer, levam-nos a uma posição diferente dos unilateralismos dos imanentistas e dos transcendentalistas.

Partamos de que a "matéria", que compõe a esfera físico-química, está presente no biológico, como no psíquico. Não o negamos. Até aí o imanentismo está certo. Mas há de se convir que o conjunto de coordenação de uma esfera para outra é profundamente diferente, isto é, a legalidade é outra, e é essa legalidade que distingue uma esfera de outra.

Todo o existir finito é trans-imanente, pois há um passar constante de uma ordem tensional para outra, por um atualizar de potências latentes em novos atos.[4]

Podemos identificar tudo enquanto olhemos quantitativamente, como produto, mas compreenderemos as diferenças e o transcender quando o vejamos em seu eterno produzir-se.

Iremos, com o decorrer do tempo, mais longe nesse transcender, que não nega nem exclui a transcendência, mas que a coloca na concreção "transcendência-imanência".

Mas, para tanto, precisamos analisar outros temas que nos darão os elementos imprescindíveis para uma compreensão, dentro do âmbito da crise, da contribuição que oferece, neste setor, a Teoria Geral das Tensões, por nós estruturada.

---

[4] O surgimento de um novo ser não é apenas produto da atualização de possibilidades das partes componentes. Há um temporalizar-se da forma que não se pode considerar apenas latente. Há aqui, uma *causa transcendental*, que é tema de estudos e justificação na *Teoria Geral das Tensões*. Surge aí uma nova tensão.

Crítica da teoria estruturalista
(Gestalt) do ângulo das tensões

"Forma significa um conjunto isolado", define Koehler, um dos mais famosos estruturalistas.

Sobre o conceito de campo, diz o mesmo autor: "Onde se distribui e por si mesmo se ordena dinamicamente um acidente, segundo a constelação da condição dada para a totalidade de seu campo, ali existe um caso que cai dentro do domínio da psicologia da forma".

Vejamos agora Wertheimer: "Formas são conjuntos, cuja conduta não se determina pela conduta de seus elementos individuais, mas pela natureza interna do conjunto".

Wetheimer mostra-nos a diferença entre *soma e forma* (Gestalt). Na soma, podemos retirar uma a uma as suas partes, sem que as restantes de alterem. Numa forma, a retirada das partes que a compõem, e só destas, alterá-la-ia. Temos aqui, bem claro, o que distingue uma tensão, em nosso sentido, de uma mera soma.

Koffka, cuja definição se aproxima da de Koehler, acrescenta um elemento novo, quando diz: "O processo, que conduz à forma é organização". A organização é o que se opõe diametralmente à distribuição ocasional, neste caso, porque organizar é dar uma ordem; portanto, já há intencionalidade.

Prosseguindo nesse sentido, temos a definição de Matthaei: "Na relação do agregado de uma forma, determina-se o todo e suas partes reciprocamente; as partes acham-se unidas em formas totalmente dependentes umas de outras; e imprimem ao todo a sua estrutura".

A definição esquece, no entanto, a influência que, por sua vez, o todo exerce sobre a parte, cuja interatuação se manifesta no processo tensional.

Já Petermann reduz a forma à percepção, quando diz: "que é a totalidade das partes, dentro da totalidade de nosso campo de percepção". Aqui, a tensão perceptiva, que é sempre englobante e esquemática, está realmente bem captada, mas apenas revela a tensão do ângulo do cognoscente, o que é uma acepção certa, mas parcial.

Sanders vai visualizá-las do ângulo da consciência. Daí dizer "que são totalidades de partes da totalidade da consciência com os caracteres de particularidade dos membros".

Salienta, assim, a influência dos caracteres das partes sobre a totalidade, esquecendo que, na totalidade tensional, há emergência de caracteres das partes que, nestas, enquanto tais, estavam virtualizados, e que se atualizam quando formam *num* todo tensional.

Vemos, assim, que todos os que se colocam na posição gestaltista afastam-se da concepção atomista, e captam as características das tensões, que são acentuadas, umas, por uns, e outras, por outros, sem que, no entanto, conheçamos entre os gestaltistas uma visão mais ampla, como a oferecida em nossos postulados tensionais (Teoria Geral das Tensões).

A concepção gestaltista (da forma) tenta explicar a ordem, tanto no mundo orgânico, como no inorgânico, segundo estruturas, revelando, em contraposição aos psicólogos clássicos, de pensamento estático, um pensamento dinâmico, ao captar essas estruturas dinamicamente.

Por isso é a Gestalttheorie um dos mais importantes movimentos que se processaram nos nossos tempos para a construção de uma teoria tensional, que nos permita ver o mundo sob ângulos do conhecimento que já expusemos: um conhecimento *estático*, um conhecimento *dinâmico*, um conhecimento *cinemático*, que nos permita construir uma *visão tensional*, que busca o quarto conhecimento sintetizador, que é o conhecimento *concreto-global*, sem necessidade de rejeitarmos o que de grande se realizou nos campos do conhecimento, como também sem necessitar desmerecer os esforços de todos os grandes filósofos, cientistas e estudiosos, de quaisquer matizes, que contribuíram, uns mais, outros menos, para a construção da nossa concepção.

Não procuramos originalidade nos elementos componentes, mas apenas a originalidade da construção, embora os elementos já estivessem dados.

E Koffka nos revela esse sentido amplo que a Gestalttheorie toma, e terá de tomar, transformando-se em nós, com a cooperação de outros estudos, numa concepção nova do mundo.

Diz Koffka que a "psicologia da Gestalt intenta trazer explicações para os mais complexos processos, para aqueles que criam a civilização mediante conceitos, que são aplicáveis a processos mais simples, quer dizer, os movimentos dos elétrons e prótons num átomo simples, sem destruir, no mínimo que seja, a diferença entre ambos processos".

A Gestalttheorie tem uma tendência unitária, e funda as suas bases nas formas da física, como nos salienta Koehler, quando salienta o isoformismo, que dá um certo paralelismo entre o físico e o psíquico. No entanto, Koehler, não reduzindo naturalmente o psíquico ao físico, mas apenas evidenciando o paralelismo e a analogia, não o coloca também hierarquicamente inferior, o que o afasta das posições psicologistas.[1]

Na exposição da concepção tensional, que fizemos em linhas gerais, encontram-se diversos elementos, que muito nos auxiliam para que apontemos um caminho que pelo menos leve a visualizar o problema da crise sob novos aspectos, permitindo-nos, sem querer escamoteá-la, porque é ela de todo o nosso existir, que possamos vencê-la, subjugá-la a nosso favor, sem necessidade de empenharmo-nos mais em rumos, que, em vez de superá-la, mais a agravam.

Vimos que a totalidade, tomada como unidade, apresenta aspectos novos, heterogêneos.

---

[1] Contudo, queremos ressaltar desde já, que há pontos de convergência como os há de divergência com a Gestalttheorie e a nossa, o que exporemos na *Teoria Geral das Tensões*, salientando aí os aspectos que nos levam a uma ou outra posição.

Podemos considerar sinteticamente uma unidade desta maneira:

Unidade de simplicidade e unidade de composição.

Há unidade de simplicidade, quando se dá o surgimento de uma substância. Neste caso, não há apenas o conjunto das partes, quantitativamente consideradas, mas estas estão virtualizadas para surgir um todo qualitativamente diferente, sob o ângulo específico. A água, sendo uma composição de oxigênio e hidrogênio, não forma a mesma unidade que uma liga metálica, porque há, nela, a emergência de uma nova substância, água, que se distingue, especificamente dos elementos que a compõem. A água tem propriedades, peculiaridades que são dela e não pode ser reduzida a apenas uma composição de hidrogênio e oxigênio.

No caso contrário, temos uma unidade de composição. Essas unidades permitem ainda distinções outras que só interessariam ao campo da Ontologia.

Para o estudo que ora fazemos, basta-nos apenas salientar esta diferença capital entre uma e outra espécie de unidade. Quando há o surgimento de uma nova substância, com outra *forma*, consequentemente estamos em face de uma tensão que surge, de uma unidade de simplicidade, pois as partes de água são ainda água. Se a reduzirmos ao hidrogênio e ao oxigênio, teremos realizado uma *corrupção* da água e não uma mera separação de suas partes. Há um mínimo em que a água é água, após o qual deixará de ser água para ser os elementos que a compõem. Mas atingido este ponto e ultrapassado, não teremos mais água, e sim os elementos.[2]

A água, enquanto tal, é uma tensão especificamente diferente dos elementos que a compõem materialmente. A água tem a sua forma, na linguagem

---

[2] Esta mutação, que é especificamente a geração, é examinada em *Aristóteles e as Mutações*, onde expomos, além do texto aristotélico da *Geração e da Corrupção das Coisas Físicas*, as contribuições que a ciência atual nos oferece.

aristotélica, ou o seu *arithmós* na linguagem pitagórica. De qualquer modo, a água é uma tensão, com sua coerência e sua estrutura própria, que revela uma lei de proporcionalidade intrínseca.

A totalidade revela um grau de coesão que se pode estabelecer fisicamente, como a de uma massa de barro. Mas há totalidades que a coesão nos denuncia, uma coerência (de *cum haerens*, do verbo *haereo*, unir, juntar firmemente) tão grande, em que as partes, como tais, estão virtualizadas no todo, que é atualmente diferente das suas partes, como no caso da água, em que hidrogênio e oxigênio virtualizam-se parcialmente, para surgir a atualidade daquela.

Na geração, mostrava-nos Aristóteles, há o surgimento de um novo ser, com uma forma, outra que as das partes componentes. Na tensão, como a entendemos, há o surgimento de uma nova forma, ou melhor, as partes são formadas por uma lei de proporcionalidade intrínseca, segundo um certo número *(arithmós)*, que a torna outra que as partes. O todo é, assim, sempre diferente de suas partes, porque um todo, até matematicamente considerado, não é apenas o resultado desses fatores, pois 12 não é apenas a soma de 7 e 5, como já o sentia Kant.

É mais fácil perceber a tensão nos seres vivos, embora também na esfera física a captemos, como já nos mostrava Aristóteles.

No campo da astronomia, o nosso sistema solar é um grande esquema astronômico, com a sua lei de proporcionalidade intrínseca, que não só regula a forma dos planetas, mas também a forma de todo o sistema. Não se pode deixar de reconhecer que o sistema solar, considerado em si, é algo diferente das partes componentes, não só no aspecto formal, mas também no aspecto material, porque os corpos celestes, que o compõem, sofrem influências uns dos outros, as quais permitem mutações dos elementos físico-químicos, que os constituem, mutações estas que são atualizações de possibilidades, oriundas da emergência desses corpos, mas condicionadas pela predisponência do sistema solar.

Não é uma mera criação, portanto, do nosso espírito, afirmar a realidade da tensão que constitui o esquema do sistema solar, pois este, como uma totalidade, é diferente das suas partes, que nele estão virtualizadas em certos aspectos, como o hidrogênio e o oxigênio, enquanto tais, estão virtualizados na água, que é a atualidade de uma forma diferente de as formas das partes que a compõem.

Essa conquista da filosofia moderna não é propriamente uma novidade, senão para aqueles que não tiveram o tempo ou o cuidado de melhor estudar a obra aristotélica, o mesmo podíamos dizer de autores e de pensamentos filosóficos anteriores aos gregos, nos quais já se esboçavam, de modo suficientemente claro, as ideias fundamentais do que chamamos de "concepção tensional", que é por nós preconizada.

Essa concepção, que não poderia ser exposta nesta obra, por exigir estudos pormenorizados, é uma síntese de muitas das conquistas da filosofia moderna, que fizeram ressurgir pontos já expostos por pensadores que nos antecederam.

Mas a concepção tensional, pela sua metodologia, pelo acúmulo de exemplos, e pelo estudo que empreende dos nexos que realizam a *collatio* das diversas estruturas tensionais, reúne, num corpo de doutrina, as grandes contribuições dispersas nas obras de autores eminentes.

Para a filosofia da crise, a concepção tensional já nos aponta o caminho de uma solução, porque o todo, tensionalmente considerado, não é apenas uma síncrise das suas partes, mas uma verdadeira transfiguração, já que revela um salto qualitativo, cujas características são por nós examinados em obra especial.

Ademais, se percorrermos os olhos no setor, por exemplo, da astronomia, verificamos que o sistema solar, que aparentemente revela uma total autonomia, está, no entanto, entrosado na ordem cósmica, não lhe sendo, portanto, indiferente a atuação de outros sistemas que, com o nosso, constituem uma verdadeira constelação de estruturas tensionais.

Se olharmos para o campo social, verificaremos facilmente que a tensão formada por um casal humano se estrutura na tensão de uma família, como esta, por sua vez, se estrutura, como parte, na tensão de um grupo social.

Deste modo, vê-se, embora em linhas gerais, que há sempre a presença da crise que se manifesta nos seus processos diacríticos e sincríticos, mas também um constante transcender, quando surgem as diversas estruturações tensionais.

Quando estabelecíamos, de maneira acentuada, a crise instalada em todo o existir finito, estávamos apenas apontando uma realidade, cuja concreção ainda se separava, ainda era diacrítica, ainda era abstrata, e não apontava as estruturações tensionais, que já nos mostram uma vitória sobre a crise, pois não podemos reduzi-las apenas à síncrise ou à diácrise. Não podemos reduzir à diácrise, quando as partes de um todo se separam, porque, nesse momento, elas que, no todo, estavam de algum modo virtualizadas, ao se separarem, atualizam-se formalmente.

Na síncrise, os elementos componentes, ao se reunirem, não formam apenas um aglomerado, uma agregação, mas dão lugar ao surgimento de uma forma diferente das partes, pois estas, na totalidade, virtualizam-se de algum modo, enquanto tais, para atualizarem-se como partes de uma totalidade, formalmente diferente.

Vê-se, assim, que a diácrise e a síncrise são apenas fases de um processo tensional, pois o surgimento de uma tensão, seja de que espécie for, não se reduz a uma e a outra. Uma visão, portanto, concreta da nossa realidade cósmica revela-nos que, ao mesmo tempo que vivemos a crise, conhecemos vitórias sobre ela, embora não uma vitória definitiva.

Em suma, somos a crise, vivemos a crise e superamos a crise.

Esta superação é uma trans-imanência, pois conservando a imanência das partes componentes, ela ainda as ultrapassa pelo surgimento de uma nova forma.

Temos, assim, apresentado, de maneira totalmente nova, o verdadeiro conteúdo da *Aufhebung* da dialética hegeliana, isto é, superação *(auf)* com conservação *(Hebung)*.

A verdadeira síntese hegeliana não é sempre, e apenas, uma síntese da tese e da antítese, mas a *superação* pela síntese (surgimento de uma nova forma), mas conservando as partes componentes virtualizadas no todo (tese e antítese), isto é, os componentes teticamente considerados, mas em oposição, harmonizados por uma lei de proporcionalidade intrínseca (forma), conservando, quantitativa e qualitativamente, extensista e intensistamente, as partes em oposição.

Ao se porem uma ante a outra, gestam um novo número (*arithmós* pitagórico), que é o novo ser.

Com essa explanação, mostramos que é possível conciliar, pela concepção tensional, positividades filosóficas, que pareciam tão extremamente contrárias, como seja a aristotélica (as relações de matéria e forma), a hegeliana (tese, antítese e síntese) e a pitagórica (as relações de oposição para surgimento dos *arithmoi*).

Estas palavras, que acima dispomos, mostra-nos que possuímos, portanto, instrumentos críticos capazes de nos dar meios para enfrentar a crise.

Todo o limite estabelecido é sempre um apontar para algo que o ultrapassa.

Quando alcançamos o ponto limite de presença de uma quididade (formalidade), ou seja, da proporcionalidade intrínseca das coisas, marcamos, também, um ponto onde começa outra.

Vencer a crise não é destruí-la, porque ela é indestrutível, pois é uma invariante da ordem cósmica; vencer a crise é suplantá-la pela trans-imanência, que surge em todo o existir, da qual podemos tomar consciência, e dispondo dos meios, que cabem ao ser humano, como o conhecimento e a vontade, pode ele abrir campo para superações que a transcendem.

E diríamos mais: o homem só é eminentemente homem quando transcende a crise.

Se nós a aceitarmos, e abstratamente a afirmarmos, desprezando a trans-imanência tensional, cairemos no desespero. Mas o próprio existir dá-nos uma lição de vitória. E todo grande pensamento humano foi sempre a captação de uma parte da realidade, e o cosmos foi o nosso grande mestre, pois é através da observação dos fatos, que o homem, manejando o pensamento, como ato de pensar, captou os grandes pensamentos que constituem o grande pensamento, que é o Universo.

Aprendamos esta lição: só poderemos vencer a crise se a nossa atividade unitiva buscar uma transcendência. Realizando e compreendendo a trans-imanência, poderemos alcançar um grau mais elevado de transcendência.

Onde os destinos humanos podem encontrar-se

Ante a história tomam-se duas atitudes: a dos que consideram que o homem é *apenas* um efeito, e a dos que o consideram uma causa. Em outras palavras: ou nós somos um produto da história ou a história é um produto do homem. Ou somos determinados pelos acontecimentos, ou os determinamos; ou o homem é dirigido pela história ou o homem a dirige.

Qualquer das duas concepções, pelo seu unilateralismo, é abstratista.

Tomado o homem como emergência, os fatores histórico-sociais, que são predisponentes, atuam, permitindo ou não, atualizações emergentes.

Mas o ser, como emergente, também atua sobre a predisponência. Os chineses, na sua concepção do Yang e do Yin, compreendiam muito bem a interatuação da determinação.

O que atua, determinando, é por sua vez determinado pelo que sofre a determinação. Há, assim, ativo e passivo, em vetores inversos, entre a emergência e a predisponência. E o homem não escapa a essa lei.

Ante a história, ele a faz e a sofre. Ele determina e é determinando: aspecto dialético que constitui a sua concreção histórica que, separado, leva a posições abstrativas.

Os que atualizam a determinação humana, e virtualizam a das circunstâncias históricas, tendem a afirmar que ela é um produto do homem, e os que procedem inversamente tendem a afirmações inversas.

Podemos, portanto, partir desta certeza: o homem, se é dirigido pela história, pode também dirigi-la. E, aqui, parafraseando um pensamento positivo da ética kantiana, poderíamos dizer: se pode, ele o deve.

É da dignidade do homem, portanto, dirigir tanto quanto possível a história. Mas é preciso saber (e, nisso, impõe-se o máximo cuidado), quando realmente ele a dirige, e quando ele é apenas dirigido por ela. O líder, que pensa dirigir o rebanho, na verdade é por ele dirigido, e segue à frente, porque o rebanho se coloca atrás, e o rebanho o acompanha, porque ele segue o caminho do rebanho. Desses tremendos equívocos a história está cheia. Homens pequenos pareceram condutores de povos, quando, na verdade, os grandes condutores são poucos, são raros.

Pode-se, acaso, fazer um paralelo entre um Hitler, subproduto de um impulso de rebanho, com um Moisés, criador de um povo, de uma nação, de uma nova vida?

Os grandes condutores só surgem em momentos propícios da história e, infelizmente, este não é um dos melhores. Mas, não está tão longe o dia em que surgirá aquele que há de traçar novos rumos para a humanidade. Esses rumos não serão originais, porque não há nada de novo sob o céu. Mas, sim, velhos caminhos esquecidos, que hoje nos parecem inviáveis, surgirão não muito longe de nossos dias, os quais nos levarão a uma situação melhor.

A crise, que ora vivemos, avassalando todos os setores, alcança também os seus limites, porque, quando a corrupção de um ser chega aos seus limites, ele deixa de ser o que é, e surge outro.

E, no momento atual de crise avassalante, somos levados a passos largos a alcançar o limite. Mas quando há corrupção de uma coisa, há simultaneamente, a geração de outra, e quando uma sociedade se corrompe, ela já traz em si algo que será da nova ordem. Procurar os aspectos positivos, que indiciam a nova forma, é missão para estudiosos, para aqueles que podem lançar os olhos além do imediatismo da hora presente.

E estes são sempre, infelizmente, poucos.

Quando todos têm os olhos voltados apenas para o instante que passa, não toleram, não suportam, os que lhes querem desviar a atenção para as possibilidades futuras. O homem das épocas de decadência, como a nossa, vive apenas o presente. Há épocas em que os homens vivem o passado, mas os que vivem o futuro foram sempre, na história, os menos numerosos e os mais incompreendidos.

Se a humanidade algumas vezes tolerou os profetas, ela nunca deixou de transparecer o desagrado que eles lhe provocavam. Temos suficientes subsídios históricos para mostrar quão verdadeira é esta nossa afirmativa. Mas tal não impediu que os acontecimentos seguissem os rumos previstos, e se eles foram determinados pelo que sucedia na hora presente, podiam, no entanto, seguir outro rumo, se esses, que alertam as consciências humanas, tivessem sido melhor compreendidos.

Queremos agora traçar um caminho para nós: saibamos compreender os profetas. Mas tal não quer dizer que apenas abramos os nossos ouvidos às palavras dos que nos apontam os períodos futuros. Se o profetismo é um tema de imensa relevância para a humanidade, exige ele que se aprofundem os estudos filosóficos, que nem todos são capazes de fazer e de seguir. É fácil a posição dos que negam *in limine* o profetismo. Com isso revelam ignorância de um dos temas mais graves e também mais difíceis da filosofia. O que desejamos para a nossa época seria um reestudo do profetismo, e que se buscassem as mais profundas razões e os nexos mais sólidos, que ligam os profetas aos fatos da história. Em vez da solução simplista, e até certo ponto covarde, de desprezá-los, seria melhor se nos demorássemos mais no estudo desse tema, que já interessou a grandes e conspícuos pensadores, mas, infelizmente, hoje, quando se vive apenas o momento que passa, parece-nos um longínquo problema, que perdeu a sua total significação.

Como podemos dirigir a história? Se atentarmos bem para o exemplo que nos dá a ciência, veremos que o conhecimento, aliando-se à técnica, e estruturando-se numa nova esquemática, permite, de modo cada vez mais eficiente, impedir males que nos poderiam advir, prevenindo consequências funestas. Não há necessidade de mostrar exemplos. São eles do conhecimento de todos.

Se alargássemos os nossos estudos, levados com o espírito, não apenas de cátedra, mas genuinamente vivido, e penetrássemos em todos os setores do conhecimento humano, que formam o objeto de tantas ciências, e entrosássemos tudo, dentro de uma concepção, que inclua e não exclua, que reúna e não separe, que concrecione e não abstratize, poderíamos, então, construir uma ciência nova, que seria a verdadeira ciência da história, a verdadeira historiologia, isto é, uma ciência teórica e prática, para desbravar horizontes, abrir novas possibilidades, obstaculizar processos destrutivos e facilitar os construtivos.

O conhecimento foi um meio de alcançarmos a vitória sobre as nossas necessidades e sobre as nossas deficiências. E no dia que começarmos a realizar esta verdadeira obra, que seria, arquitetonicamente, o ápice do conhecimento humano, para o bem do próprio homem, só aí, então, estará preparado o terreno para o surgimento de uma crença mais robusta, que terá o papel de concrecionar a concepção humana, não só dos cosmos, mas também de toda ordem do ser.

O que podemos fazer é preparar este terreno.

Quer queiramos, quer não, não somos apenas profetas da catástrofe. O que está morrendo tem de morrer. Seremos também os profetas da ressurreição humana, que há de vir.

Se os nossos peitos ainda não podem pulsar com entusiasmo ante uma nova transcendentalidade (que na verdade seria a mesma transcendentalidade, que surge no conteúdo de todas as grandes religiões, porque os símbolos podem variar, por serem polissignificantes, mas não varia o conteúdo, o simbolizado, o eterno referido), dia virá, em que haveremos de encontrar aquele ponto de ubiquação de todas as nossas mais altas esperanças.

E aquela eterna perfeição, que é medida de perfeição de todas as coisas, aquele ponto em que o "onde" e o "quando" se encontram na bela frase de Dante, há de um dia ser novamente encontrado, para que ciência, filosofia e religião se estruturalizem numa grande esquemática, porque os limites de uma são o apontar dos limites das outras.

Há, assim, caminhos para vencer a crise, e todas as práticas unitivas, que realizem um salto qualitativo, pela construção de novas estruturas tensionais, sempre na base da cooperação, são sementes lançadas no caminho da vida, que terminarão, mais cedo ou mais tarde, por dar valiosos frutos.

Pouco a pouco, a visão tensional nos permitirá alcançar aquela concreção que une os dispersos e os guia a uma superação. Nesse momento, os corações humanos hão de erguer-se, e novas preces encherão os espaços, porque a esperança reviverá outra vez nos homens.

E essa esperança marcará um ponto de partida para a caminhada de uma humanidade melhor, porque mais unida, mas também mais sublimada, e mais perfeita, pois conhecendo o que nos leva às diácrises e às síncrises, que não resolvem propriamente a crise, permitirá que não percamos mais a fonte perene de nossas esperanças, e não abandonemos mais aquele roteiro, que há de perdurar para gerações futuras, num ideal cada vez mais alto de super-humanidade, que não será uma piedosa mentira, mas uma real e profunda verdade: o caminhar para a perfeição suprema, princípio e fim de todas as coisas.

Esse dia há de raiar, apesar da descrença da nossa hora, que parece obscurecê-lo. O mal não é eterno, porque é caduco, deficiente.

Foi essa a grande certeza que estimulou os corações humanos em todas as eras, e é essa certeza que ainda há de se afirmar dentro de nós.

Textos críticos

A crise e a sua hora: o lugar de Mário Ferreira dos Santos

João Cezar de Castro Rocha

Um projeto: ou a sua retomada

Esta reedição de *A Filosofia da Crise* inaugura uma nova fase no projeto de difusão da obra de Mário Ferreira dos Santos. A partir de agora, todos os volumes contarão com um rigoroso aparato crítico, composto por um conjunto homogêneo de elementos. Isto é, além do óbvio cuidado com a fixação do texto, os livros apresentarão índices analítico e onomástico,[1] uma seleção de ensaios críticos e uma seção iconográfica, oriunda do arquivo do filósofo. Desse modo, esperamos contribuir tanto para a releitura de sua obra, quanto para a conquista de novos leitores.

De fato, é provável que a recepção do ambicioso programa filosófico de Mário Ferreira dos Santos conheça condições mais favoráveis hoje do que na época de sua concepção. Desenvolver tal hipótese é a principal finalidade deste breve texto de apresentação.

Pretendemos assim colaborar para renovar a recepção da obra de Mário Ferreira dos Santos; nesse sentido, ampliar o número de seus leitores é o primeiro passo.

---

[1] Ressalte-se que para a reedição de *Filosofia e Cosmovisão* (É Realizações, 2015), Rodrigo Petronio, além de escrever uma excelente "Apresentação", preparou um índice analítico.

Caso contrário, como driblar o impasse do defunto autor, reduzido ao precário horizonte de cinco leitores?

Um philosophe brasileiro?

Oferecemos, muito ligeiramente, uma primeira hipótese acerca do não lugar da obra de Mário Ferreira dos Santos na universidade brasileira, onde seus livros são praticamente desconhecidos.[2] Se nossa hipótese tiver algum fundamento, então seu possível lugar, hoje em dia, será esclarecido por efeito de contraste. Vejamos.

A produção filosófica de Mário Ferreira dos Santos estende-se por um período relativamente curto. Se considerarmos a escrita de *Filosofia e Cosmovisão* (1952) como ponto de partida da formulação de um pensamento próprio, então, em menos de duas décadas, Mário Ferreira dos Santos projetou a escrita e a publicação da *Enciclopédia de Ciências Filosóficas e Sociais*, iniciativa sem paralelo na vida cultural brasileira e que abrange cerca de cinquenta títulos.

Não é tudo.

A tarefa de produzir vários livros por ano não impediu o desenvolvimento de uma fecunda atividade de tradutor, destacando-se suas traduções de Friedrich Nietzsche, que seguem circulando em reedições constantes.[3]

Há mais.

---

[2] Muito ligeiramente porque pretendemos ampliar a hipótese em futuros trabalhos e a partir da consulta ao arquivo do filósofo.

[3] Eis os livros de Friedrich Nietzsche traduzidos por Mário Ferreira dos Santos: *Além do Bem e do Mal: Prelúdio de uma Filosofia do Futuro*; *Aurora: Reflexões sobre os Preconceitos Morais*; *Assim Falava Zaratustra: Um Livro para Todos e para Ninguém*; *Vontade de Potência*. Hoje, os livros são publicados pela Editora Vozes. Para uma análise das traduções de Nietzsche para o português, recomendamos o blog de Denise Botmann, "Não gosto de plágio"; ver "Nietzsche traduzido no Brasil – I": naogostodeplagio.blogspot.com.br/2011/11/nietzsche-traduzido-no-brasil-i.html. Acesso em 10 de outubro de 2016.

Ciente da singularidade de seu esforço, Mário Ferreira dos Santos não podia esperar o apoio de editoras tradicionais para divulgar sua *Enciclopédia* – e suas muitas outras produções, ressalte-se. Por isso mesmo, fundou a Editora Logos e a Editora Matese.[4]

Isso mesmo: como se não bastasse o esforço envolvido na elaboração de um sistema filosófico, na constante tarefa do tradutor, na colaboração regular com a imprensa, Mário Ferreira dos Santos também atuou como um criativo editor, imaginando métodos inovadores para atrair um público leitor capaz de acompanhar sua obra em pleno processo de formulação.[5] Como se fosse um Monteiro Lobato da Filosofia, o pensador-editor buscou ativamente construir um público para sua obra, cuidando pessoalmente da circulação dos livros de sua editora.[6]

O resgate dessa dimensão do trabalho de Mário Ferreira dos Santos abre caminho para um fascinante estudo de caso, que, pelo avesso, revela o caráter autocentrado (e dependente) da vida cultural brasileira. Por isso, publicou livros com pseudônimos. Vale dizer, como o público brasileiro dificilmente aceitaria a possibilidade de um pensador nacional – e a redundância aqui se impõe – articular um sistema próprio, estampar livros com nomes estrangeiros asseguraria o êxito comercial!

---

[4] "Encontrando dificuldade para publicá-los, Mário Ferreira tornou-se seu próprio editor, obtendo notável sucesso de livraria com obras publicadas sob uma estonteante variedade de pseudônimos". Olavo de Carvalho. "Introdução. Guia Breve para o Estudioso da Obra Filosófica de Mário Ferreira dos Santos". Mário Ferreira dos Santos. *A Sabedoria das Leis Eternas*. São Paulo: É Realizações, 2001, p. 14.

[5] "(...) Mário estava absolutamente certo: faltavam livros brasileiros sobre filosofia, escritos por brasileiros e lidando com questões específicas da realidade do país". Luiz Mauro Sá Martino. "Apresentação: Em Busca de uma Região Desconhecida: Introdução à Filosofia Concreta". Mário Ferreira dos Santos. *Filosofia Concreta*. São Paulo: É Rezalizações, 2009, p. 13.

[6] "Mário Ferreira enfrentou o mesmo problema de Monteiro Lobato como escritor, a falta de lugar para a edição de suas obras. Assim como fez Lobato com a Cia. Editora Nacional, Mário Ferreira criou em São Paulo a Editora Logos, exclusivamente para a edição de suas obras". Luis Mauro Sá Martino. "A Aventura do Pensamento". In: Mário Ferreira dos Santos. *Lógica e Dialética*. São Paulo: Paulus, 2007, p. 8.

(Fábula selvagem das mazelas que, ainda hoje, afligem a universidade brasileira.)

Autodidata e empreendedor; ora, no mundo das letras brasileiro das décadas de 1950 e 1960 essa combinação teria condenado Mário Ferreira dos Santos a um prolongado ostracismo.

(Mas, quem sabe?, essas mesmas características talvez permitam a reavaliação de seu legado.)

Entenda-se bem: o filósofo cuidava da divulgação de todos os livros da editora, isto é, não se tratava apenas de difundir sua obra.

Incansável, ele organizou diversas antologias, cujos textos não apenas selecionou como também traduziu. Ademais, muitas dessas antologias eram comercializadas no formato de livros de bolso ou mesmo como autênticas miniaturas, num apuro editorial que esclarece a visão desse filósofo-tradutor--editor-livreiro.[7]

Não podemos deixar de mencionar o tradutor e comentador de textos fundamentais dos clássicos da filosofia, com destaque para as traduções e os comentários da filosofia grega.[8] Aliás, o estudo aprofundado de Pitágoras foi decisivo para o pensamento de Mário Ferreira dos Santos.

Ainda não acabamos.

A par de todas essas atividades, o autor do *Tratado de Simbólica* (1955) dedicou-se a um intenso labor pedagógico, aí incluindo cursos de oratória, retórica e filosofia por correspondência. Seus livros *Curso de Oratória* (1953) e

---

[7] Um bom exemplo é a *Antologia do Sublime* (1959), editada em 8 volumes e organizada pelas filhas do filósofo, Yolanda Lhullier dos Santos e Nádia Santos Nunes Galvão. Aliás, toda a família trabalhou nas editoras fundadas por Mário Ferreira dos Santos.
[8] Citamos apenas dois ou três títulos: *Platão – O Um e o Múltiplo*. "Comentários sobre o Parmênides"; Aristóteles – "Das Categorias" (*Organon*); Platão – *Protágoras*. Em breve, começaremos a reeditar suas traduções e comentários.

Técnica de Discurso Moderno (1953) foram comercialmente muito bem-sucedidos, assim como os cursos a eles associados.

Formado em Direito, Mário Ferreira dos Santos foi um notável autodidata e um polímata exemplar. Seu perfil intelectual evoca a figura do *philosophe* setencentista, um típico polígrafo, cujo domínio das técnicas retóricas favorecia o trânsito livre entre registros discursivos os mais diversos. Como se fosse um Terêncio do pensamento, em princípio nada era alheio aos interesses do *philosophe*, que podia escrever sobre mineração hoje, acerca de política amanhã, e ainda esboçar um romance para o futuro próximo. Ao mesmo tempo, ele se preocupava sobremaneira com a criação de seu próprio público leitor, pois, para impor uma nova visão do mundo, a recepção de seus títulos era condição indispensável.

O projeto da *Encyclopédie* deu corpo e alma a esses propósitos.

No fundo, o ideal do *philosophe* nada tem a ver com o novo tipo que surgiu no meio cultural brasileiro precisamente no instante em que Mário Ferreira dos Santos concebeu seu ambicioso programa.

Claro, pensamos no professor e pesquisador universitário – como detalharemos a seguir.

Fechamos, pois, o primeiro círculo de nossa hipótese, esboçada por meio de uma breve caracterização do perfil intelectual de Mário Ferreira dos Santos. Trata-se do perfil de um verdadeiro *philosophe*, preocupado não apenas com a construção de sua filosofia, mas também com formas de divulgá-la, a fim de popularizar – e isso no sentido forte do verbo – seu pensamento. Se essa aproximação for válida, entende-se que a arquitetura de seu projeto implicasse a escrita, solitária, de uma *Encyclopédie* em pleno século XX.

Ao mesmo tempo, essa ambição teria selado o não lugar da obra de Mário Ferreira dos Santos na universidade brasileira.

(Mas talvez tenha chegado a hora de alterar esse panorama.)

O não lugar do philosophe

Como vimos, a publicação, em 1952, de *Filosofia e Cosmovisão* marcou o início da elaboração da filosofia de Mário Ferreira dos Santos.

Ora, dois acontecimentos imediatamente anteriores ajudaram a determinar o futuro ostracismo a que foi relegada a instigante obra de nosso *philosophe*.

Em 15 de janeiro de 1951 foi sancionada a Lei de criação do Conselho Nacional de Pesquisa, mais conhecido como CNPq. Em 11 de junho do mesmo ano, um Decreto instituiu a Coordenação de Aperfeiçoamento do Pessoal de Nível Superior, mais conhecida como CAPES.[9]

Era claro o desejo de profissionalizar o ensino e a pesquisa nas universidades; ambição que se chocava diretamente com qualquer forma de autodidatismo.

Em 1953, por exemplo, a CAPES concedeu 79 bolsas de estudo e aperfeiçoamento; no ano seguinte, o número quase dobrou e 155 bolsas foram assim distribuídas: 32 para formação, 51 de aperfeiçoamento e 72 no exterior. Esse esforço institucional de profissionalização da pesquisa conheceu um momento decisivo em 1965, ano no qual 27 cursos de mestrado e 11 de doutorado foram reconhecidos.

Em outras palavras, Mário Ferreira dos Santos empenhou-se na escrita da *Enciclopédia de Ciências Sociais e Filosóficas* no exato momento histórico de afirmação de um novo estilo de produção de conhecimento; estilo esses cujos traços principais opunham-se frontalmente ao projeto do tradutor de Nietzsche.

Esse ponto é fundamental para que se entenda de forma inovadora os obstáculos enfrentados na difusão da obra de Mário Ferreira dos Santos. Sem esse entendimento, dificilmente perceberemos que, pelo contrário, hoje, talvez tenha chegado a hora de reavaliar, sem preconceitos, a sua contribuição ao pensamento, em geral, e à cultura brasileira, em particular.

Passo a passo – portanto.

---

[9] Eis a primeira denominação: Campanha Nacional de Aperfeiçoamento do Pessoal de Nível Superior; destacando-se o sentido claro de missão atribuído à CAPES.

O conflito entre formas de conhecimento e estilos de escrita é constitutivo da consolidação do ensino universitário nas áreas da filosofia, da literatura e das ciências humanas e sociais.[10] Nessas áreas do conhecimento, a afirmação de um discurso propriamente acadêmico precisava superar um problema de origem, qual seja, a ressonância de uma rica tradição autodidata – até mesmo porque as Faculdades de Filosofia, Letras, Sociologia, etc., simplesmente não existiam! – e ensaística – responsável por textos clássicos da cultura nacional.

Portanto, o discurso das recém-fundadas universidades – tomemos a fundação da Universidade de São Paulo, em 1934, como um marco decisivo desse processo – privilegiou as regras do método, afastando-se de generosos panoramas ou ambiciosos programas em favor da produção de monografias e da dedicação a estudos de caso. De igual modo, a metafórica prosa ensaística foi substituída por uma linguagem técnica e conceitual, e, como um autêntico correlato objetivo, a pluralidade de interesses, marca indissociável do autodidata, cedeu terreno à especialização, traço definidor do professor e pesquisador universitário.[11]

Mário Ferreira estava bem ciente desse cruzamento de interesses. Recordemos a "Advertência ao Leitor" que consta na 1ª edição do *Dicionário de Filosofia e Ciências Culturais*:

> Não é novidade, no decorrer da História, a presença de espíritos enciclopédicos e polimatêicos, evidentes em todas as épocas cultas.
>
> Sabemos que muitos se admiram escandalizam-se por sermos assim. (...)

---

[10] Dediquei um livro ao tema, *Crítica Literária: Em Busca do Tempo Perdido?* (Chapecó: Argos, 2011); aqui, farei apenas uma menção rápida ao problema.

[11] No *Catálogo Geral das Obras* de Mário Ferreira dos Santos, publicado pela Editora Matese, na página 15, que apresenta *A Filosofia da Crise*, assim se define uma das faces da crise da civilização: "Estamos atualmente vivendo a crise analítica, do especialista, e por isso há necessidade de concreção".

Os que fundados num preconceito bem moderno do especialismo dizem ser impossível ao homem dedicar-se a tantas matérias, revelam apenas nada entenderem do que falam.[12]

Além dessas diferenças de abordagem teórica, preocupação metodológica e formas de escrita, o caráter empreendedor e empresarial das iniciativas culturais de Mário Ferreira dos Santos terminou por isolá-lo ainda mais. Afinal, nesse momento histórico, o modelo em gestação do professor universitário implicava a dedicação integral à pesquisa, o que, por sua vez, supunha um afastamento de atividades como as desenvolvidas tão proficuamente por nosso *philosophe*.

Eis o segundo círculo da hipótese aqui esboçada: de 1952 a 1968 dois movimentos opostos podem ser identificados, de um lado, no projeto enciclopédico do polímata Mário Ferreira dos Santos, e, de outro, no primado da especialização do filósofo-pesquisador-professor universitário.

Movimentos antitéticos.

Poderíamos ter dito: retas paralelas.

Claro: a obra de Mário Ferreira dos Santos e a produção filosófica oriunda da universidade não poderiam mesmo convergir.

(Não no clima das décadas de 1950 e 1960.)

O retorno do philosophe?

A segunda hipótese que apresentamos demanda um aprofundamento.
Melhor: uma precisão.

Nas circunstâncias históricas das décadas de 1950 e 1960, o esforço de afirmação do discurso acadêmico, a fim de criar uma identidade própria, foi não somente legítimo como também necessário. Considerando a força da tradição

---

[12] Mário Ferreira dos Santos. *Dicionário de Filosofia e Ciências Culturais*. 4ª edição. São Paulo: Editora Matese, 1966, p. 7. A primeira edição data de 1963.

ensaística anterior à fundação do sistema universitário brasileiro, entende-se o contraste programaticamente defendido naquelas décadas. Esse reconhecimento permite articular a terceira e última hipótese.

Eis: nos últimos quinze anos, as circunstâncias históricas conheceram mudanças significativas, cujas consequências favorecem a retomada da obra de Mário Ferreira dos Santos.

Em primeiro lugar, se, no momento inicial de sua afirmação, o discurso acadêmico afastou-se deliberadamente da dicção do ensaio, a partir de final dos anos de 1990, pelo contrário, verificou-se uma retomada vigorosa do ensaísmo.

De igual modo, se, no momento inicial de sua afirmação, o rigor exigido da pesquisa universitária implicou um distanciamento do professor-pesquisador em relação ao, digamos, "grande público", a partir de final dos anos de 1990 – e mesmo um pouco antes, nos anos de 1980 com o processo de redemocratização –, pelo contrário, a figura do intelectual público voltou a ganhar densidade.

Os dois movimentos complementaram-se nas décadas e 1950 e 1960, e hoje se complementam, ainda que suas direções sejam contrárias.

Os sinais dessa transformação são vários.

Destaquemos dois ou três.

O CNPq criou, em 1978, o "Prêmio José Reis de Divulgação Científica e Tecnológica" para reconhecer esforços de divulgação do conhecimento produzido na universidade. Tais esforços necessariamente supõem uma retomada da dicção ensaística e uma aproximação com o grande público, interessado em temas acadêmicos, mas não necessariamente especializado. A trajetória de José Reis, nesse sentido, é exemplar. Cientista, com atuação marcante no jornalismo, foi um pioneiro da divulgação científica no Brasil e seu esforço objetivou lançar pontes entre o conhecimento elaborado na universidade e sua difusão para a sociedade.

Ademais, nos últimos quinze anos, um duplo fenômeno tem dominado a cena cultural brasileira.

De um lado, a multiplicação de festivais e encontros literários, e, de outro, a proliferação de cursos de filosofia, literatura e as artes em geral. Em ambos os casos, tudo se passa como se o projeto enciclopédico de Mário Ferreira dos Santos finalmente pudesse encontrar o público que ele tentou criar por meio de suas obras e de suas iniciativas editoriais e culturais.

Reiteremos: não se trata, ingenuamente, de condenar o discurso acadêmico, tampouco de idealizar a escrita ensaística, porém de compreender circunstâncias históricas diversas com suas dinâmicas particulares.

É o que buscamos nesta breve apresentação da retomada das edições de Mário Ferreira dos Santos.

Ora, a exitosa coleção "Primeiros Passos", da Editora Brasiliense, surgida em meio ao processo de redemocratização, representou um sinal forte dessa mudança de rumos. Não seria inadequado vislumbrar nessa coleção um princípio verdadeiramente enciclopédico, como se cada volume correspondesse a um verbete ampliado. E para alcançar um público amplo, seus títulos promoveram o retorno à dicção ensaística, que havia sido condenada pela linguagem acadêmica.

Em trabalho futuro, desenvolveremos o paralelo; de imediato, porém, recordemos os princípios fundadores da iniciativa:

> A primeira dificuldade foi encontrar autores que topassem a parada. E naquele momento eles não se encontravam no mundo acadêmico, que não percebeu, logo de início, o alcance da proposta. A escolha recaiu então em jovens professores recém-graduados dispostos a passar para um público mais amplo noções claras e bem explicadas de temas que enchiam de curiosidade milhares de pessoas. (...) Os *Primeiros Passos* vieram para esse público, jovens, na grande maioria. [13]

A visão de Mário Ferreira dos Santos antecipou plenamente esse projeto! Por isso mesmo, acreditamos que a atmosfera intelectual contemporânea favorece a retomada de sua filosofia.

(Essa a aposta que anima as reedições que passaremos a publicar.)

---

[13] Maria Teresa Pinheiro de Almeida. *O Que É o Que É*. São Paulo: Editora Brasiliense, s/d, p., 6-7 & 8.

Este volume

Hora de mencionar o aparato crítico que enriquece esta reedição.

Preparamos para esta reedição índices analítico e onomástico, critério que seguiremos nos demais volumes que se encontram em preparação.

Duas palavras acerca dos textos críticos aqui incluídos.

Rodrigo Petronio apresenta uma síntese aguda de *A Filosofia da Crise*, compreendendo o exame filosófico da crise no âmbito do conjunto da obra de Mário Ferreira dos Santos. Seu ensaio tem a função de oferecer uma primeira abordagem do livro.

Os ensaios de Hans Ulrich Gumbrecht e Roger Chartier esclarecem o perfil que esboçamos da figura intelectual do autor de *Filosofia e Cosmovisão*.

Ulrich Gumbrecht realiza em seu artigo uma arqueologia do *philosophe*, resgatando sua emergência no século XVIII e seus desdobramentos no século seguinte. O destaque concedido à aventura editorial da *Encyclopédie* permite ao leitor brasileiro compreender a exata dimensão da *Enciclopédia de Ciências Filosóficas e Sociais*.

Os dois textos de Roger Chartier – uma entrevista e um ensaio – aprofundam o princípio enciclopédico, indispensável para renovar a leitura de Mário Ferreira dos Santos. O historiador francês projeta a noção de enciclopédia na história, acompanhando suas metamorfoses e constantes atualizações em contextos diversos e com propósitos singulares.

Poucas atualizações tiveram a ambição da iniciativa de Mário Ferreira dos Santos.

É chegada a hora de enfrentar a radicalidade de seu projeto.

(Ao trabalho – portanto.)

Ontologia da crise

Rodrigo Petronio[1]

A obra *Filosofia da Crise*, publicada em 1956 como Volume VII de sua Enciclopédia de Ciências Filosóficas e Sociais, ocupa um lugar de destaque na vasta produção do filósofo brasileiro Mário Ferreira dos Santos. Esse destaque deve-se ao fato dessa obra se situar em um lugar intermediário de sua trajetória intelectual, do ponto de vista interno e externo, lógico e cronológico. Essa posição privilegiada, se é que podemos dizer assim, revela-se por meio de três pontos cardeais, decisivos para uma compreensão de seu sistema filosófico e da Enciclopédia.

Em primeiro lugar, seja de modo explícito ou subentendido, *Filosofia da Crise* aprofunda os conceitos de quase todas as suas obras anteriores, como *Filosofia e Cosmovisão* (1954), *Lógica e Dialética* (1954), *Teoria do Conhecimento* (1954), *Ontologia e Cosmologia* (1954), *Tratado de Simbólica* (1955), *Noologia Geral* (1956). Em segundo lugar, sinaliza ou desenvolve parcialmente conceitos e métodos que serão matrizes de suas obras posteriores, tais como os conceitos de concreção, tensão, esquema, bem como os métodos da penta e da decadialética, presentes, respectivamente, em *Filosofia Concreta* (3 volumes, 1956) e em *Métodos Lógicos e Dialéticos* (3 volumes, 1959).

---

[1] Sou escritor e filósofo. De igual modo, sou Doutor em Literatura Comparada [UERJ] e professor de pós-graduação da FAAP. Sou autor e editor de diversas obras, e recebi prêmios nacionais e internacionais nas categorias ensaio, poesia e ficção.

Por fim, em terceiro lugar, esta obra oferece-nos um interessante retrato da dinâmica e da coesão do projeto filosófico de Mário Ferreira dos Santos, pois aqui também surgem esboços dos conceitos que serão nucleares na fase final de seu pensamento, intitulada Matese e desenvolvida tanto nas obras éditas *A Sabedoria dos Princípios* (1967), *A Sabedoria da Unidade* (1967) e *A Sabedoria do Ser e do Nada* (1968), quanto nas obras inéditas, claramente nomeadas aqui, tais como a *Teoria Geral das Tensões* e o *Tratado de Esquematologia*.

Um dos pontos fortes da argumentação desta obra é a definição da crise como essencial à consciência humana. E é isso que a distingue de modo significativo de tantas axiologias modernas e contemporâneas que tratam a crise em todos os seus quadrantes, sejam econômicos ou morais, éticos ou comportamentais, artísticos ou sociais. Como é exposto aqui, o humano é o ser que se abisma na crise, ou seja, um ser que se sabe separado dos demais seres, e, mais que isso, capaz de aprofundar a consciência dessa separação. Não por acaso, o tema da separação atravessa toda a obra. E Mário Ferreira dos Santos é feliz ao perceber a relação etimológica entre *separação* e *sagrado*, notada por diversos pensadores como Umberto Galimberti, Mircea Eliade, Émile Benveniste, Georges Dumézil, bem como ao enfatizar a dimensão estrutural dessa diástase dos seres.

Essa perspectiva ontológica e, poder-se-ia dizer, teológica da crise o aproxima da investigação de Giorgio Agamben acerca do *mysterium disjunctionis*: o mistério da disjunção dos seres e do universo em direção ao infinito e à completa e milagrosa separação final. Essa mesma perspectiva também consolida a visão de Mário Ferreira dos Santos como uma filosofia *da* crise, distinta das diversas modulações modernas das filosofias *de* crise, que não conseguem escapar às contingências epocais e às determinações cronotópicas que lhes dão ensejo, e, desse modo, não conseguem se elevar a uma ontologia global da *crisis*.

Claro que há diversas matrizes críticas no pensamento moderno. E podemos mesmo dizer que modernidade é sinônimo de crise. A singularidade de

Mário Ferreira dos Santos talvez esteja em conceber a crise sob um ponto de vista ontológico. Sob o ângulo da ontologia, a *crisis* é herdeira da negatividade e do nada. Entretanto, do ponto de vista matético, esboçado aqui, toda esfera crítica da experiência e toda dissipação imanente à crise precisam ser reabsorvidas em um horizonte de pura positividade, pois é impossível a negação absoluta do ser. Surge assim, no interior das formas primordiais do niilismo, um niilismo afirmativo, sobretudo em sua vertente derivada de Nietzsche, autor de que fora tradutor. É a partir desse niilismo afirmativo que Mário Ferreira dos Santos edifica seu sistema.

Esse liame entre meontologia e ontologia, entre ser e não ser, entre ser e nada, fundamentais para uma filosofia global da crise, atingiu alguns de seus pontos altos em alguns pensadores do século XX, notadamente em Heidegger, no Sartre de *O Ser e o Nada* (1943) e em Theodor Adorno, especialmente na *Dialética Negativa* (1966) e de *Ontologia e Dialética* (1960-1961). Nesse sentido, não deixa de ser admirável este esforço solitário para, ainda que de modo tateante e descontínuo, com altos e baixos, alçar o pensamento filosófico brasileiro a este nível de problematização. Pode-se dizer que Mário Ferreira dos Santos inverteu os vetores da reflexão moderna sobre a crise. Ao invés de propor mais uma variante da crise da ontologia, formulou uma abrangente ontologia da crise. Ao invés de reiterar a crise do ser, como propuseram praticamente todos os projetos antimetafísicos da modernidade, de Kant a Heidegger, de Husserl a Sartre, Mário Ferreira dos Santos propõe analisar o ser da crise.

Para tanto, as demarcações das filosofias antigas acerca da substância e dos limites do ser e do não ser, da ontologia e da meontologia, são atualizadas. As distinções entre *termo, limite* [*peras*]*, ilimitado* [*apeiron*] e *relação*, decisivas nas obras ulteriores da Matese, surgem aqui anunciadas logo nas primeiras páginas. Essas distinções lhe são essenciais para definir essa filosofia da alteridade radical que é a Matese, bem como para definir o próprio sentido de *crisis*, no interior de seu sistema filosófico. A consciência abissal tangencia os limites do universo e esses limites, mesmo quando transpostos, continuam sendo algo, pois a razão não comporta o nada absoluto: eis as motivações precípuas dessas meditações de Mário Ferreira dos Santos e o horizonte de emergência destas reflexões.

Como é reiterado em diversas de suas obras, Mário Ferreira dos Santos insiste em uma abordagem dialética. E reconhece a dialética não como uma mera estratégia discursiva, como costuma ser assente para muitos comentadores. Define-a como um dos métodos essenciais da filosofia antiga, medieval e moderna, de Platão e Pitágoras a Tomás de Aquino, de Duns Scott a Leibniz, de Francisco Suárez aos escolásticos do século XIX. Nesse sentido, não se deve nunca observar os termos em análise sem implicar nesses termos os correlatos negativos que lhes correspondem e que os completam. O mundo, o universo e a vida são uma complexa malha urdida em *coincidentia oppositorum*. Não por acaso, Nicolau De Cusa é um autor nuclear que representa a síntese transcendental ambicionada por Mário Ferreira dos Santos na filosofia concreta e depois na Matese. Um pensamento tensional estaria sempre atento a esses liames e conexões, sejam eles internos aos conceitos ou imanentes à matéria e à extensão.

É nesse âmbito que Mário Ferreira dos Santos lida com as antinomias nucleares dos esquemas tensionais. Elas se manifestam nos dez campos da decadialética, correlacionados e codeterminados entre si: finito-infinito, sujeito-objeto, razão-intuição, conhecimento-desconhecimento, atualidade-virtualidade, intensivo-extensivo, quantitativo-qualitativo, variante-invariante, entre outros. No que diz respeito à pentadialética, os esquemas tensionais recobrem cinco planos: unidade, totalidade, série, sistema, universo. As dialéticas penta e deca constituem, nesse sentido, uma vasta articulação das leis que regem os esquemas noéticos e eidéticos, as tensões ônticas e as configurações ontológicas que se reúnem e se separam, distendem-se e se aglutinam, tanto em relação aos seres quanto no que diz respeito às dimensões intuitivas e racionais do pensamento.

Esta obra aborda a dinâmica tensional a partir de uma antinomia nuclear: finito-infinito. Tudo que existe é finito e todo finito tende a se separar. Apenas um ser supremo e infinito atende às demandas da razão e às exigências de uma instância capaz de unificar em um ser todo esse processo de disjunção dos seres. A dialética entre finito e infinito estabelece as sístoles e as diástoles tensionais do universo, ou seja, suas constantes diástases. Do ponto de vista da crise, as diástases correspondem às duas categorias nucleares desta obra: diácrise e síncrese. A efetividade da dissipação dos seres finitos, em constante dissipação, ou seja, em uma contínua *crisis*. A capacidade virtual de unificação dessa dissipação sob a ação de uma unidade infinita, doada pelo ser supremo.

Ao projetar essa ontologia tensional e dialética de síncreses e diácrises no plano cronotópico, ou seja, na dimensão espaciotemporal humana, Mário Ferreira dos Santos identifica dois grandes fatores: os emergentes e os predisponentes. Os primeiros são ligados à ontogênese do humano. Referem-se àqueles aspectos do ser humano que lhe são essenciais e que determinam a singularidade de sua substância. Os segundos lhe são adventícios. São fatores sociais, culturais, históricos, ambientais e circunstanciais. Mais uma vez, é preciso muita cautela nessas definições, sobretudo quando as concebemos sob um ângulo valorativo ou axiológico. Mário Ferreira dos Santos sempre as pensa a partir de uma perspectiva dialética. A partir dessa perspectiva, todo fenômeno, ao se atualizar como fenômeno positivo, virtualiza em si a negatividade que o constitui em sua essência. Quando essa negatividade se atualiza, o fenômeno virtualiza em seu antigo estado, transformando o positivo em negativo. Em linhas gerais, isso quer dizer que a lei da *coincidentia oppositorum* rege as relações de predisponência-emergência dos fenômenos, manifestando um *continuum* entre o ôntico e o ontológico, como ocorre na complementaridade entre ser e nada para Hegel e entre ser e existência para Heidegger.

Os capítulos dedicados aos ciclos culturais, às fases cráticas da história e à crise do mundo moderno, projetada em uma perspectiva espaciotemporal, são as pares mais frágeis da argumentação de Mário Ferreira dos Santos e se situam aquém do brilhantismo e da potência conceitual. A análise da crise do mundo moderno como resultante de uma sobreposição do quantitativo sobre o qualitativo fora explorada por alguns pensadores antimodernos da *philosophia perennis*, como René Guénon. Trata-se de um argumento pertinente. Contudo, além de suas implicações políticas, fundadas sobre mitologias regressivas, revela sua fragilidade e seus problemas especificamente epistemológicos quando pensamos a modernidade em um horizonte mais amplo da hominização e a partir da odisseia do *sapiens* ou quando a relativizamos sob a perspectiva de um tempo cosmológico. Ademais, inúmeros pensadores como Hume, Vico, Nietzsche, Hegel, Marx, Spengler, Freud, Foucault, Deleuze, Sloterdijk e Fukuyama conseguiram produzir morfologias da história e teorias da modernidade bem mais complexas do que uma mera redução da modernidade a diagramas qualitativos-quantitativos.

Por seu turno, outro problema epistemológico contido nesta obra é a relação estabelecida entre ser supremo, infinito e unidade. Em certo sentido, Mário Ferreira dos Santos minimiza e chega mesmo a neutralizar o problema abissal contido no conceito de infinito. Isso ocorre porque o autor repete a identificação escolástica entre infinito e ser supremo, ignorando os problemas especificamente modernos levantados pelo conceito de infinito em diversas áreas, como a cosmologia, a física, a matemática e a própria filosofia. Resumidamente, se o ser supremo é infinito, é sinal de que é capaz de infinitizar em si os seus próprios modos de ser, ou seja, de realizar diástases internas infinitas em sua própria essência. Isso contradiz a unidade racional, lógica e ontológica desse mesmo ser supremo que se pretende infinito, pois a infinitude o levaria necessariamente a ser excêntrico em relação à sua própria essência divina que, por sua vez, codepende do estatuto de ser infinita para ser divina. Em outras palavras, se o ser supremo é Deus, Deus para continuar sendo Deus e superar toda idolatria intramundana e todo regime imanente entitativo, precisaria se separar de si mesmo e deixar de ser Deus.

Não por acaso, a intuição da profundidade abissal oferecida pelo conceito de infinito, bem como suas implicações científicas, teológicas, filosóficas e cosmológicas, não foi levantada nem pela tradição escolástica nem pelo racionalismo quantitativo moderno, mas sim por místicos como Maester Eckhart, Tauler e Hildergard von Binger. Para tanto, Eckhart criou uma Divindade que transcende Deus. E também definiu o desprendimento como sendo maior do que Deus, pois para que este se preserve em sua essência infinita precisa se infinitizar em sua substância, ou seja, transcender-se a si mesmo em direção à Divindade. Os postulados e os impasses inimagináveis apresentados pelo conceito de infinito são sensíveis em Giordano Bruno, Nicolau De Cusa, Leibniz, Tarde, Uexküll, entre tantos cientistas e pensadores, e chega, no século XX, ao paroxismo por meio do teorema da incompletude do matemático Kurt Gödel. Por sua vez, Nietzsche demonstra uma aguda lucidez em relação a esse problema. Não por acaso, um dos primeiros atos de seu Zaratustra é deixar o topo da montanha onde conseguira se transformar em além-humano e descer, para voltar a conviver com os homens. Assim como o sol, Zaratustra tem a potência de se elevar e permanecer no zênite. Assim como o sol, para se manter em sua potência, Zaratustra precisa igualmente poder renunciar a si mesmo. Precisa declinar e morrer no horizonte. Precisa retornar à sua antiga humanidade.

Em certa medida, esses impasses foram enfrentados e solucionados por Mário Ferreira dos Santos posteriormente nas obras da Matese. Não por acaso, o pensamento matético tem como um de seus eixos a noção de suprasser [*hyperousia*], conceito que funciona como um operador essencial à superação das contradições entre finito e infinito, identidade e alteridade, contradições estas ainda presentes nesta obra. Isso não minimiza o valor e a verticalidade de *Filosofia da Crise*. Pelo contrário, apenas demonstra mais uma vez a coesão e a coerência, viva e dinâmica, desse grande e inquieto pensador que foi Mário Ferreira dos Santos.

A árvore e o oceano[1]

Roger Chartier

No fim do século XIII, Raimundo Lulio (Ramon Llull) preparou-se para esclarecer todos os arcanos mediantes uma armação de discos concêntricos, desiguais e giratórios, subdivididos em setores com palavras latinas; John Stuart Mill, no princípio do século XIX, temeu que se esgotasse algum dia o número de combinações musicais e não houvesse lugar no futuro para indefinidos Webers e Mozarts; Kurd Lasswitz, no fim do XIX, brincou com a opressiva fantasia de uma biblioteca universal que registrasse todas as variações dos vinte e tantos símbolos ortográficos, ou seja, tudo quanto é possível exprimir, em todas as línguas. A máquina de Lulio, o temor de Mill e a caótica biblioteca de Lasswitz podem ser motivo de chacota, mas exageram uma propensão que é comum: fazer da metafísica e das artes uma espécie de jogo combinatório. Aqueles que praticam esse jogo esquecem que um livro é mais que uma estrutura verbal, ou que uma série de estruturas verbais; é o diálogo que trava com seu leitor e a entonação que impõe à voz dele e as imagens cambiantes e duráveis que deixa em sua memória. Esse diálogo é infinito; as palavras *amica silentia lunae* significam agora a lua íntima, silenciosa e reluzente, e na Enida significaram o interlúnio, a obscuridade que permitiu aos

---

[1] Ensaio publicado no catálogo *Tous les savoirs du monde. Encyclopédies et bibliothèques, de Sumer au XXIe siècle*, sous la direction de Roland Schaer, Paris, Bibliothèque nationale de France / Flammarion, 1996, pp.482-485. Reprodução gentilmente autorizada por Roger Chartier. Tradução: Carlos Nougué.

gregos entrar na cidadela de Tróia...² A literatura não é esgotável, pela simples e suficiente razão de que um único livro também não é. O livro não é um ente incomunicado: é uma relação, é um eixo de inumeráveis relações³.

Este texto de Borges define soberbamente a tensão intelectual que estruturou a exposição "Todos os Saberes do Mundo – Enciclopédias e Bibliotecas". Desde a Mesopotâmia antiga, tal tensão tomou a forma de uma questão obsessiva: é dado ao homem dominar, por escrito, no escrito, a infinita diversidade do mundo? O ideal da biblioteca universal, a busca da língua perfeita, a construção da enciclopédia são figuras da vontade que busca inscrever nas palavras a totalidade dos fatos e das coisas: do passado, do presente, e até dos tempos vindouros. A máquina enciclopédica de Lúlio, a linguagem analítica de Wilkins, a biblioteca exaustiva de Lasswitz ilustram, cada uma à sua maneira, o desejo exasperado de capturar, por uma acumulação sem lacuna ou por uma arte combinatória sem resto, todos os possíveis do real.

Mas a decepção acompanha, sempre, esse sonho de universal. Por um lado, há mais coisas na terra e no céu do que são capazes de conter todas as filosofias – ou todas as enciclopédias. Por outro lado, os próprios livros e as próprias bibliotecas transformam-se em mundos inesgotáveis, infinitos. Escritos ou edificados para encerrar o universo entre suas encadernações ou entre suas paredes, substituem-se a ele, propondo um *"mondo di carta"*, um mundo de papel, como escreve Pirandello,⁴ mais real que o real mesmo.

No conto que leva este título, publicado em 1922, o "professor" Balicci, cego de tanto ler, já não tem por seu universo senão sua biblioteca: "A vida, ele

---

² Um dos diálogos platônicos, o Crátilo, discute e parece negar uma conexão necessária entre as palavras e as coisas.
³ Borges, Jorge Luis. *Outras Inquisições*. São Paulo: Companhia das Letras, 2007. p. 187-88.
⁴ Luigi Pirandello, "Mondo di carta / Monde de papier", *Novelle per un Anno / Nouvelles pour une Année*, escolha de contos traduzidos do italiano, apresentados e anotados por George Piroué, Paris, Gallimard, col. "Folio bilingue", 1990, p. 131-159.

não a havia vivido: ele podia dizer que jamais vira bem o que quer que fosse: na mesa, na cama, na rua, nos bancos dos jardins públicos, sempre e em toda parte, não havia feito senão ler, ler, ler. E agora cego, em face da realidade viva que ele jamais vira; cego também em face daquela que era representada nos livros que ele já não podia ler". Tais livros ilegíveis constituem uma verdadeira coleção enciclopédica que faz o inventário do mundo: "Eram em sua maior parte livros de viagem, de usos e costumes de povos diversos, livros de ciências naturais e de literatura de entretenimento, obras de história e de filosofia". Para reencontrar suas vozes, Balicci contrata uma leitora que lerá para ele. Essa delegação revela-se, todavia, um sofrimento ainda mais duro que o silêncio obrigado da cegueira. As leituras da Srta. Pagliocchini irritam no mais alto grau ao professor, que compreende que "toda e qualquer outra voz que não a sua lhe faria aparecer seu mundo de outro modo". Portanto, pede à leitora que não leia mais em voz alta, e sim que leia em seu lugar: "Tudo isto é meu mundo, é um reconforto para mim saber que não está deserto, que alguém vive dentro dele". Uma vez mais, o procedimento acarreta desagrado. A leitora, que viajou e conhece o mundo, pretende, com efeito, corrigir os erros dos livros: "Eu fui ali, o senhor sabe! E depois lhe digo que não é como se conta aqui". Então, "Balicci levantou-se, vibrando de cólera, convulso: – Eu lhe proíbo de dizer que não é como se lê aqui – gritou-lhe levantando os braços. – Pouco me importa que tenha estado lá! É como se diz aqui, um ponto é tudo! Isto deve ser assim, e isso é tudo!" Para o professor Balicci, como para D. Quixote, o real só pode ser o que dele dizem os livros. O projeto enciclopédico partilha, no fundo, semelhante certeza. A biblioteca que contém todos os livros e o livro que contém todos os saberes tornam-se o mundo.

Tal certeza partilhada deve ser inscrita na longuíssima duração das atitudes com respeito à escrita. A primeira é o temor da perda, ou da falta. Tal atitude comandou todos os gestos que visavam a salvaguardar o patrimônio escrito da humanidade: a procura e a recolha de textos ameaçados, a cópia dos livros mais preciosos, a impressão dos manuscritos, a construção das grandes bibliotecas, a compilação dessas "bibliotecas sem paredes" que são as coleções de textos, os repertórios e os catálogos, e as enciclopédias. Contra os desaparecimentos sempre possíveis, trata-se de recolher, de fixar e de preservar.

Contudo, essa tarefa, jamais terminada, é ameaçada por outro perigo: a corrupção dos textos. Nos tempos da cópia manuscrita, a mão do escriba pode falhar, acumular erros, desfigurar as obras. Para o autor, a única saída é tornar-se um copista de si mesmo – e dos mestres que o inspiraram. Na idade da imprensa, as próprias práticas da reprodução mecânica e do comércio do livro, multiplicando os erros, os plágios e as contrafações, fazem os textos correrem riscos ainda maiores. As técnicas e os valores do mundo da oficina ou da livraria não são os da República dos sábios e dos eruditos. Daí, no século XVII e no XVIII, as iniciativas dos autores para escapar às leis férreas do comércio do livro, à ganância dos editores e à ignorância dos compositores e dos revisores. A tentativa pode tomar muitas formas: da figura ideal de Tycho Brahe, impressor de suas obras em seu retiro de Uraniborg, aos privilégios dados às sociedades científicas para editar seus livros; das tentativas feitas para quebrar o monopólio dos livreiros sobre os privilégios de venda aos esforços feitos para estabelecer uma comunidade dos autores, senhores da publicação e da difusão de suas obras.

No entanto, preservar o patrimônio escrito da perda ou da corrupção suscita outra inquietude: a do excesso. A multiplicação da produção manuscrita, e depois impressa, é muito rapidamente percebida como um perigo terrível. A proliferação pode tornar-se caos, enquanto a abundância pode tornar-se obstáculo. Para dominá-los, é preciso ter instrumentos capazes de selecionar, classificar, hierarquizar. Tais ordenações são feitas por múltiplos agentes: os autores que julgam seus pares e seus predecessores, os poderes que censuram e protegem, os editores que publicam ou se recusam a publicar, as instituições que consagram e excluem, as bibliotecas que conservam ou ignoram. Mas, paradoxalmente, os instrumentos que todos fabricam, e que permitem controlar a inflação textual, são eles mesmos novos livros, acrescidos a todos os outros. Algumas dessas obras pretendem, por conseguinte, eliminar, reduzir, concentrar. No século XVIII, são designados na linguagem da química ou da perfumaria, e considerados como "extratos" e "espíritos" que dão a ler o essencial. Como no trabalho de destilação, trata-se de recolher a essência separando-a das matérias vis. Outros instrumentos, inversamente, adicionam, acumulam, organizam. Sua linguagem é a da arquitetura e tem a forma de grandes construções que devem cingir e ordenar a totalidade dos conhecimentos. De acordo com as épocas, o lugar mesmo de tal totalização pode variar e consistir numa instituição (a universidade), num prédio (a biblioteca) ou num livro (a enciclopédia). Em todos esses casos, a escrita desempenha um papel fundamental: fixando os saberes, reunindo-os e distribuindo-os de maneira ordenada, torna-os acessíveis e mobilizáveis.

Estas constantes (o medo da perda, a obsessão da corrupção, a inquietude do excesso) são enunciadas, segundo os tempos e os lugares, com a ajuda de formulações particulares. As mais espetaculares usam de figuras metafóricas. Ao longo do tempo, duas foram privilegiadas: uma, genealógica, apresentando os diferentes objetos do saber como ramos nascidos de um único tronco; a outra, geográfica, concebebendo os domínios de conhecimento como espaços marinhos de um oceano por explorar. Em cada imagem, muda a relação entre o conhecimento e seus objetos. A árvore designa o encadeamento das coisas e ao mesmo tempo a ordem dos saberes. Supõe uma perfeita adequação entre um e outro, bem como uma organização acabada da classificação das ciências. A própria imagem marítima instaura uma distância entre os objetos por conhecer e os instrumentos que permitem seu conhecimento. A enciclopédia é então uma carta geográfica, um mapa-múndi, uma bússola. Ao mundo fechado dos saberes já estabelecidos, cuja origem e cujo encadeamento basta traçar, sucede assim o universo infinito das descobertas prometidas aos viajantes mais obstinados.

Ocorrida no início do século XVII, com o frontispício do *Novum Organum*, a passagem de uma imagem à outra foi lenta, como o prova a distância entre o *Propectus* da *Enciclopédia*, fiel à metáfora da árvore, e o *Discours Préliminaire*, que faz larguíssimo uso do vocabulário marinho. Com o mundo do texto eletrônico, tal vocabulário tornou-se dominante: ora, a imagem mais frequente que designa as práticas de seu leitor não é a da navegação? Deslocado na longa história das metáforas associadas à cultura escrita, tal como a desenharam Curtius e Blumenberg,[5] o par formado pela árvore e pelo oceano indica uma diferença de importância decisiva.. Tradicionalmente, o livro não é metaforizado, porque ele mesmo é um recurso metafórico. O livro da Natureza ou do Destino, o corpo humano como livro são imagens frequentes entre os escolásticos, os cientistas e os poetas, de Dante a Shakespeare. As metáforas associadas à empresa enciclopédica derroca o uso, porque é o livro o que aí se metamorfoseia em árvore, em carta geográfica ou em globo.

Diferentemente designadas, as enciclopédias podem ser diferentemente organizadas. A oposição de todo fundamental entre a ordem sistemática e a ordem alfabética tem múltiplas significações. Pode, antes de tudo, ser compreendida em termos metafísicos como a diferença entre o respeito da ordem querida por Deus, reproduzida pela divisão dos saberes, e uma ordem mais instrumental que classifica as coisas e as palavras de maneira a torná-las facilmente disponíveis. A oposição remete, igualmente, a duas concepções do trabalho intelectual. De um lado, a que procede por divisões analíticas a partir da hierarquia das espécies, dos gêneros, dos casos ou dos indivíduos e que, portanto, supõe uma distribuição metódica dos conhecimentos; de outro, a que prefere as divisões enumerativas e justapõe as matérias seguindo uma simples ordem alfabética.

---

[5] Ernst Robert Curtius, *La Littérature Européenne et le Moyen Âge*, traduzido do alemão por Jean Bréjoux, Paris, Presses Universitaires de France, 1956, cap. XVI, "Le Symbolisme du Livre"; Hans Blumenberg, *Die Lesbarkeit der Welt*, Frankfurt am Main, Suhrkamp, 1981.

Francis Goye mostrou que, no Renascimento,[6] a primeira prática fundou a técnica dos lugares-comuns que situa nos tópicos, e nas rubricas hierarquicamente organizadas, as proposições, os exemplos e as sentenças extraídos dos textos lidos, permitindo assim sua imediata reutilização na composição dos discursos. A segunda, ligada ao alfabeto, comanda, de sua parte, a organização das seleções que propõem de maneira livre e flexível os elementos necessários à abundância do discurso e do comentário. Desse modo, a oposição traduz também dois modelos diferentes da retórica, encarnados por Melâncton e por Erasmo: um se vincula à força demonstrativa do discurso e põe o acento na lógica das proposições e dos argumentos, enquanto o outro privilegia sua força de emoção e de convicção e, por isso, valoriza a variedade.

O século XVI não esgota as virtualidades contrastadas das duas ordens, a sistemática e a alfabética. A *Enciclopédia*, que tenta, não sem dificuldade, associar a dispersão da ordem alfabética e um quadro sistemático dos conhecimentos, e depois as grandes empresas do século XIX e do XX, que, depois de terem abandonado a ordem metódica em benefício da alfabética, retornam à organização sistemática – a começar pela *Enciclopédia Francesa* – ilustram as hesitações da *démarche* enciclopédica, duradouramente dividida entre a classificação das coisas e a ordem das palavras.

Caracterizadas por seu léxico metafórico e pelo princípio de sua classificação, as enciclopédias também são definidas pela modalidade de sua inscrição e pela materialidade de seu suporte. Sua história, portanto, também é a da escrita e a do livro. Da primeira, duas escansões maiores devem ser destacadas: a invenção na Mesopotâmia antiga dos sinais gráficos, que não só designam as coisas, mas também fixam os sons da língua falada; a invenção pelos fenícios e a apropriação posterior do sistema alfabético pelos gregos, que emancipa a escrita de sua simples dimensão pictográfica ou ideográfica.

---

[6] Francis Goyet, *Le Sublime du "Lieu Commun". L'Invention Rhétorique dans l'Antiquité et à la Renaissance*, Paris, Honoré Champion, 1996.

A primeira ruptura autoriza a redação de listas, enumerativas ou temáticas, a constituição de arquivos, a construção de bibliotecas. Mas, com os autores clássicos, é preciso sublinhar muito fortemente os efeitos decisivos do aparecimento e da difusão do alfabeto.

Na terceira época do *Esboço de um Quadro Histórico dos Progressos do Espírito Humano*, Condorcet[7] sublinha esta cesura decisiva na história da humanidade. Com efeito, só a invenção do alfabeto foi capaz de assegurar o progresso contínuo das ciências, enquanto as duas primeiras formas de escrita – a hieroglífica e a ideográfica – autorizavam a confiscação do saber pelas castas sacerdotais e professorais. A primeira escrita, a que "designava as coisas por uma pintura mais ou menos exata, quer da coisa mesma, quer de um objeto análogo", fora transformada pelos sacerdotes numa escrita secreta e alegórica, indecifrável para os povos que utilizavam outra escrita, que "não empregava senão sinais já de algum modo de pura convenção". Em tal estado de dualismo escritural, os mistérios da religião eram expressos numa linguagem inacessível a um maior número, nutrindo as crenças mais absurdas e as superstições mais perigosas. Daí, "todo progresso das ciências se deteve; e uma parte mesma daqueles de que os séculos anteriores haviam sido testemunhas perdeu-se para as gerações seguintes".

Ora, ao romper com toda e qualquer forma de representação das coisas, ao despojar os signos de seus segredos, ao tirar dos padres o monopólio da interpretação, a escrita alfabética dá a todos os homens "um direito igual ao conhecimento da verdade": "Todos podiam buscar descobri-la para comunicá-la a todos, e comunicá-la na íntegra". A partir de sua invenção, estabelece-se "para sempre o progresso da espécie humana". Não é pois a liberdade política propiciada pelo regime da cidade, mas a utilização de uma nova maneira de transcrever a linguagem, na qual "um pequeno número

---

[7] Condorcet, *Esquisse d'um Tableau des Progrès de l'Esprit Humain*, introdução, cronologia e bibliografia por Alain Pons, col. "GF", 1988, p. 117-121 e 187-191.

de sinais é suficiente para escrever tudo", o que fundou a independência e a universalidade da obra do conhecimento.

A invenção da imprensa é, para os homens das Luzes, a segunda ruptura fundamental. A partir de meados do século XV, a escrita manuscrita já não é no Ocidente o único meio para fixar e reproduzir os textos. Calcular os efeitos da nova técnica sobre a empresa enciclopédica não é coisa fácil. É grande o risco de atribuir-lhe inovações intelectuais que, de fato, lhe são muito anteriores. Por exemplo, é no enciclopedismo sem enciclopédia que caracteriza a Idade Média que são elaborados os instrumentos gráficos capazes de representar e de produzir o saber da totalidade: árvores, cartas geográficas, diagramas, quadros. A imprensa, no entanto, tornou sua difusão mais fácil e mais ampla. É por isso que Condorcet, na oitava época do *Esboço*, a considera o suporte indispensável da língua universal que será necessária para rematar os progressos do espírito humano. Essa língua comum deve expressar e formalizar "as relações gerais entre as ideias, as operações do espírito humano, as que são próprias a cada ciência, ou os procedimentos das artes". As tábuas e os quadros, aos quais Condorcet chama "métodos técnicos", são um recurso essencial, pois têm "a arte de reunir um grande número de objetos numa disposição sistemática, que permite ver de um lance de olhos as relações, captar rapidamente as combinações, formar mais facilmente novas". A invenção "que multiplica indefinidamente, e com pouco esforço, os exemplares de uma mesma obra" pode difundi-los na escala da humanidade, disseminando "a instrução que cada homem pode receber pelos livros no silêncio e na solidão".

Mais ainda, porém, que a técnica de impressão descoberta por Gutenberg, foi a forma nova dada ao livro nos primeiros séculos da era cristã – a do *codex* com seus cadernos, suas folhas, suas páginas – o que tornou possíveis os dispositivos próprios ao projeto enciclopédico. Com o *volumen*, o livro em rolo da Antiguidade, os gestos que depois serão imediatamente associados ao trabalho de compilação, de confrontação ou de indexação são, com efeito, muito difíceis, até mesmo impossíveis. O leitor antigo não pode escrever ao mesmo tempo que lê; não pode encontrar facilmente uma passagem ou confrontar diferentes fragmentos do texto; tem de manejar numerosos rolos para tomar conhecimento de uma só obra. Luciano Canfora[8] demonstrou, a partir dos livros perdidos dos historiadores gregos e latinos, que um *codex* correspondia geralmente ao conteúdo textual de cinco rolos. O imenso esforço alexandrino, que multiplica os instrumentos (catálogos, comentários, compilações, manuais) que permitem explorar a coleção "universal" dos Ptolomeus, deve ser compreendido em relação com os limites que a materialidade mesma dos rolos impõe às técnicas intelectuais – a biblioteca conservava 490 mil deles no tempo de Filadelfo. Os deslocamentos e as reclassificações dos saberes que os eruditos do tempo dos Lágidas apresentam semelhanças com a prática dos lugares-comuns no Renascimento. Nos dois casos, trata-se de impor uma nova ordem aos exemplos, às observações e às citações encontrados nos livros lidos. Porém, o *codex*, seja manuscrito ou impresso, tornou a tarefa mais fácil (graças à estrutura mesma do livro, que pode ser percorrido, folheado, indexado) e seu resultado mais facilmente manejável e difundido (graças às seleções impressas de lugares-comuns tais como os de Melâncton, de Erasmo ou de Zwinger).

A originalidade – e talvez o inquietante – de nosso presente relaciona-se às diferentes revoluções da cultura escrita que, no passado, se tinham dado separadamente, mas hoje ocorrem ao mesmo tempo. A revolução do texto eletrônico é, com efeito, uma revolução da técnica de produção e simultaneamente da reprodução dos textos, uma revolução do suporte e da materialidade da escrita e uma revolução das práticas de leitura. Os três traços fundamentais que a caracterizam transformam profundamente a definição do projeto enciclopédico. De um lado, a representação eletrônica da escrita modifica radicalmente a noção de contexto e, por conseguinte, o processo mesmo da construção do

---

[8] Luciano Canfora, "Les Bibliothèques Anciennes et l'Histoire des Textes", in Marc Baratin & Christian Jacob (di.), *Le Pouvoir des Bibliothèques. La Mémoire des Livres en Occidente*, Paris, Albin Michel, 1996, p. 261-272.

sentido. Ela substitui, no fundo, a contiguidade física, que aproxima os diferentes textos copiados ou impressos num mesmo livro, por sua distribuição móvel nas arquiteturas lógicas que comandam as bases de dados e as coleções digitalizadas. De outro, o texto eletrônico redefine a "materialidade" das obras, desfazendo o laço imediatamente visível entre o texto e o objeto que o contém, dando ao leitor, e já não ao autor ou ao editor, o domínio sobre a composição, a decupagem, ou a aparência das unidades textuais que ele maneja. É pois todo o sistema de percepção e de utilização dos textos o que se encontra transformado. Por fim, lendo na tela do computador, o leitor contemporâneo reencontra algo da postura do leitor da Antiguidade, mas, e a diferença não é pequena, ele lê um "rolo" que se desenrola verticalmente e que é dotado de todos os modos de localização próprios da forma do livro desde os primeiros séculos da era cristã: paginação, índice, tábuas, etc. O cruzamento das duas lógicas que regularam o manejo dos suportes precedentes da escrita (o *volumen* e depois o *codex*) define, de fato, uma relação realmente original com o texto.

Apoiada nessas mutações, a enciclopédia na idade do texto eletrônico pode dar realidade aos sonhos, sempre inacabados, das tentativas de totalização do saber que, com a palavra ou sem ela, a precederam. Como a biblioteca alexandrina, ela promete a disponibilidade universal de todos os textos já escritos. Como as seleções e compilações do Renascimento, convoca a colaboração do leitor, que a pode completar escrevendo, agora, diretamente no livro mesmo e, portanto, na biblioteca sem paredes da escrita eletrônica. Como a enciclopédia das Luzes, projeta um espaço público ideal, no qual, como pensava Kant, pode e deve desdobrar-se livremente, sem restrições nem exclusões, o uso público da razão, "aquele que se faz enquanto *sábio* pelo conjunto do *público leitor*" e que autoriza cada um dos cidadãos, "na qualidade de sábio, fazer publicamente, quer dizer, por escrito, suas observações sobre defeitos da instrução antiga".[9]

---

[9] Immanuel Kant, "Beantwortung der Frage: Was ist Aufklärung? / Réponse à la Question: Qu'Est-ce Que les Lumières?", *Qu'Est-ce que les Lumières*, escolha de textos,

Como na idade da imprensa, mas de maneira ainda mais forte, a era digital é, todavia, atravessada por uma tensão maior entre dois futuros possíveis: seja a multiplicação de comunidades separadas, consolidadas por usos específicos das novas técnicas, seja a constituição de um público universal, definido pela possível participação de cada um de seus membros na produção e na recepção dos discursos. A comunicação à distância, livre e imediata, que as redes eletrônicas permitem, pode levar a qualquer uma dessas duas opções. Pode conduzir à perda de toda referência comum, ao encerramento das identidades, à exacerbação dos particularismos. Mas também pode, inversamente, trazer um novo modelo enciclopédico, que já não seria somente o registro de ciências já constituídas, mas igualmente, à maneira das correspondências ou dos periódicos da antiga República das letras, uma construção coletiva do conhecimento pelo intercâmbio dos saberes, das *expertises* e das sabedorias. A nova navegação enciclopédica, se ela embarcar a todos em suas naves, poderia assim dar concretude à expectativa universal que sempre acompanhou os esforços feitos para encerrar a multidão das coisas e das palavras numa ordem exaustiva e raciocinada.

> Não há classificação do universo que não seja arbitrária e conjectural. A Razão é muito simples: nós não sabemos que coisa é o universo. [...] A impossibilidade de penetrar a ordem divina do universo não pode, porém, impedir-nos de organizar ordens humanas, ainda que nos seja preciso admitir que estas são sempre provisórias.[10]

A história da utopia enciclopédica e das enciclopédias bem reais, que foram inscritas na argila, no papiro ou no papel e que já o são na tela do computador, ilustram magnificamente a paradoxal aspiração assinalada por Borges.

---

tradução, prefácio e nostas de Jean Mondot, Saint-Étienne, Publications de l'Université de Saint-Étienne, 1991, p. 71-86.

[10] Jorge Luis Borges. "El Idioma Analítico de John Wilkins", *Otras Inquisiciones*, op. cit., p. 131-136.

"A *Enciclopédia* tornou a ruptura pensável"[1]

Roger Chartier

Vocês leram a *Enciclopédia*?

Quem a leu em sua totalidade? Talvez duas pessoas: Diderot e o editor Le Breton, na origem do projeto. A questão é interessante, porque diz respeito à estrutura mesma da obra, ou seja, ao sistema de remissão de um artigo a outro utilizado por Diderot para as ideias mais audaciosas. Tal como o verbete "antropofagia" remete ao verbete "eucaristia". Quando se está diante dos 17 volumes de textos, completados por 11 volumes de lâminas de ilustrações, cuja publicação se sucedeu entre 1751 e 1772, tal utilização de remissões se torna problemática. Paradoxalmente, é a versão eletrônica da primeira edição da *Enciclopédia*, disponibilizada *online* pela Universidade de Chicago, que, mediante um simples clique, torna hoje eficaz um dispositivo concebido por Diderot como um dos mais filosóficos, quer dizer, mais subversivos dispositivos.

Em que esse sistema de remissão é subversivo?

A *Enciclopédia* foi publicada numa época de censura, que ela sofreu duas vezes. Em 1752, após o lançamento de um dos dois primeiros volumes,

---

[1] Entrevista publicada no suplemento *Le Monde des Livres*, em 14 de janeiro de 2010; reprodução gentilmente autorizada por Roger Chartier. Tradução: Carlos Nougué.

por decisão do Conselho de Estado, que viu ali um fermento de corrupção dos costumes e de irreligião. Depois, em 1759, a pedido do Parlamento, que conduz a caça aos livros "filosóficos" e os queima. Em ambas as vezes, foi Malesherbes, diretor da *Librairie*, isto é, chefe de censura no Antigo Regime, o responsável por salvar a empresa. Em tal contexto, em que o privilégio que autorizava a publicação estava sob permanente ameaça de revogação, o jogo de remissões permite contornar a censura. Numerosos artigos cujo título poderia levar a pensar que estão entre os mais corrosivos, como precisamente o artigo "censura", são em verdade de tom muito moderado, de conteúdo puramente histórico, enquanto outros, de aparência mais anódina, encerram as intenções mais filosóficas e as críticas mais acerbas às autoridades.

A Enciclopédia de Diderot e d'Alembert não era a primeira. O que funda sua singularidade?

Trata-se, na origem, da simples tradução da *Cyclopaedia*, de Ephraim Chambers, publicada em 1728 na Inglaterra (na qual já se encontra a remissão à eucaristia no artigo sobre os antropófagos). Mas o projeto logo se transforma. A *Enciclopédia* francesa torna-se uma produção coletiva, a de uma sociedade de pessoas de letras cuja ambição é expressar a filosofia das Luzes e cobrir todos os campos do saber. Ainda que a obra siga a ordem alfabética, o "Discurso preliminar" de d'Alembert organiza tais conhecimentos de forma temática, em torno das três grandes faculdades do espírito humano: memória, razão e imaginação. Fazem-se, assim, aproximações inesperadas, como, por exemplo, entre "religião" e "superstição", "teologia" e "adivinhação", como decorrentes da mesma família temática. Tal aproximação rompe, ainda, com uma ordenação hierárquica em que a teologia era sempre a primeira.

Em que medida esse manifesto das Luzes solapa os valores do Antigo Regime?

Muitos artigos, além do consagrado à "toleração", discorrem sobre a noção de tolerância: os indivíduos não devem ser perseguidos por suas crenças. A repressão exercida contra os protestantes é, portanto, condenada. Trata-se de uma ideia muito forte, numa França onde existe uma só religião, o catolicismo, e uma só autoridade, a Faculdade de Teologia. Outro questionamento da *doxa* dominante é a crítica às violências e à submissão impostas aos povos da África ou da América. Não estamos ainda nas condenações radicais do século XX, mas, mesmo assim, trata-se de questionar a conquista e a colonização. A respeito do político, a obra é mais prudente. Mas lê-se, por exemplo, que "a finalidade da soberania é a felicidade do povo", o que não é precisamente a linguagem do absolutismo.

Qual foi a influência da Enciclopédia? Podem-se ver nela os primórdios da Revolução Francesa?

Digamos de imediato que ela tornou possível, ou antes, pensável uma ruptura. Não há nada de revolucionário, nem sequer de pré-revolucionário na *Enciclopédia*, que permanece muito afastada da virulência dos libelos, dos panfletos e de sátiras igualmente sediciosas que aparecem na mesma época. Mas ela contribui para instilar, difundir, disseminar uma maneira de pensar que questiona as autoridades políticas e, mais ainda, as religiosas. Tocqueville assombrava-se com o modo como o regime monarquista desmoronou em algumas semanas. Foi necessária uma adesão ao processo revolucionário, ou ao menos uma aceitação dele. Os leitores da *Enciclopédia* não eram, naturalmente, o povo: como mostrou Robert Darnton, pertenciam à aristocracia esclarecida, às profissões liberais, ao mundo dos negociantes. Em suma, aos meios mais tradicionais do Antigo Regime. Nesses meios, ela, com outros escritos, impôs ideias e representações coletivas que não causaram, porém permitiram, 1789.

O sonho enciclopédico não se rompeu na divisão ou parcelamento dos saberes?

A virada deu-se no fim do século XVIII, com a *Enciclopédia Metódica*, do livreiro-editor Panckoucke, que refunde a de Diderot e d'Alembert adotando uma distribuição por domínios de saber. Desse modo, perdeu-se a vivacidade da provocação intelectual da obra inicial, a qual se devia, em parte, à sua organização "fundamentada", que alterava as classificações antigas. Tinha fim, desse modo, o magnífico esforço de Diderot e de d'Alembert por produzir um livro dos livros, uma suma dos conhecimentos em que o homem cultivado poderia circular sem compartimentação. A divisão ou parcelamento dos conhecimentos é sem dúvida o preço desse aprofundamento. A erudição ganha com isso. Mas isso conduz à antinomia das culturas, por um lado científica, por outro literária, que perpassa os debates atuais acerca dos programas pedagógicos.

A enciclopédia online Wikipédia não é a culminação do projeto de Diderot e d'Alembert?

Em um sentido, sim, porque ela repousa sobre contribuições múltiplas de um tipo de sociedade de pessoas de letras invisíveis. Mas Diderot certamente não teria aceitado a simples justaposição dos artigos, sem árvore dos conhecimentos nem uma ordem fundamentada, o que caracteriza a Wikipédia. É uma empresa democrática, aberta, e ao mesmo tempo muito vulnerável, muito exposta ao erro ou à falsificação. Torna-se visível, assim, a tensão entre o desejo de constituição de um saber coletivo e a profissionalização dos conhecimentos.

Num olhar retrospectivo, podemos dizer que a Enciclopédia mudou o mundo?

Um livro pode mudar a face do mundo? Os autores gostam de pensar que sim. Eu diria antes que um livro pode, em dado lugar e em dado tempo, e depois por sua trajetória em outros lugares, em outros tempos, mudar as representações e a relação com os dogmas, com as autoridades. A *Enciclopédia* desempenhou esse papel, para além das fronteiras do reino da França. Mas o impacto de um livro se mede pelas apropriações, múltiplas e por vezes contraditórias, de que é objeto. A *Enciclopédia* foi talvez um dos germes da ruptura revolucionária, mas ao mesmo tempo foi desprezada pelos revolucionários mais radicais. Cinquenta anos depois da publicação dos primeiros volumes, Robespierre divulgou seu ódio à "seita dos enciclopedistas", demasiado bem instalados na sociedade do Antigo Regime. Em outras palavras, um livro encontra, não por sua letra mesma, mas pelos discursos que produz, uma força que o ultrapassa e que transforma as maneiras de pensar e de ser.

Quem eram os *philosophes*?[1]

Hans Ulrich Gumbrecht (Stanford University)

A Philosophie, a estrutura básica do Iluminismo
A estrutura geral do curso histórico do conceito

No discurso teórico, assim como nas discussões eruditas em geral, o termo Iluminismo pode ser usado tanto para indicar um conceito tipológico quanto como um substantivo. O conceito de Iluminismo é uma abstração de processos históricos nos quais os velhos repertórios do conhecimento coletivo são substituídos ou revisados pelos novos, com o novo conhecimento apresentando-se como uma representação mais adequada da realidade. Por outro lado, como substantivo, Iluminismo refere apenas um dos diversos ramos históricos que formaram o conceito e que podem ser especificados de quatro maneiras: (1) ocorreu principalmente na Europa do século XVIII; (2) ao mudar as imagens dominantes da sociedade de uma base teocêntrica para uma antropocêntrica, impactou não apenas o conteúdo dos repertórios coletivos de conhecimento, mas também e acima de tudo seu princípio básico de constituição; (3) assim, estabeleceu repertórios de conhecimento cujos princípios básicos não passaram por revisão até o presente e ainda são considerados adequados; e, por

---

[1] Este texto é composto pela seleção de trechos de um longo ensaio de Hans Ulrich Gumbrecht. O autor cedeu generosamente os direitos de reprodução. Trata-se do capítulo "Who Were the *Philosophes?*", em *Making Sense in Life and Literature*, Minneapolis, University of Minnesota Press, 1992, p. 133-177. Tradução de William Campos da Cruz.

fim, (4) no século XVIII o Iluminismo foi compreendido, em primeiro lugar, como um desenvolvimento histórico, mas, ao mesmo tempo, como uma efetiva orientação ou motivação para a ação.

Ao reconstruir e apresentar os conceitos de *philosophe* e *philosophie*, é possível recapitular as fases iniciais do Iluminismo do século XVIII. Ora, se a *philosophie* delineia o conteúdo e o modo de pensar do Iluminismo, o *philosophe* é seu sujeito, ou, mais precisamente, o papel ao qual se atribui a tarefa de constituir o novo conhecimento coletivo e questionar o antigo, e também o papel cuja institucionalização acompanhou passo a passo a adoção de funções socialmente fundadoras do novo conhecimento. Se tais elementos do conhecimento coletivo, que afetaram a formulação dos outros elementos particulares de conhecimento, podem-se definir como conceitos básicos, então, ao conceber o *philosophe* como o sujeito do Iluminismo e a *philosophie* como a direção de seu pensamento e linha de ação, segue-se que ambos são de fato conceitos básicos do Iluminismo. Pois a unidade do pensamento iluminista baseia-se na convicção de que todos os seus elementos individuais estavam coordenados pelo estilo cognitivo do *philosophe* e ao mesmo tempo tinham de fundamentar a ação filosófica.

Como conceito fundamental do Iluminismo, a história do *philosophe* começa por dissociar um papel interativo característico da sociedade cortesã do século XVII de suas origens ainda feudais e termina por definir o cenário para a incorporação na sociedade burguesa de um papel profissional cujos fundamentos institucionais na França foram criados pelo Império. É entre esses dois tipos de sociedade que a história do conceito de *philosophe* torna compreensível a história do Iluminismo: a partir de sua constituição como sujeitos do Iluminismo, em que reflexão e ação social convergem, alimentando a polêmica entre *philosophes* e *antiphilosophes*; a partir da canonização dos *philosophes* como a elite do *ancien régime* até o *status* normativo do cânone de seus escritos durante os anos revolucionários e finalmente até sua transposição no horizonte poderosamente legitimador de um passado afastado do presente.

Problemas metodológicos

Uma vez que *philosophe, philosophie* e derivados estão, de maneira pouco comum, bem documentados, seu elevado valor para a história social tem sido reconhecido desde a segunda metade do século XVIII, e com frequência têm sido usados historiograficamente. A apresentação a seguir é encarada com um conjunto especialmente abrangente de tópicos. No entanto, não se trata de otimizar a "definição" de *philosophe* e *philosophie* no século XVIII, uma vez que o esforço de chegar a definições semanticamente inequívocas está sem dúvida atrelado à perda daquela abundância de significados e aplicações a que a história conceitual como método deve em primeiro lugar seu *status* sócio-histórico. De igual modo, não devemos concluir algo a respeito da "coisa significada" diretamente do significante, uma vez que nossa visão do conceito de *philosophe* como sintoma mostra que nosso objetivo epistemológico está situado "por trás" da semântica. E assim nossa hipótese concentra-se na noção de que o *ancien régime* fornecera condições praticamente ideais para o desenvolvimento do conhecimento iluminista, para a constituição de seu sujeito e para a institucionalização de seu espaço comunicativo. Em outras palavras, a ascensão dos *philosophes* no século XVIII está estreitamente relacionada ao declínio do "envolvimento público" de grupos estabelecidos no governo e na sociedade e ao surgimento de um novo público "burguês" com tendência a solidarizar-se com os perseguidos políticos.

As fontes pertinentes ao tema levantam dois outros problemas. Um diz respeito ao uso contextual dos conceitos de *philosophe* e *philosophie* na França entre o fim do século XVII e o início do século XIX. Por mais notável que seja a mudança semântica reconhecível neste momento, as diferenças semânticas entre posições diferentes em determinadas fases históricas são raras. Sem dúvida, os discursos, comuns ao uso do conceito pelos defensores do Iluminismo bem como por seus adversários, são diametralmente opostos – autoelogio e condenação – embora os conceitos continuem, do ponto de vista semântico, quase idênticos em ambos os contextos, mesmo nas nuanças mais sutis. É o mesmo que se dá com os dicionários, que servem como mais frequência como parte de uma polêmica que opõe *philosophes* e *antiphilosophes* do que como confirmação da aceitação das variantes de sentido diferentes pela norma do discurso.

Em segundo lugar, o vasto horizonte de significado por trás de *philosophe* e *philosophie* – que parece ter alcançado sua maior extensão entre 1680 e 1820 – força-nos a concentrar nossa apresentação naquelas estruturas semânticas em que ambos os conceitos eram eficazes e ultrapassavam a longo prazo o repertório de sentidos possíveis. Assim, tocaremos apenas de passagem no fato de que o predicado *philosophe* entre 1680 e 1820 também podia significar "amigo da sabedoria", alguém que "refletia sobre as causas naturais dos fenômenos e sobre as máximas de comportamento", bem como as "escolas de pensadores na antiguidade", uma profissão didática em todas as suas formas históricas, mas também podia designar "o proprietário da *pierre philosophale*". Ao contrário, reconstruiremos dois níveis de sentido que compõem a particularidade da história conceitual de *philosophe* durante o Iluminismo. Em primeiro lugar, há uma relação entre o *philosophe* e a sociedade; ele pode ser visto como afastado da sociedade, o que por sua vez se pode interpretar como superioridade ou excentricidade. Em outros contextos, em contrapartida, o conceito tematiza vários modos de realizar ações e comportamentos subjetivos na sociedade, de modo que o *philosophe* não está distante da sofisticação social do *honnête homme* e pode ajustar seu pensamento e ação aos propósitos do "bem comum" e da "igualdade". O segundo nível de sentido, ao qual o espectro abrangente de *philosophe* no Iluminismo se estende, contém duas atitudes opostas diante do estilo intelectual. Para além de toda erudição e brilhantismo intelectual, os filósofos iluministas, em sua autoimagem positiva de si mesmos, eram caracterizados pelo fundamento estrito de seu pensamento na razão humana, na observação "sem preconceitos" de seu ambiente natural e na autorreflexão como autodeterminação consequente do pensamento e da ação. A imagem polêmica dos *philosophes* como inimigos, que tinha sido elaborada pelos *antiphilosophes* desde meados do século XVIII, baseava-se na polarização de elementos individuais dessa figura de identificação: a exigência de autodeterminação torna-se *fanatisme*; o princípio da razão, *esprit de système*; dignidade social, a presunção de autoridade.

Destituição do papel interativo das convenções sociais: o philosophe como estoico e misantropo (ca. 1670-1730)

Uma motivação não verbal para a extensão do conceito de *philosophe*, que demonstra conclusivamente que a etimologia é insuficiente para compreender seu significado na França, pode ser encontrada nas formas aristocráticas e sobretudo cortesãs de interação durante o século XVII e sua função na regulação da afetividade aristocrática. Apelos ao amor-próprio (*amour-propre*), a moralização do comportamento reiterativo do interlocutor (*plaire*) e finalmente a adequação do comportamento à expectativa dos outros e a expectativa de expectativas – esses eram os princípios básicos do intercurso social que tinham de assegurar a regulação da afetividade. Eram complementados pela máxima mais especificamente interativa da *sincérité*, mas desde o início encontravam-se numa precária relação com ela. Simplesmente porque a honestidade não pode agradar sempre, formas simbólicas tiveram de ser criadas, o que de um lado respaldava a alegação de *sincérité*, mas de outro revelava-se uma máscara por trás da qual bajuladores podiam dissimular conhecimento, experiências e emoções. Tal foi a experiência de Rémond des Cours na corte: "É aí que as pessoas têm mais honestidade e menos sinceridade".

Aqueles que levavam a sério a *sincérité* teriam de afastar-se da sociedade cortesã e arranjar-se sem esse "narcisismo grupal", no qual o cumprimento das novas normas de interação eram confirmadas e consideradas meritórias. Ser um *philosophe* tornou-se o papel da pessoa honesta que, por causa da *sincérité*, mantinha certa distância da "boa sociedade", e cultivava a autorreflexão e os sentimentos de autoestima que dependem do efeito que têm sobre os outros.

O papel principal no *Misantropo* (1666), de Molière, já era motivado pela experiência de incompatibilidade entre a "honestidade" e "ser agradável"; recebeu por isso o rótulo de *philosophe*: "Esse sofrimento filosófico é um pouco selvagem". Porém, uma atitude "filosófica" mais branda – estoica – não tão avessa ao intercurso social era considerada preferível. Então, em 1678, La Rochefoucauld apresentou uma máxima menos ambivalente:

> O apego ou a indiferença que os filósofos tinham pela vida não era senão um gosto de seu amor-próprio, o qual não se deve disputar como não se deve disputar o gosto da língua, ou a escolha das cores.

Aqui se confirma que o grau de distanciamento em relação à sociedade dependia de uma formulação específica do *amour-propre*. Seria possível ver o movimento em direção à autorreflexão como uma fase decisiva no caminho do antropocentrismo, como o princípio constitucional do conhecimento iluminado. O fato de que no início o afastamento social estivesse ligado a ele mostra, em alguma medida, por que o ponto de partida mental do Iluminismo era um "espaço interior privado".

Os dicionários do fim do século XVII indicam que, do ponto de vista sociológico, já era corrente designar esse papel excêntrico pelo predicado *philosophe* durante a vida de Louis XIV. Ademais, eles também tomam nota de duas avaliações contrárias do fenômeno. No *Richelet* (1680), a definição neutra de *philosophe* ("Aquele que se desapegou das coisas do mundo pelo conhecimento que tem de seu pouco valor") é seguida simplesmente por uma entrada que confirma o valor simbólico negativo do papel: "Essa palavra se toma algumas vezes no mau sentido, e então significa uma espécie de espírito que não se preocupa com nada, uma sorte de louco insensível". O mesmo sentido pode ser encontrado no *Furetière* (1690) e no *Academy Dictionary* (1695): "Diz-se também algumas vezes absolutamente de um homem que, pela libertinagem de espírito, se põe acima dos deveres e das obrigações ordinárias da vida civil e cristã". Ser um *philosophe* fora da sociedade era obviamente uma atitude nova, que de um lado era experimentada como uma quebra de convenções sociais, como a falta do senso do dever e até mesmo loucura. Mas, do outro, a posição do *philosophe* fora da sociedade aristocrática também era vista como a condição e expressão de sua superioridade: "Chama-se também filósofo a um homem sábio, que leva uma vida tranquila e retirada, fora das incomodidades dos negócios". Isso já requer *philosophie* – ou seja, um estudo da "natureza" e da "moralidade" fundado na *raisonnement*, um poder não maculado pelas ideias de "pessoas comuns", que ainda parecia reconciliável com a ciência natural e com o cristianismo.

Uma vez que a distribuição dos sentidos de *philosophe* entre os vários ambientes da classe superior e contextos de uso não é tão óbvia, as questões de quem exatamente os *philosophes* do final do século XVII podem ter sido e quem admirava ou condenava sua reserva social não podem ser respondidas pela história conceitual sem ambiguidade. Da mesma forma, entretanto, aquela oposição doméstica ao absolutismo de Bourbon encontrou um exemplo na aristocracia reprimida pelo poder de Bourbon (e não na burguesia); os membros da velha nobreza, se é que houve alguém, devem ter levado em conta a cultura cortesã da interação como provocação, na medida em que permitia o cruzamento de classes e reduzia a exclusividade de sua posição social. Assim, estavam felizes em evitar o ambiente da corte; já no século XVIII, pareciam ter sido acusados de *incivilité* por causa de seu conformismo indiferente às novas normas de conduta intensamente moralizadas – e justamente por aqueles alpinistas sociais a serviço do absolutismo. Saint-Simon, um membro da velha nobreza, oferece uma evidência linguística da disposição de seus pares a atribuir um valor positivo à excentricidade social simplesmente listando as virtudes de Marshal Catinat, que tinha uma posição inferior na hierarquia social – distância da sociedade, desprezo pela riqueza, estilo de vida simples. De maneira semelhante, Marais louvava o casamento do chanceler real d'Aguesseau, alguém que era completamente inadequado do ponto de vista da classe: "M. de Faljoran é um filósofo que não se preocupa com nada".

Se um conselheiro parlamentar como Marais podia concordar com Saint-Simon em reavaliar positivamente o sentido secundário anteriormente negativo de *philosophe* e *philosophie* em contraste com os *préjugés* [preconceitos], então isso indica que no início do século XVIII uma negligência originalmente aristocrática de normas sociais disciplinadas começou a insinuar-se na alta burguesia e também que uma crítica filosófica da autoridade – por todas as suas declarações de proximidade tradicional com a teologia – tornar-se-ia oposta à religião, para tristeza dos jesuítas. E, de fato, no Colégio Jesuíta Louis-le-Grand de Paris em maio de 1720, *Le philosophe à la mode*, uma peça satírica do padre J.-A. Du Cerceau, foi realizada a fim de advertir os estudantes contra o afastamento – como o do protagonista negativo Narciso – do intercurso social ordenado e do dever de submissão bem como contra seu desenvolvimento, isto é, as teorias não autorizadas:

> Le *Philosophe* donc n'est charge que de lui
> Et tout autre soin remet sur autrui;
> Redevable à lui seul, et borné dans lui-même,
> Il n'a qu'un seul devoir, il s'aime.
>
> [O Filósofo, pois, não se encarrega senão de si
> E todo outro cuidado remete a outro;
> Devedor só de si, e encerrado em si mesmo,
> Não tem senão um só dever, ama-se.]

Isso obviamente era pretendido como uma tentativa necessária de imunização, pois uma revisão detalhada da *performance* conta-nos que já no título Du Cerceu estava denunciando uma nova atitude infelizmente difundida e perniciosa: "Ele chama filosofia à moda, porque parece, diz, que esta filosofia tem grande número de sectários". Assim, o desenvolvimento semântico de *philosophie* – do gesto aristocrático de livre-pensamento na preservação da velha hierarquia de classe até o *philosophe* como o "sujeito do Iluminismo burguês", como mais tarde apareceu – não se dá imediatamente numa linha reta, mas foi

transmitida pela alta burguesia, com a excentricidade anticortesã, fundindo-
-se num afastamento das normas sociais mais gerais. Em primeiro lugar, essa
dissociação social individualista excluía a ação "política" socialmente relevante
e ainda criava exatamente suas condições essenciais: somente por meio de uma
distância das normas sociais tradicionais e à base da autorreflexão que ela pos-
sibilitou o *philosophe* pôde ser capaz de formular sua função iluminadora – a
fim de encarnar a ação socialmente relevante num novo sentido.

Conquistando o público (ca. 1751-76): A guerra de propaganda entre philosophes e anti-philosophes e a institucionalização da nova philosophie no público esclarecido

Se no curso da década de 1740 o *philosophe*, visto como misantropo socialmente isolado e rato de biblioteca sem conhecimento da vida, fora reinterpre-
tado como um iluminista engajado, e somente nas duas décadas seguintes essa
nova compreensão da palavra e do papel impregnou em maior escala o público
educado – mesmo parecendo alcançar uma influência distinta sobre a práxis
governamental. Isso não é resultado só da persuasividade da argumentação e da
autorrepresentação iluminista, que se organizou e se articulou por meio de um
número crescente de revistas, livros e sociedades voltadas a um público burguês,
mas também foi favorecido por uma crise no sistema do *ancien régime*, como
expresso, entre outras coisas, pela tentativa de Damien de assassinar Louis XV,
pela humilhação da França na Guerra dos Sete Anos e numa série de escândalos
judiciais sensacionais, na expulsão dos jesuítas do reino e na luta pelo poder
entre a coroa e o parlamento. Como resultado desse processo, a angústia das
velhas classes superiores conservadoras intensificou-se, passando de um vago
temor até chegar ao pânico, e tornou-os agressivamente defensivos. Isso propor-
cionou à nova *philosophie* uma ressonância nacional; aliás, mais do que nunca
evocada pelos *philosophes* como uma clara consciência de grupo, fortalecendo
sua coerência interna e, paradoxalmente, contribuiu e muito para seu sucesso.

As altercações jornalísticas decisivas, a discussão quanto aos sentidos dos principais conceitos de *philosophie* e *philosophe*, ocorreram no início dos anos 1760. Veio o clímax com a comédia *Les Philosophes*, de Palissot, que em 1760 levou a uma guerra sistemática de panfletos e a toda uma série de imitações menos espetaculares. Depois disso, a frequência de novos textos relacionados ao tema caiu drasticamente, embora se tenha estabilizado num ponto superior ao anterior a 1750. Em contraste com o período anterior, tratados "antifilosóficos" eram agora claramente a maioria. Evidentemente tinham de argumentar em sua maior parte e cada vez mais de uma posição defensiva contra uma *philosophie* que já não tinha de lutar por reconhecimento. Reunidos, os debates da década de 1760 serviram apenas para reabilitar o que até então tinham sido conceitos completamente abstratos. Enquanto induziam medos difusos em seus oponentes, os *philosophes* invertiam seu argumento de maneira que parecesse uma "busca das virtudes", uma confirmação da alegação de que sua própria crítica era moralmente fundamentada. Qual era a estratégia argumentativa desses inumeráveis panfletos dos quais somente uns poucos exemplos podem ser mostrados aqui, e como foram recebidos pelo público em desenvolvimento?

Philosophe e Philosophie no fogo cruzado

A acusação mais persistente contra os *philosophes* era a de serem anticlericais e hostis à religião. Tão logo a *Encyclopédie* começou a aparecer, Argenson percebeu uma intensificação da prática jesuíta de acusar de *irréligion* [irreligião] e *matérialisme* [materialismo]: "esse gosto de filosofar do século".. Logo, todo aquele que se expressasse "filosoficamente" e, por isso. justificava a interdição da *Encyclopédie*. De fato, a resposta dos jesuítas em vinte volumes fez de Voltaire e dos "*philosophes*" um grupo arrogante de ateus: "Esses homens audaciosos cuja filosofia consiste em desencadear-se contra uma religião cuja verdade ... irrita seu orgulho". Longos tratados escarneceram em particular do "caráter anticristão" da nova *philosophie*. E quando a conferência dos bispos católicos da França redigiu uma carta pastoral contra as "falsas doutrinas", os bispos originalmente pretendiam chamá-la "Instruction Pastorale antiphilosophique" [Instrução Pastoral Antifilosófica], mas, enfim, optaram por um título mais teológico: "Une Instruction où ils renversent cette *Philosophie* irréligieuse qui voudroit lutter contre l'Eglise et en frapper les fondements" [Uma Instrução em que eles [os prelados] vertem essa Filosofia irreligiosa que quereria lutar contra a Igreja e solapar-lhe os fundamentos]. O dicionário-panfleto radical de Holbach fez uma caricatura da denúncia católica ortodoxa com exagero deliberado:

> *Filósofos:* são os pretensos amigos da sabedoria e do bom senso; donde se vê que são vagabundos, ladrões, velhacos, ferinos, ímpios, pessoas detestáveis para a Igreja, às quais a sociedade não deve senão gavelas e fogueiras.

Por outro lado, o público bem compreendeu que os *philosophes* frequentemente davam motivo para essas acusações – por exemplo, ao investir sistematicamente contra os membros do clero na Academia de Belas Artes, sendo responsabilizados pela crescente falta de aspirantes às ordens religiosas como efeito direto de sua "filosofia", e ironicamente dispensando esforços para reconciliar cristianismo e *philosophie*: "A meta de Maupertius é provar que só se pode ser feliz por meio da religião"

Assim, tentativas isoladas de preencher a lacuna entre *philosophie* e religião revelada, e deste modo reatar a *philosophie* com seu sentido tradicional, encontrou pouco eco. Não apenas em dicionários católicos polêmicos, mas também nas conversas de rua, os conceitos de *philosophie* e *philosophe* estavam conectados de maneira tão autoevidente com as ideias de "ateísmo" e "materialismo" que o *Dictionnaire de Trévoux* abjurou de seu acordo outrora hesitante com o "filósofo misantropo":

> No mundo, adorna-se também com o nome de filósofo a esses espíritos mui fendidos que ... se põem acima dos deveres e das obrigações

da vida civil e cristã; e que, livres de tudo o que eles chamam preconceitos da educação em matéria de religião, escarnecem dos pobres humanos, fracos o suficiente para respeitar as leis estabelecidas, e imbecis o suficiente para não ousar sacudir o jugo de uma mui antiga superstição.

Na ocasião, o porta-voz dos *philosophes* respondeu a tudo de maneira conciliadora dizendo que não tinham dúvidas quanto ao cristianismo, mas estavam apenas combatendo seu abuso pelo clero. Mas, para a maioria, eles reagiram com a recriminação do "fanatismo religioso": "O inimigo nato do filósofo é esse fanático atrabiliário que defende sua seita com o punhal e com a chama das fogueiras". Pois até mesmo Voltaire incluiu a entrada *"Philosophe"* em seu *Dictionnaire Philosophique* [Dicionário Filosófico] em grande medida sob o rótulo de perseguição injusta à qual a maioria dos *philosophes* dignos – de Charon a Descartes e Gassendi, e até Bayle e Fontenelle – tinha sido submetida: "Sempre vemos os filósofos perseguidos pelos fanáticos".

Por outro lado, os oponentes do Iluminismo desmascararam a angústia de perseguição de *philosophes* bem-sucedidos que fizeram um espetáculo autoencenado do motivo bem conhecido da *vertu persécutée*: "É tão doce representar o mérito perseguido, ou prestes a sê-lo! A pessoa torna-se tão considerável renunciando à consideração! Tal charlatanismo tem algo de muito sedutor para esse mesmo público que é desprezado". Além disso, eles simplesmente voltaram a condenação do fanatismo aos *philosophes*: "Eles exigem tolerância, transtornam tudo. Gritam contra o fanatismo, e jamais se viram fanáticos mais furiosos". Tal era a crítica de um panfletário católico em 1765, na ocasião do texto de d'Alembert contra os jesuítas, que até mesmo os círculos Iluministas julgaram demasiado extremista. Linguet gastou sessenta páginas para apontar a arrogância dos *philosophes*, a impaciência com outras opiniões, a propagação militante de ideias compulsivas exageradas, a exigência de obediência incondicional, e competição obsessiva por prosélitos. Isso embaraçou os Iluministas, mas seu oponente Fréron recomendou sua leitura:

> O fanatismo religioso banha-se por vezes no sangue... Mas o da filosofia, menos destruidor em aparência, não é menos perigoso... O fanatismo filosófico é ao mesmo tempo destruidor, vil e tímido. Ele oprime, degrada os homens.

Não é de surpreender que os católicos contrailuministas buscassem institucionalizar lexicograficamente essa crítica no conceito de *philosophes*:

> Eles pregam a tolerância como os sediciosos pregam a submissão; querem que se tolere o que vem de sua parte, e são os mais impacientes de todos os intolerantes, com respeito aos que insistem em manter distância deles.

Daí as reprovações recíprocas da troca de favores e do sectarismo estarem estreitamente relacionadas. Como reação aos escritos iluministas radicais de Helvétius e Holbach, Fréron cunhou o *slogan* "Philosophistes" ou fez referências a "M. de Voltaire et tout la Philosophaille" [O senhor Voltaire e toda a sua turba de filósofos]. Um dicionário conservador caracterizava a suposta pretensão dos *philosophes* à exclusividade com as palavras: "Toda a ciência da filosofia estava encerrada em sua escola; o restante do gênero humano não era esclarecido". Observadores ainda mais neutros falavam de uma nova "Secte de *Philosophes* audacieux" [Seita de Filósofos Audazes], e o benevolente Baron Grimm acertadamente comentou sobre um "parti philosophique" que se formava contra os *dévots* na Academia Francesa. Acima de tudo, no contexto dessa argumentação, *philosophes* tornaram-se sinônimo de *Encyclopédistes* e *Physiocrates*:

> Os economistas são filósofos políticos, que escrevem principalmente sobre as matérias agrárias e sobre a administração interior... Conquanto não sejam, falando propriamente, senão uma débil emanação dos *Enciclopedistas*, eles não tardaram a revoltar-se... Esses Filósofos começam a tomar corpo.

Tal congruência de nome e predicado trai uma tendência a estilizar os *philosophes* como sujeito coletivo a quem podem ser facilmente atribuídas conspirações contra a sociedade. Claro, os enciclopedistas não eram uma seita conspiratória, mas uma vaga associação de intelectuais em sua maioria burgueses trabalhando juntos e integrados no *ancien régime*, do qual Voltaire, Rousseau, d'Alembert e outros logo se afastaram. Tampouco os Fisiocratas formavam um "partido" sólido. Em suma, como amargamente constatou Rousseau, a maior parte dos escritores "filosóficos" estavam mais preocupados com lucros e ascensão social do que com a "verdade"; além disso, desde as tensões de 1760 entre moderados e radicais, *arrivistes* e *philosophes* o número de desempregados vinham crescendo. Contudo, é evidente que já na década de 1750 os iluministas tinham desenvolvido sua tendência a valores básicos comuns e apoio mútuo num sentimento de comunidade e solidariedade. Claro, isso ocorreu essencialmente como reação à ofensiva pública dos *antiphilosophes*, quando saiu o novo *slogan*. A partir de agora, eles admitiam expressamente certo partidarismo, justificando-o como autodefesa contra a "perseguição fanática". Especialmente a correspondência de Voltaire dessa época contém uma longa série de apelos à unidade de seus seguidores (em cartas frequentemente endereçadas como *"mon cher philosophe"*), em que uma mania de perseguição ostensiva deu origem ao grito de guerra "Écrasez l'infâme!" [Esmagar o infame!].

> Por que fatalidade pode ser que tantos fanáticos imbecis tenham fundado seitas de loucos, e que tantos espíritos superiores não possam senão com dificuldade terminar por fundar uma pequena escola de razão? Talvez porque eles sejam sábios; ... eles contentam-se com rir dos erros dos homens, em lugar de esmagá-los.
>
> A todos os filósofos, exortai-os sem cessar a marchar em fileiras cerradas contra o inimigo. Eles serão os mestres da nação se se entenderem.

É particularmente em tais apelos que a *Correspondência* se revela como o gênero ideal, graças ao qual os *philosophes* dominavam a opinião pública e ao mesmo tempo podiam preservar de maneira convincente a autoimagem de uma minoria perseguida. Afinal, as cartas de figuras famosas do Iluminismo estavam endereçadas a um círculo público de assinantes e, com seu gesto verbal de intimidade, dava a cada um dos destinatários a impressão de pertencer a um pequeno grupo de "iniciados".

Uma quarta faceta das polêmicas dizia respeito ao modo de pensar dos novos *philosophes* e a sua ética. O que era condenado pelo anti-Iluminismo como um rígido sistema de pensamento matemático-analítico inadequado para tratar de questões de sentimento e moralidade era justificado pelos representantes do Iluminismo como *esprit philosophique* empírico-crítico, que estava prestes a sobrepujar o *esprit systématique* dogmaticamente determinado:

> ... por espírito sistemático, não aprovo aquele que liga as verdades entre si, para formar demonstrações, o que não é outra coisa que o verdadeiro espírito filosófico, mas designo aquele que constrói planos e forma sistemas do universo, aos quais quer depois ajustar, por bem ou por mal, os fenômenos.

Portanto, declaravam sua *philosophie* como pioneira da *vérité* [verdade], *justice* [justiça], *raison* [razão] e *progrès* [progresso] contra as forças obscuras do *préjugé* [preconceito], *fanatisme* [fanatismo], *ignorance* [ignorância], *injustice* [injustiça] e *barbárie* [barbárie]. Enquanto os dicionários católicos estavam acusando os *philosophes* de corromper perniciosamente a moral e os bons costumes, os *philosophes* reivindicavam a si mesmos uma função social educativa: "Trabalhar para corrigir os defeitos que se encontram no sistema de educação de um povo, querer esclarecer sua nação e aplicar-se a contribuir para a felicidade geral, aí está a tarefa de um filósofo". E um texto inteiro devotava-se à amplificação da opinião de que o "verdadeiro filósofo" – graças à sua nova dedicação humanitária à sociedade, suas *vertus sociales* e sua *urbanité*, em suma sua obrigação ética perante a tríade *Société-Vérité-Vertu* – também tinha sido designado para essa tarefa perante todos os demais cidadãos.

Ainda assim – ou mesmo por causa disso –, a polêmica da oposição culminou na declaração de que os *philosophes* estavam minando os fundamentos da sociedade e do estado. Era exatamente este ponto que os dramaturgos "antifilosóficos" consideravam o mais importante; e portanto puseram linhas mais antiabsolutistas do que antirreligiosas na boca dos *philosophes* que estavam criticando. Representantes da Igreja Católica levaram adiante o ataque:

> Ó século dezoito! ... vós sois frívolo, sois corrupto: graças aos filósofos, a esse sábios universais, cuja maior parte, como as pessoas de qualidade, sabem tudo sem ter aprendido nada! Onde está a honra, a probidade? Onde estão os costumes puros, a boa fé nos negócios, a fidelidade conjugal, e ternura filial, o amor paterno? Todas essas virtudes não são solapadas em seu fundamento pelas obras filosóficas? Donde vêm os transtornos do Estado, a autoridade comprometida, a obediência forçada, ao vício acreditado, a virtude abatida, senão dessa liberdade de pensar, dessa razão, desse audacioso egoísmo, princípios fundamentais do moderno filosofismo, fontes inesgotáveis de desordem?...

O Parlamento Parisiense uniu-se e intensificou a perseguição de panfletos críticos à igreja e ao estado que eram contrabandeados com sucesso sob a designação coletiva de *livres philosophiques* e que constituía a maior parte da literatura clandestina proibida na segunda metade do século dezoito:

> Os filósofos erigiram-se em preceptores do gênero humano. Liberdade de pensamento, aí está seu grito, e esse grito se faz ouvir de uma extremidade do mundo à outra. De uma mão, eles tentaram estremecer o trono; da outra, quiseram derrubar os altares. Seu objeto era fazer os espíritos tomar outro curso com respeito às Instituições civis e religiosas... O contágio penetrou as oficinas e até as choças.

Em resposta, os representantes do Iluminismo reafirmavam que o *philosophe* não aspira ao poder governamental, mas apenas à compreensão teórica – mas sem perder a oportunidade de reivindicar sua função de conselheiro político:

> ... Que filósofo ensanguentou os tronos e armou os homens contra os homens? ... Fazei o filósofo sentar-se ao pé de tronos, e não vereis esses grandes crimes... O filósofo é o mais pacífico dos homens. Une as pessoas aos reis, e os reis entre si. Impede os povos de exterminar-se por sofismas.

Toda essa polêmica multifacetada já tinha se desenvolvido na década de 1740, mas com a publicação da *Encyclopédie* assumiu novo vigor, densidade e ressonância. Ademais, todo o repertório de significados de *philosophe* e *philosophie* – e este é um ponto essencial – podia ser empregado como autoevidente tanto pelos defensores do Iluminismo quanto por seus oponentes. Sem dúvida, certos aspectos do significado eram tematizados, criticados e, assim – ao menos teoricamente –, excluídos do modelo de linguagem pelos representantes do anti-Iluminismo, ao passo que os *philosophes* a qualquer momento eram forçados a concentrar-se nos ataques de tais críticos e na negação de (potenciais) negações. Mas, na mente do público perante o qual os antagonistas realizavam seus debates, era necessário implantar *um* conceito – aspectos do sentido que estavam sendo combatidos não só não podiam ser transferidos, como tinham prioridade absoluta. Precisamente porque em vários aspectos a oposição aceitou a posição de uma "negação simétrica" como autoimagem dos *philosophes*, introduziu-se certa concordância em seu uso. E era justamente porque o conceito de *philosophe* se tinha institucionalizado pelas negações das negações que em 1743 o tratado *Le Philosophe* pôde manter sua atualidade por tanto tempo; pois ali, também, o conceito constituíra-se pela negação das negações. Sem dúvida, fora radicalizado e politizado nesse ínterim, desenvolvera suas implicações anticlericais e antiabsolutistas, e agora vinculava inteiramente o papel conceitual de autorreflexão a uma ética da ação social engajada, contra o que os *philosophes* definiam como "fanatismo" e "despotismo" e em favor do Iluminismo, da "justiça" e da "liberdade".

A Philosophie como disciplina acadêmica e o Philosophe como erudito profissional

Com a filosofia do século XVIII confiada ao passado, os predicados semanticamente despolitizados de *philosophe* e *philosophie* podiam agora ser reinstitucionalizados na sociedade "burguesa" em desenvolvimento como um par conceitual neutro e com orientação científica.

Junius Frey, o emigrante austríaco jacobino, pode ser tomado como precursor deste processo. Já em 1793, ele dedicara um tratado anônimo a este clube parisiense intitulado *Philosophie Sociale*, o qual (análogo ao conceito em certo sentido simultâneo de uma *arte social*) defendia uma ciência política objetiva que teria de ser algo mais que simplesmente *la science des gouvernans pour tromper les gouvernés* [a ciência dos governantes para enganar os governados]:

> Afastado de todo e qualquer espírito de partido, busco a verdade, não me apego senão a ela, e aos poucos viajantes que encontro neste caminho penoso. A filosofia social é a ciência menos avançada e a mais incerta de todas. Está ainda no berço.

Mas, para a maioria, o novo conceito acadêmico de filosofia foi propagado pelos *Idéologues*, um grupo de elite de figuras do iluminismo tardio que se reunira em torno dos escritos de Condillac nas últimas décadas do *ancien régime*, fora apoiado durante o Diretório pela fundação do "Instituto" e exercera certo fascínio sobre muitos políticos. Ora, se da semântica complexa do conceito de filosofia, os *philosophes* tinham sobretudo levantado a hipótese de sua dedicação à sociedade, então a observação não enviesada da natureza era o estilo intelectual dos *idéologues*. Seu principal interesse era constituir uma ciência do pensamento humano; e o fato de a *Science de l'Homme* como paradigma de pensamento e pesquisa na França remontar a esse projeto – que tem se mantido válido até hoje – demonstra sua afinidade com o complexo institucional da ciência na sociedade burguesa. Assim, é sintomático que – precisamente nos anos em que estava em voga legitimar a política republicana radical baseando-a na *philosophie* – os *idéologues* estivessem engajados no desenvolvimento de uma *philosophie* no sentido de uma disciplina acadêmica. No prospecto da revista *Décade Philosophique* [Década Filosófica], o predicado *philosophie* (o conceito mais frequente na revista) aplica-se a um dos três grupos de ciência, sendo os demais *Sciences mathématiques* [ciências matemáticas] e *Sciences politiques* [ciências políticas]:

> A seção filosófica encerrará não somente a metafísica, a lógica e a moral, quer dizer, a arte de conduzir a razão no estudo das ciências, e de conduzir-se a si mesmo na carreira da vida, mas também a economia política, ou a arte social, com todas as suas subdivisões.

Reconhecidamente, é como se suas reservas à política cotidiana qualificassem a *Idéologie* como precursora da ciência moderna na França menos do que seu rigor argumentativo e metodológico. De forma característica, foi precisamente em sua revista que Roederer, o editor chefe do *Journal de Paris*, fez uma declaração numa resenha do panfleto antifilosófico de Rivarol, na qual descrevia *philosophie* como uma ciência objetiva e empírico-observacional que podia oferecer uma saída para os debates entre *philosophes* e *antiphilosophes*:

> Para mim, eis pouco mais ou menos o que entendo por filosofia moderna. Antes de tudo, ela tem em comum com a antiga o ser o amor da sabedoria e da busca da verdade. Depois, o que me parece distingui-la desta é a segurança de seus métodos na direção dessa busca, e é ainda a extensão de suas descobertas. Um conhecimento mais aprofundado do entendimento e da origem das ideias fez remontar aos verdadeiros meios de adquiri-las e de verificá-las. Assim, a experiência e a observação substituíram em todas as ciências o arbitrário das hipóteses e a mania dos sistemas.

Se havia de acontecer que uma *Idéologie* que via neutralidade científica sem ser politicamente complacente logo colidisse com o absolutismo napoleônico e assim perdesse seu apoio oficial, todavia ela estabeleceu um papel permanente, em que a produção de conhecimento foi separada da ação política e em que se relaxou a relação recíproca entre a apresentação do conhecimento produzido e o público não especialista. Os estados burgueses logo construíram suas universidades como lugares de produção de tal conhecimento, assumindo assim a função do conhecimento religioso da revelação, que no *ancien régime* tinha sido a última instância válida para uma apreensão "adequada" da realidade. Aqui o papel do cientista misturou-se ao papel burguês, e mesmo tornou-se uma espécie de papel de precursores dos cientistas que distingue os *Idéologues* dos *philosophes* iluministas.

No período seguinte, sua institucionalização social pode ser vista no dicionário acadêmico de 1835 no conjunto de definições de *philosophie* e *philosophe*: "Aquele que se dedica ao estudo das ciências, e que busca conhecer os efeitos por suas causas e por seus princípios". Os únicos traços do desenvolvimento conceitual dramático do iluminismo e da revolução são os exemplos (históricos) de *La philosophie du dix-huitième siècle* [A filosofia do século dezoito] e as expressões especiais que surgiram da polêmica – *philosophaille* [pejorativo: a turba dos filósofos], *philosophailler* [pejorativo: fazer filosofia a torto e a direito; bazofiar de filósofo], *philosophastre* [filosofastro], *philosopherie* [má filosofia], *philosophesque* [pertencente a má filosofia], *philosophesse* [filósofa] e *philosophiste* [filosofista, mau filósofo]; expressões relegadas ao apêndice. Ademais, o conceito de *philosophie* do século XVIII como legado ético e político e como potencial crítico latente permaneceu subliminarmente na memória coletiva. Em todo tempo, cientistas e artistas na sociedade burguesa conseguiram influenciar a opinião pública e assim adquirir certo papel político – nas celebrações do início da Terceira República, no caso Dreyfuss ou nos movimentos de protesto do fim dos anos 1960. Essa memória latente torna-se uma presença. Onde quer que haja sonhos de uma convergência de reflexão social e ação vinculada a necessidades sociais, de uma reconciliação entre teoria e práxis, o Iluminismo francês é reatualizado como o padrão do passado. Até mesmo o movimento estudantil da Alemanha Ocidental teve seu Clube Voltaire.

LIVRARIA E EDITÔRA LOGOS LTDA.
Rua 15 de Novembro, 137 - 8.º Andar

EDITÔRA MATESE
Av. Irerê, 382 - P. Paulista

GRÁFICA E EDITÔRA MINOX LTDA.
Avenida Conceição, 645 - Jabaquara

ENCADERNAÇÃO BELA VISTA LTDA
Avenida Conceição, 841 Jabaquara

LIVRARIA E EDITÔRA MINIMAX LTDA.
Praça da Sé, 47 - 1.º Andar - Sala 13

SIMBOLO EDITORIAL LTDA.
Praça da Sé, 47 1.º Andar - Sala 12

PROF. MÁRIO FERREIRA DOS SANTOS

RUA 15 DE NOVEMBRO, 137 - 8.º ANDAR - FONES: 35-6080 - 33-3892 - 31-0238 - SÃO PAULO - BRASIL

EDITÔRA MATESE
AVENIDA IRERÊ, 382
PLANALTO PAULISTA - S. PAULO

Lista de Preços

OBRAS	PAGS.	NCr$
Filosofia e Cosmovisão	251	15,00
Lógica e Dialéctica	260	15,00
Psicologia	254	15,00
Teoria do Conhecimento	218	15,00
Ontologia e Cosmologia	217	15,00
Tratado de Simbólica	234	15,00
Filosofia da Crise	221	15,00
O Homem perante o Infinito	250	15,00
Noologia Geral	228	15,00
Filosofia Concreta	622	35,00
Filosofia Concreta dos Valôres	196	15,00
Ética Fundamental e Sociologia Fundamental	244	15,00
Métodos Lógicos e Dialécticos	676	35,00
Filosofias da Afirmação e da Negação	221	15,00
Origem dos Grandes Erros Filosóficos	212	12,00
Grandezas e Misérias da Logística	156	12,00
Erros na Filosofia da Natureza	189	13,00
Tratado de Economia	452	25,00
Filosofia e História da Cultura	602	35,00
Análise de Temas Sociais	619	35,00
O Problema Social	227	15,00

OBRAS	PAGS.	NCr$
A Sabedoria dos Princípios	310	20,00
A Sabedoria da Unidade	297	25,00
A Sabedoria do Ser e do Nada (2 vols.)	—	45,00
Pitágoras e o Tema do Número	224	15,00
O Um e o Múltiplo em Platão	245	15,00
Protágoras	124	10,00
«Isagoge» de Porfírio e «Das Categorias» de Aristóteles	340	18,00
Aristóteles e as Mutações	225	15,00
Curso de Oratória e Retórica	228	15,00
Técnica do Discurso Moderno	252	15,00
Práticas de Oratória	226	15,00
Curso de Integração Pessoal	252	15,00
Invasão Vertical dos Bárbaros	155	10,00
Convite à Filosofia	212	13,00
Convite à Psicologia Prática	236	13,00
Convite à Arte	244	13,00
Páginas Várias	236	10,00
Dicionário de Filosofia e Ciências Culturais (4 vols.)	1.723	95,00
Dicionário de Pedagogia e Puericultura	766	30,00

Editoras fundadas e dirigidas por Mário Ferreira dos Santos.

Diario de S. Paulo
UM JORNAL DOS DIÁRIOS ASSOCIADOS

ANO XL — SÃO PAULO, SEXTA-FEIRA, 19 DE ABRIL DE 1968 — N.º 11.960

BARNARD CHOROU DE EMOÇÃO E PARTIU

Notícia do falecimento de Mário Ferreira dos Santos.

Professor Ferreira dos Santos

Com o falecimento do professor e escritor Mário Ferreira dos Santos, as letras brasileiras ficaram desfalcadas de um de seus mais ilustres representantes. Homem de saber enciclopédico, dedicou toda sua vida ao estudo e à realização de uma vasta obra, que abrangia desde os assuntos, desde a educação dos jovens aos altos problemas filosóficos.

Infenso, porém, aos grupos literários, seu nome era aplaudido por mestres e estudantes, embora pouco destaque tivesse nas colunas dos nossos periódicos, dada a sua natureza arredia às homenagens.

Formado em Direito e Ciencias Sociais, manteve sempre um ideal de independencia e de liberdade em relação aos grupos e foi dos poucos autores que, no Brasil, pôde viver exclusivamente da aceitação de suas obras pelo grande publico. Criador da Filosofia Concreta, não se filiou jamais a nenhuma escola filosofica, e sempre lutou pela formação de uma elite intelectual brasileira, de raízes e formação nacionais. Publicou mais de 100 volumes, em vida e deixou algumas dezenas de obras prontas para a publicação.

Mario Ferreira dos Santos nasceu em Tietê, a 3 de janeiro de 1907 e faleceu no dia 11 p.p. Entre suas obras, destacam-se: "Filosofia Concreta", "Metodos Logicos e Dialeticos", "Tratado de Economia", "Filosofia e Historia da Cultura", "O Problema Social", "Dicionario de Filosofia e Ciencias Culturais", "A Sabedoria dos Principios", "Curso de Oratoria e Retorica", "Filosofia de Crise", "Ontologia e Cosmologia", "Filosofia e Cosmovisão", "Psicologia", "Teoria do Conhecimento", "Noologia Geral" e muitas outras.

Centro de Studi Filosofici di Gallarate
Enciclopedia Filosofica
2a.edizione - 6 voll. - G.C. Sansoni Editore
Firenze 1968-1969

Vol. V, colunas 1005-1006:

SANTOS, MARIO FERREIRA DOS - Filósofo brasileiro, n. em Tieté (São Paulo), de família portuguesa, aos 3 de janeiro de 1907, *ml.* aos 11 de abril de 1968. Fez seus estudos secundários no colégio Gonzaga de Pelotas (Rio Gr. do Sul) e licenciou-se em direito e ciencias sociais na Universidade de Porto Alegre. Após ter exercido, por breve período advocacia e o ensino, retirou-se a vida privada, dedicando-se exclusivamente ao estudo da filosofia e das ciencias conexas com a mesma. Fundou em São Paulo duas casas editoras para a divulgação das suas obras (Ed. "Logos" e Ed. "Matese"). Escritor e pensador extraordinariamente fecundo publicou em menos de quinze anos, uma coleção com o título de "Enciclopédia de Ciencias Filosóficas e Sociais" que abrange 45 volumes, em parte com caráter teorético, em parte histórico-críticos. Os mais importantes são: Tratado de Simbólica (5 edd.) Filosofia da Crise (4edd.), Filosofia Concreta 3 vols. (5 edd.), Filosofia Concreta dos Valores (3 ed.), Sociologia Fundamental e Etica Fundamental, (3ed Pitágoras e o Tema do Número (3 ed.), Aristóteles e as Mutações (3 ed), O Um e o Múltiplo em Platão (3 ed.), Métodos Lógicos e Dialécticos (3 vols.) (5 ed.), Dicionário de Filosofia e Ciencias Culturais 4 vols. (5 ed.) etc. A síntese filosófica de F. dos S. é ao mesmo tempo, tradicional e pessoal. Aproveitando as descobertas mais recentes sôbre Pitágoras, realizadas especialmente pela Associação Internacional dos Pitagóricos, sob a direção do Dr. Sakellarion da Universidade de Atenas, êle procura uma conciliação entre a pitagórica Mathesis Megiste e a sabedoria infusa de St. Tomás, especialmente como é apresentada no comentário De Hebdomadibus de Boécio. Ela conseguir-se-ia, segundo o próprio Aquinate, por meio de uma co-intuição sapiencial e de um certo instinto divino . Nisto, segundo M.F. dos S., consiste a filosofia como ciência ou melhor como super-ciência e sabedoria dos princípios. Ela é concreta porque nos faz conhecer a própria realidade das coisas em suas íntimas raízes, e não tem por objeto ideias a priori; deve ser positiva, quer dizer construtiva e não puramente crítica e negativa; ela é apodítica e não só problemática e provável. Ela poderá lançar uma ponte entre a metafísica e a religião cristã revelada e poderia constituir um novo método de apologética e de catequese especialmente dado aos ambientes culturais de hoje. Juntando numa síntese mais profunda os elementos de convergencia dos maiores filósofos, desde Pitágoras, Platão, Aristóteles até Sto. Tomás, Scot, Suarez e integrando com maior objetividade, à luz das contingencias históricas de cada pensamento, os pontos de divergencia, F. dos S. elabora um sistema ao qual, em homenagem a Pitágoras, e por causa do método dialéctico empregado, deu o nome de Matese . Ao mesmo consagrou uma série de trabalhos, japrontos e em via de publicação. Ela constará de uns 15 volumes, entre os quais salientamos os títulos seguintes: Sabedoria dos Princípios, Sabedoria da Unidade, Sabedoria do Ser e do Nada, Sabedoria das Tensões, Sabedoria das Leis Eternas , etc. F. dos S. acusa a filosofia moderna e contemporanea de atitudes negativas, cómo subjetivismo, abstratismo, céticismo, ficcionismo, nihilismo, desesperacionismo.... Ele aponta os frutos deletérios de tudo isto num livro recente ao qual deu o título significativo de Invasão Vertical dos Bárbaros (1967). Entretanto nos grandes mestres da filosofia moderna descobre e aproveita verdades parciais de relevante valor. Êle nos deixou um exemplo, disto, na sua interpretação de Nietzsche, ao qual além da tradução em portugues das obras principais, dedicou várias monografias. Merecem ser citados também alguns trabalhos literários, como: Curso de Oratoria e Retórica - (1953-12 ed.), Técnica do Discurso Moderno (5 ed.), Práticas de Oratória (5 ed.), e vários volumes de divulgação, como Convite a Filosofia, Convite à Psicologia Prática , Convite a Estética, todos já na 6a. edição.

Apóstolo incansável e solitário da sabedoria no sentido tradicional e antigo, M.F. dos S. se esforçou por formular uma filosofia que, embora ficando sempre aberta a novos problemas, fôsse ao mesmo tempo, de nome e de fato, "perene" e "ecumênica".

C. Beraldo

Verbete "Mário Ferreira dos Santos", Enciclopedia Filosofica (Firenze, 1968-1969)

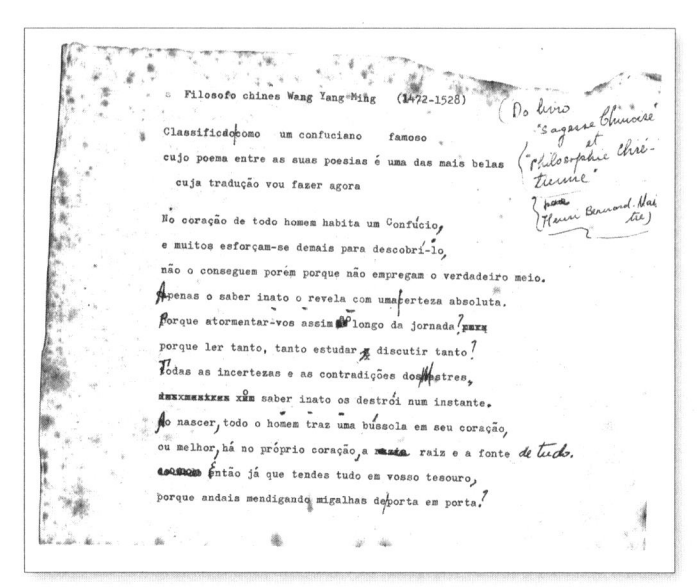

> O Filosofo chinês Wang Yang-Ming (1472-1528)
>
> Classificado como um confuciano famoso
> cujo poema entre as suas poesias é uma das mais belas
> cuja tradução vou fazer agora
>
> No coração de todo homem habita um Confucio,
> e muitos esforçam-se demais para descobrí-lo,
> não o conseguem porém porque não empregam o verdadeiro meio.
> Apenas o saber inato o revela com uma certeza absoluta.
> Porque atormentar-vos assim ao longo da jornada?
> porque ler tanto, tanto estudar e discutir tanto?
> Todas as incertezas e as contradições dos mestres,
> o saber inato os destrói num instante.
> Ao nascer, todo o homem traz uma bússola em seu coração,
> ou melhor, há no próprio coração, a raiz e a fonte de tudo.
> então já que tendes tudo em vosso tesouro,
> porque andais mendigando migalhas de porta em porta?

(Do livro "Sagesse Chinoise et Philosophie Chrétienne" para Henri Bernard-Maître)

Tradução de Mário Ferreira dos Santos.

Zaratustra – Revista de Cultura, Ano I, n° 1.

ZARATUSTRA
REVISTA DE CULTURA

ANO I — JANEIRO DE 1951 — N.º 1

SUMÁRIO

	Pág.
ZARATUSTRA (apresentação)	7
A TRIADE DO IDEALISMO DE HEGEL (Prof. Mário Ferreira dos Santos)	9
TEMAS DE PROBLEMÁTICA (Lázaro Brenano)	13
SINTESE DAS ORIGENS DA FILOSOFIA GREGA (Ana Luiza S. Saldanha da Luz)	20
APÓLOGOS, FÁBULAS E AFORISMOS (Mahdi Fezzan)	24
A MONOTONIA DA EXISTÊNCIA (Odilon Gomes)	28
A TRAGÉDIA DA EXCEPÇÃO (J. de Almeida Brito)	30
O HOMEM E A SOLIDÃO (Alvino Leal)	32
A ETERNIDADE DO INSTANTE (Lúcio da Silveira)	34
O ESTRATAGEMA DAS SERPENTES (Laura Dias)	36
ESCUTAI EM SILÊNCIO (Aquiles de Freitas)	38
UM POETA QUE NÃO QUER SER ORIGINAL (Redação)	39
POEMAS SEM ISMOS (Jerônimo Ferreira)	40
NADIA SANTOS (Redação)	45
CANTO A INFÂNCIA (Nadia Santos)	46
ERA UMA VEZ e TRANQUILIDADE (Nadia Santos)	48
MEDITAÇÕES SOBRE A FANTASIA COMO COMPENSAÇÃO DA REALIDADE (Dan Anderson)	49
A MÚSICA NACIONAL (Ana Lourenço)	51
ASSIM FALAVA ZARATUSTRA (Nagib Elchemer)	53
A DISCIPLINA DA LIBERDADE (Yolanda Lhullier Santos)	56
O PEQUENO BURGUÊS E A CONCEPÇÃO LIBERTÁRIA (Renato Lopes)	58
O PROBLEMA PECUÁRIO (L. R. Guasque)	61
ASSIM FALAVA ZARATUSTRA (Friedrich Nietzsche)	66
O EFÊMERO DAS CONDIÇÕES ADVERSAS (Eduardo Braga)	70
NOTAS E COMENTÁRIOS	72
CURSOS DO INSTITUTO CULTURAL "LOGOS"	94

Publicação Bimensal — Número Avulso: Cr$ 15,00

DIRECTORES:
Prof. Mário Ferreira dos Santos — Yolanda Lhullier Santos — Astrogildo Silva
Nagib Elchemer — José Pereira de Mello — Ana Lourenço

COLABORADORES:
L. R. Guasque — Nadia Santos — Alvino Leal
Lázaro Brentano — Jerônimo Ferreira — J. de Almeida Brito
Dan Anderson — Aquiles de Freitas — Edgardo Braga
Mahdi Fezzan — Moura e Silva — Odilon Gomes
Nicolau Bruno — Laura Dias — Ana Luiza S. Saldanha da Luz
Yol — Lúcio da Silveira — alunos do Instituto Cultural "Logos"

Redação e Administração: Rua Paisandu, 73 — Conjunto 25 — SÃO PAULO

O SEGUNDO NÚMERO DE ZARATUSTRA

Lázaro Brentano
NOVOS TEMAS DE PROBLEMÁTICA

Prof. Mário Ferreira dos Santos
A TRIADE DO IDEALISMO DE HEGEL (continuação)

Mahdi Fezzan
NOVOS APÓLOGOS, FÁBULAS E AFORISMOS

Dan Anderson
QUANDO A ARTE LUTA CONTRA A DECADÊNCIA

Aquiles de Freitas
QUATRO POEMAS INTENCIONAIS e AS DEZ NOITES

Jerônimo Ferreira e Nadia Santos
POEMAS

Lúcio da Silveira
A CASA DAS PAREDES GELADAS (novela)

Prof. Mário Ferreira dos Santos
ESQUEMA SOBRE A RELIGIOSIDADE NA ARTE

Nagib Elchemer
TEMAS SOBRE MÚSICA

Yolanda Lhullier Santos e Ana Lourenço
PITÁGORAS DE SAMOS E OS TEMAS DE SUA FILOSOFIA

Renato Lopes
POEMAS DE COOPERAÇÃO LIBERTÁRIA

Friedrich Nietzsche
ASSIM FALAVA ZARATUSTRA (novos cantos)

Astrogildo Silva
VERDADE E FANTASIA

Eduardo Braga
PITÁGORAS DE MELO EXISTE

NOTAS SOBRE O LÚDICO (Redação)

NOTAS SOBRE HEGEL, SPENGLER, NICOLAU DE CUSA E NIETZSCHE (Redação)

NOTAS E COMENTÁRIOS SOBRE ECONOMIA, SOCIOLOGIA, ESTÉTICA, etc.

COMENTÁRIOS SOBRE UM PENSAMENTO DE PASCAL (alunos do Instituto Cultural "Logos")

COLABORAÇÕES de Odilon Gomes, J. de Almeida Brito, Laura Dias e outros

Zaratustra – Revista de Cultura, Ano I, n° 1.

ZARATUSTRA

Por que "Zaratustra"?

Zaratustra é o símbolo da contradição, da luta dos contrários, do choque, da oposição criadora.

"Eu caminho por entre os homens como entre fragmentos do porvir, dêsse porvir que eu vejo.

Reduz-se o meu esfôrço, apenas em poder reunir e recompor êstes fragmentos, e tudo quanto é enigma e acaso terrível?

E como suportaria ser eu homem, se o homem não fôsse também poeta e adivinhasse enigmas, e também um salvador do acaso?

Salvar todo o passado e transformar "tudo o que foi" para fazer "o que deveria ser", eis aqui a única coisa que eu poderia chamar salvação".

* * *

Há duas formas de ver o homem ante a história: o homem como um produto da história, ou a história como um produto do homem.

A primeira, de origem marcadamente nórdica, prevalece hoje sobretudo no movimento socialista autoritário, enquanto a segunda, de origem latina, é aceita pelo socialismo libertário e pelo liberalismo, em geral.

Nós não vemos no homem apenas um produto da história, nem na história apenas um produto do homem. Há uma visão unilateral e perigosa nas distinções, nas separações, e duvidamos das fronteiras.

No homem, ante a história, há um transcender de ambos, produto do choque e da interação de ambos. Por isso acreditamos no que "o homem deveria ser", no que êle pode ser, como na sua vitória sôbre as contingências. Por outro lado, colocamo-nos destemerosamente contra todos os caluniadores do homem, de todos os matizes, contra aquêles que lhe negam a capacidade de criar por si só formas generosas de vida.

* * *

Nós acreditamos no homem e na sua dignidade. Acreditamos no homem que se supera. Não nesse ridículo super-homem criado pela mentalidade mecanicista, nem naquele monstro de brutalidade e dureza do fascismo, mas no super-homem generoso e digno de Zaratustra.

* * *

Ainda mais: seguimos o conselho de Nietzsche, e desejamos também ser argonautas e penetrar por mares desconhecidos, afrontar tempestades, não temer os recifes nem os baixios, nem recear os naufrágios, à procura de novas terras.

* * *

Zaratustra, através de seus cantos, ensinou-nos um caminho a percorrer, cuja meta é um ideal, inatingível e estimulante como todos os ideais.

Ser nietzscheano é ter coragem para romper os limites, é ter coragem ante os homens, ante o incompreensível, ante as idéias, ante o sofrimento, ante si mesmo. Não é alcançar um limite senão para superá-lo.

Somos nietzscheanos à proporção que somos fiéis a nós mesmos. Neste caminho de fidelidade, não tememos afastar-nos do mestre, porque o discípulo não contradiz o mestre quando afirma a si mesmo.

Zaratustra, ao descer das montanhas, disse: "Eu amo os homens"! Posteriormente afirmou: "Até agora todos os sêres criaram alguma coisa que os ultrapassou. Quereis ser o refluxo desta grande maré e retornar ao animal, em vez de superar o homem?

Eis, eu vos ensino o super-homem. O super-homem é *o sentido da terra*. Que assim fale o vosso querer: possa o super-homem tornar-se o sentido da terra! Exorto-vos, ó meus irmãos: permanecei fiéis à terra...".

Podemos negar o mito do progresso na natureza, não podemos, porém impedir que seja êle um grande querer humano.

Não nos aliamos entre os que desesperam, nem deixamos que as angústias nos dominem. É preciso ter coragem para enfrentar os problemas, as dores, os desesperos. Pretendemos ir além de nós mesmos e aí está tôda a nossa pretensão.

Não chegamos ainda ao fim, porque há sempre um mundo que morre e um mundo que nasce.

O que somos e o que seremos, nossas páginas di-lo-ão concretamente.

"Ainda não luziram tôdas as auroras...".

E por mais belos que sejam os crepúsculos, anelamos sempre pela nova aurora, que sobreviverá às longas noites sem lua...

* * *

Zaratustra – Revista de Cultura, Ano I, n° 1.

Índice analítico

A
abismo, 51, 62, 64, 66, 75, 107, 109
   agravamento exagerado do, 169
absolutismo, 137, 144
   fluxos e refluxos do, 141
abstração, 20, 117
   como atividade metafísica, 117
   como forma de separação, 20
   da Física, 120
   de primeiro grau, 120
   de segundo grau, 120
   de terceiro grau, 120
   e crise, 20
   estudo filosófico da, 120
   formal, 120
   graus de, 120
   no sentido psíquico, 118
   própria da Metafísica, 120
   total, 120
   três termos da, 117
abstratismo, 64, 67, 72-73, 83, 122, 124
   definição de, 68
   deformação da abstração, 66
   e arte moderna, 168
   e diácrise, 64
   e o agravamento da crise, 175
   excessos de, 168
   metodologia para evitar o, 69
   quantitativista, 173

ação
   diacrítica, 47
   sincrética, 51
   sincrítica, 47-48, 51
acomodação, 81
acracia, 140
adaptação
   biológica, 81
   cognoscitiva, 59
   da sensibilidade, 118
   esquemática, 84
   humana, 145
   psicológica, 81
agregação, 76, 87
amargura, 110, 112-13, 125
amor transcendental, 152
analogia
   entre a ordem ôntica e a ontológica, 79
antinomia
   característica da, 61
   cognoscitiva, 61
antonomia
   conceito de, 48
antropomorfismo, 28
apetibilidade
   intrínseca das coisas, 115
aretocracia, 138
argirocracia, 140
aristocracia, 138

do dinheiro, 140
do sangue, 140
espiritual, 140
aristotelismo, 130
arithmós ontológico, 58
aritmologia, 90
arquitetura moderna, 176
arte
  arcaica grega, 186
  moderna e diácrise, 167, 176
  primitiva e síncrise, 176
ascetismo, 162
assimilação, 59, 81, 118
ateísmo, 110
atomismo filosófico, 186-87

B
bem
  humano, 158
  moral, 158
biogênese, 81
biologismo, 72, 124, 194
burocratização, 147

C
campo
  conceito de, 199
causa
  eficiente, 88
  formal, 88
  material, 88
cesariocracia, 140
ceticismo, 59, 79
  excesso de, 130
ciclo
  cultural, 136
  das formas viciosas, 97, 124, 133, 135, 141, 144, 147, 187
  de forma, 135
  de formas viciosas, 131
  histórico de Spengler, 136
ciclo cultural
  formação do, 150
  segundo período do, 139
  terceiro período do, 140
ciências
  culturais, 143
  naturais, 143
cientificismo, 186
classicismo, 167
coisas
  silêncio das, 29
conceito, 20
  operação do, 121
  origem do, 118
concepção tensional, 204, 206
  e filosofia da crise, 204
conceptualismo, 92
concreção, 15, 67, 69, 107, 120, 122, 145, 149, 166, 186, 205, 210
  conceito de, 50
  desejo de, 177
  e dialética, 150
  final, 76
  histórica, 207
  ideal de, 182

ponto de, 109
transcendência-imanência, 198
conhecer
é delimitar, 29
conhecimento
quatro tempos do, 190
racional, 60
consciência
consciência da, 29
contradição
conceito de, 48
cópia
da essência, 62
intencional, 60
noética, 60
platônica, 62
corpo
presencialidade ontológica de um, 26
cosmologia, 74
crátesis
definição de, 136
cratos
plutocrático, 140
político, 139-40
religioso, 139
crise
agravamento da, 115, 122, 144
aspecto dialético da, 50
caminhos para vencer a, 211
características da, 148
causas da, 13
colocar-se positivamente na, 73

como grande problema da filosofia, 148
como incomunicabilidade entre as coisas, 112
como perfeição do finito, 38
conceito de, 19
consciência da, 19, 46
consciência humana, 228
crítica da, 23, 76
da ciência moderna, 174
do desemprego, 166
econômica, 150, 165, 176
e desespero, 46
e fatores emergentes, 178
e fatores predisponentes, 178
e insatisfação, 21
endêmica, 165
entre quantidade e qualidade, 172
epistemológica, 59
esferas da, 76
estética, 166
ética, 149-50
etimologia de, 19
exame da, 54, 111
filosofia global da, 229
forma de transcender a, 98
histórica, 133, 144
inerente ao ser finito, 39, 41, 94, 126, 150
inerente aos seres finitos, 50
insatisfação com a, 105
instalação da, 45
intrínseca ao ser finito, 67, 96

moral, 176
ontologia da, 229
política, 176
posição de, 124
posições de, 79, 121
positivação do conceito de, 95
resposta transcendental à, 182
solução ontológica da, 42
superação da, 182
teoria da, 117
terapêutica da, 177
terapêutica para a, 16
território da, 107
tomada de consciência da, 178
valor ontológico da, 76
vitória da religião sobre a, 97
cristianismo, 151
   arte e, 167
   ética do, 179
   formação do, 151
   penetração do, 151
   primitivo, 151, 163, 178, 181
   primórdios do, 152
   universalização desejada pelo, 180
crítica
   como separação de ideias, 21
cultura, 73
   alexandrina, 37
   mundo da, 22
   ser da, 22

D
decadialética
   a metodologia de penetração analítica da crise, 69
   como dialética da crise, 67
   como método, 150
   como metodologia, 69, 75
   como metodologia nova, 190
   conceito de, 64
   definição da, 67
   metodologia da crise, 75
delimitação
   conceito de, 76
democracia, 139
desagregação, 76
descrição, 56
desespero, 14, 34, 41, 46, 99, 105, 110, 179, 206
   como efeito da crise, 46, 51
   e crise, 70, 162
   filosofia do, 100
devir, 77, 99, 193
   como transcender, 193
   mutabilidade do, 95
diácrise, 47, 67, 70, 98, 115, 122, 152, 162, 167
   agravamento da, 112, 144, 154
   a partir do Renascimento, 154
   como emergência, 150
   com síncrise, 73
   e mundo contemporâneo, 154
   excesso da, 75
   fase de um processo tensional, 205
   produção da, 72
   sem a síncrise, 72

dialética
  análise, 73
  como lógica concreta, 53
  como metodologia, 54
  conceito de, 53
  dos fatores emergentes, 72
  dos valores predisponentes, 72
  e crise, 54
  sentido eminente de Platão, 53
  sentido pejorativo de Aristóteles, 53
dialética simbólica
  como metodologia nova, 190
diferença, 189
dignidade
  do cientista, 110
  do crente, 110
  do filósofo, 110
  do homem, 110
  ôntica, 112
dogmatismo, 79
  excessos de, 130

E
ecletismo, 51
ecologia, 123
ecologismo, 72, 124
emergência, 71, 72, 74, 77, 81, 83, 89, 94, 105, 115, 123, 203
  ciclo das possibilidades atualizadas da, 112
  conceito de, 188, 196, 202
  cristã, 163
  da forma, 84

  e adaptação animal, 82
  humana, 70, 142, 153
  virtual, 151
ente, 24, 77, 86
  da cultura, 88
  de razão, 79
  finito, 39
  lógico, 96
entidade
  definição de, 77
  formal, 89
entre
  definição de, 22
  espaço relacional, 22
  noção de, 22
equivocidade, 79
escolástica, 32, 71, 79, 105, 119, 186, 190-91
  adágio da, 82
  conceitos da, 108
escotismo, 74, 93
esotérico, 107
espaço
  conceito de, 31
especulação transcendental, 108
esperança, 152
esquema concreto, 78
essência
  como proporcionalidade intrínseca, 57
Estado, 147
  como empresa meramente econômica, 140

intervenção do, 165
moderno, 136, 177
estímulo, 81
estoicismo, 158
estruturações tensionais, 204
e vitória sobre a crise, 205
estruturalismo, 185, 188
crítica do, 199
estruturas tensionais
constelação de, 204
novas, 211
ética, 132
ética cristã, 154, 161
fundamentos ontológicos da, 154
má compreensão da, 162
evolução, 84
animal, 84
da forma, 94
existencialismo, 105
de Heidegger, 104
de Jaspers, 104
exotérico, 107

F
fascismo, 180
italiano, 181
fatores
ecológicos, 70
emergentes, 70, 73, 81, 89, 123,
133, 141, 175
como princípios intrínsecos, 70
histórico-sociais, 70
predisponentes, 70, 73, 81, 89, 112,
115, 123, 129, 133, 141, 153, 175
felicidade
conceito de, 156
ideia de, 159
virtude como meio racional da, 161
fé religiosa
e diácrise inevitável, 171
figura, 88
como forma extrínseca, 27
conceito de, 27
filosofia
clássica, 123
da crise, 16, 75, 94, 106, 190, 204
da identidade, 75
da imanência, 103
de crise, 16, 75, 94, 103, 106, 124
de síntese, 99
moderna, 204
racionalista, 33
sincrética, 51
sincrítica, 51
transcendental, 108, 109
como filosofia de salvação, 107
finito
conceito de, 38
finitude, 34, 37
conceito de, 76
forma, 88
como estrutura ôntica do ser, 90
como porcionalidade intrínseca, 90
como presencialidade intrínseca, 27
crática, 144
híbrida, 179

imutabilidade da, 85
intrínseca dos seres, 87
platônica, 87, 91, 93
transcendência da, 93
viciosa, 146, 160, 195

G
geração
   em sentido aristotélico, 203
   espontânea
      impossibilidade da, 85
   vital, 74
germanismo
   manifestações guerreiras do, 181
Gnosiologia, 119

H
harmonia intrínseca, 91
helenismo
   decadência do, 150
   possibilidades culturais do, 151
heresia, 137
hierocracia, 137
história, 132
historial, 132
historicismo, 72, 124
historiologia, 145
   como futura ciência, 145
   verdadeira ciência da História, 210
hitlerismo, 181
homem
   visão sincrítica do, 70
humanismo integral, 157

I
idealismo
   excessos do, 130
ideias
   mundo das, 21
identidade, 189
ideologia, 73
   e abstratismo, 73
iluminismo, 187
imago, 119
   como intimização do objeto, 119
imanência, 103, 106, 108-09, 181, 189, 193
   conceito de, 193
   limite da ciência, 110
imanente
   exame do, 109
imanentimo
   ditadura do, 196
imanentismo, 194, 195
inatismo, 83
incompletude
   teorema da, 233
individualismo
   predominância do, 146
individualização
   princípio de, 111
indivíduo
   como espécie especialíssima, 111
infinito, conceito aristotélico de, 37, 38
infinito, conceito cristão de, 37
infinito, conceito de, 37, 38, 232
infinito, na cultura alexandrina, 37

infinitude, de simples simplicidade, 92
insatisfação, 21
intuição, 31
irracionalismo, 121

L
latência, 189
lei
   cósmica, 114
   da alternância, 130, 144, 190, 194
   da conservação da espécie, 44
   da conservação do indivíduo, 44
   da crise, 43, 45
   da crise como lei do mundo finito, 46
   da crise no mundo inorgânico, 44
   da história do pensamento humano, 190
   da proporcionalidade intrínseca do ser, 91
   da separação, 43
   da união como lei do mundo infinito, 46
   de proporcionalidade intrínseca, 87, 203, 205
   do bem, 41
   do menor esforço, 41
liberalismo, 146
limite, 208
   como crise, 25
   como mediação, 25
   como ser em outro, 24
   conceito de, 24-25
   conceito dialético, 25
   da individualidade, 29
   definição de, 76
   do eu, 29
   duplicidade do, 29
   e finitude, 26
   e não-ser, 24
   estereométrico
      e figura, 27
   extrínseco da figura, 27
   intrínseco da forma, 27
lógica, 24, 55, 66
   concreta, 53, 190
   formal, 53, 56, 194

M
matemática
   pitagórica, 172
   quantitativa, 173
materialismo
   desenfreado, 179
   excessos do, 130
mecanicismo, 48
   crítica do, 69
   definição de, 65
mecanismo
   de Demócrito, 75
metafísica, 54, 155
mimesis
   platônica, 91
mística
   hitlerista, 181
   social, 181

mito do progresso, 174
modernidade
  ecrise, 228
  é sinônimo de crise, 228
mônada, 32, 103
monadologia, 32
monocracia, 139
monoteísmo, 99
  como visão concrecional do universo, 99
moral
  como arte de chegar ao seu fim, 160
  cristã, 155, 162
  definição de, 156
  imanente, 160
  tomista, 156, 161

N
nada, 31
  como imedível, 34
  conceito paradoxal de, 34
  impossibilidade do, 22
  presença do, 33
niilismo, 105, 110
noologia, 55
nostalgia, 113
número π, 92

O
oclocracia, 140
oligarquia, 146
oligocracia, 139
ontologia, 24, 39, 54, 70, 79, 155, 202
  tensional, 231

P
pensamento
  abissal, 64, 69, 72-73
    definição de, 69
  aporético, 73
  aristotélico, 99, 119
  aristotélico-tomista, 94
  de crise, 76
  dialético, 73
  ético de Tomás de Aquino, 154
  mágico, 71, 72
  pitagórico, 95
  platônico, 88, 91, 93, 119
    síntese do, 90
  platônico-pitagórico, 94
  sincrítico, 72
  tomista, 93
pensar
  defnição do ato de, 78
pentadialética, 69
  como metodologia nova, 190
pessimismo, 147
pitagorismo, 57, 59, 86, 93
  definição do, 90
  de Platão, 86
  e Platão, 90
  esclarecimento do, 61
plutocracia, 140
polêmica
  fundamental da história da filosofia, 99

policialismo ideológico, 130
política
    definição de, 144
potência, 89
predisponência, 72, 77, 81, 105, 123, 163
    ação da, 112
presencialidade
    ôntica, 90
    ontológica, 90
princípio de não-contradição, 53
processo
    tensional, 112, 115, 135, 200, 205
        como agravante da crise, 115
        coordenado pela emergência, 115
        coordenado pela predisponência, 115
profanação, 21
profetismo, 209
    da catástrofe, 210
    negação do, 209
    reestudo do, 209
proporcionalidade intrínseca
    lei de, 28
psicogênese, 31, 81
psicologia, 55
    da forma, 199
psicologismo, 72, 124, 194

Q
quantitativo
    ditadura do, 173
quididade, 28

R
racionalidade, 120, 157
    como capacidade de construir esquemas generalizadores, 121
racionalismo, 121, 186, 195
    empirista, 155
    excessos do, 130
    moderno, 66, 172, 187, 192
        imanentista, 192
ratio
    como razão das coisas, 120
razão
    como genuinamente crítica, 126
    suficiente, 71
religião
    como busca do transcendente, 106
    como consciência da crise, 106
    como saber epistêmico, 107
    fundo da, 95
renascimento, 167
repetição, 131
republicanismo, 141
responsabilidade, 155
ressentimento, 179
revolução social
    primeira grande, 138
    segunda grande, 139
    terceira grande, 140
rito
    etimologia de, 98
romantismo filosófico, 186

S

saber
    da crise, 106, 109
    de crise, 106, 109
    de salvação, 13
sacrifício, 98
salvação, 152
sectarismo, 104
separação, 43, 95-96, 112, 117
    crise como forma de, 20
    e diácrise, 50
    e percepção, 45
    e sentimento, 45
    e valor, 43
    física, 21
    mental, 20, 117, 122
    onipresença de, 19
    vitória sobre a, 98
sepração
    e conhecimento, 60
ser
    aptidão do, 89
    escalaridade do, 34
    essência infinita do, 38
    estrutura ôntica do, 82
    eterna presença do, 35
    finito
        caráter relacional do, 125
        como crise, 77
    imaterial, 89
    infinitude do, 46
    intrinsicidade do, 27
    onipresença do, 33
    realidade do, 155
    transcendental imersão no, 45
    unidade de simplicidade, 50
    universal, 26
ser-ativo, 95
ser-potencial, 95
símbolo, 166
    significado do, 167
sincreção
    conceito de, 50
síncrese
    excesso de, 75
sincretismo
    conceito de, 50-51
síncrise, 67, 98, 115, 152
    agravamento da, 112, 144
    e classicismo, 167
    fase de um processo tensional, 205
    fluxos e refluxos da, 154
    movimento da, 169
sincritismo
    conceito de, 50
singularidade
    desmaterialização da, 126
síntese, no seu verdadeiro sentido, 68
síntese transcendental, 99
síntese, transcendental, 106
sintetização transcendental, 99
sociologia, 132, 136
sociologismo, 72
suprasser
    conceito de, 233

T
técnica, 73
teísmo, 103
tempo
   conceito de, 31
   e espaço
      como entes de razão, 32
tensão
   conceito de, 199
   cultural, 141
   definição de, 135, 203
   emergência de, 202
   sociedade tomada como, 136
teocracia, 137
teologia, 39, 93
teoria
   e diácrise, 128
   etimologia de, 128
   tensional, 200
teoria (de Toynbee)
   do desafio-resposta, 145
tomismo, 157
totalidade tensional, 200
totalitarismo, 180
transcendência, 98, 103, 189, 193
transcendência, definição de, 191
transcendência, salvação através da, 96
transcendentalismo, 194-95
transcendente
   apelo ao, 150
   fusão com o, 96
trans-imanência, 97, 104, 198, 205-06
   e transcendência, 206
   tensional, 206

U
unicidade
   incomunicabilidade da, 29
unilateralismo, 207
universo
   como grande pensamento, 206
   como um grande pensamento, 78
univocidade, 79

V
valor, 43, 108, 112, 114
   conceito econômico de, 72
   de troca, 72
   de uso, 72
   grau de, 49
   quantitativo
      predominância do, 171
verdade
   lógica, 54
   material, 54
   ontológica, 54
vetores
   de conservação, 135
   de destruição, 135
visão
   concreta da realidade, 196
   qualitativa do universo, 171
   quantitativa do mundo, 187
   quantitativa do universo, 171
   tensional, 200-01, 211

Índice onomástico

A
Adorno, Theodor, 229
Agostinho, Santo, 101
Anaxágoras, 100
Anselmo, Santo, 101
Aquino, Santo Tomás de, 101
Aristóteles, 37, 53, 88, 93, 96, 99, 108, 122, 159, 174, 187, 202-03, 218
Avicena, 24, 62

B
Bacon, Roger, 101, 102
Balicci, 236, 237
Balmes, 102
Basílides, 101
Bayle, 264
Beneke, 102
Benveniste, Émile, 228
Berkeley, 102
Binger, Hildegard von, 233
Bismarck, Otto von, 141
Blumenberg, Hans, 240
Boaventura, Santo, 101
Boécio, 101
Boehme, Jacob, 101
Bonaparte, Napoleão, 132, 141
Borges, Jorge Luis, 236, 246
Botmann, Denise, 216
Boutroux, 189
Brahe, Tycho, 238

Bréjoux, Jean, 240
Brentando, Uexküll, 102, 233
Bruno, Giordano, 102, 233
Buridan, 101

C
Calcídio, 101
Canfora, Luciano, 244
Catinat, Marshal, 259
Cerceau, J.-A. Du, 260
Cerinto, 101
Charon, 264
Chartier, Roger, 225, 235, 247
Cítio, Zeno de, 100
Constantino, 152
Crisipo, 100
Cristo, Jesus, 97, 137, 162, 180
Croce, Benedetto, 103
Cusa, Nicolau de, 230, 233

D
Darnton, Robert, 249
Darwin, 102, 194
Deleuze, 232
Demócrito, 32, 34, 75-76, 100, 193-94
Descartes, 102, 171, 264
Diderot, 247, 248, 250
Dilthey, Wilhelm, 102
Driesch, Hans, 102
Dumézil, Georges, 228

E

Eckardt, Mestre, 101
Eliade, Mircea, 228
Empédocles, 100
Erasmo, 241, 244
Eriúgema, Scoto, 101

F

Fichte, Johann Gottlieb, 102
Fontenelle, 264
Ford, Henry, 148
Foucault, Michel, 232
Freud, Sigmund, 232
Frey, Junius, 270
Fries, Heinrich, 102
Fukuyama, Francis, 232

G

Galimberti, Umberto, 228
Gassendi, Pierre, 101, 264
Gentile, Giovanni, 103
Gioberti, 103
Górgias, 100
Goye, Francis, 241
Gregório Nazianzeno, Santo, 101
Grimm, Baron, 265
Guénon, René, 232
Gumbrecht, Hans Ulrich, 225, 253
Gutenberg, 243

H

Hales, Alexandre de, 133
Hartmann, Eduard von, 102
Hartmann, Nikolai, 103
Hegel, Georg Wilhelm Friedrich, 102, 195, 231-32
Heidegger, Martin, 103-04, 192, 229, 231
Heinemann, Fritz, 192
Heisenberg, Werner, 173
Helmhotz, 102
Helvétius, 265
Heráclito, 75, 99-100, 195
Hipatia, 101
Hipias, 100
Hitler, Adolf, 208
Hobbes, Thomas, 102
Holbach, Paul-Henri, 263, 265
Hume, David, 102, 232
Husserl, Edmund, 102, 229

J

Jaspers, Karl, 103-04
Joule, James Prescott, 102

K

Kant, Immanuel, 31, 102, 158, 203, 229, 245
Koehler, 186, 199, 201
Koffka, 186, 199, 201
Krause, 102
Krupp, 148

L

Lasswitz, Kurd, 235-36
Le Breton, 247

Leibniz, 32, 102-03, 195, 230, 233
Leucipo, 100
Locke, John, 102
Lotze, 102
Lulio, Raimundo, 235

M
Malebranche, 102
Malesherbes, 248
Maomé, 137
Marais, 259, 260
Maritain, Jacques, 103
Marx, Karl, 102, 232
Matthaei, 199
Maupertius, 263
Mayer, 102
Melâncton, 241, 244
Mercier, 103
Mill, John Stuart, 235
Moisés, 137, 208
Moscos, 194

N
Nemésio, 101
Nietzsche, Friedrich, 99, 103, 161-62, 216, 220, 229, 232-33

O
Ockham, William, 101, 171

P
Pagliocchini, 237
Panckoucke, 250

Panécio, 100
Parmênides, 38, 75, 99, 100, 195, 197, 218
Piaget, Jean, 186
Pirandello, Luigi, 236
Pitágoras, 40, 59, 90, 93, 100, 172, 218, 230
Platão, 53, 61-62, 86-87, 89, 91-92, 100, 218, 230
Plotino, 37, 86, 101
Pons, Alain, 242
Proclo, 101
Protágoras, 100, 218

R
Rosmini, Antonio, 103
Ruyer, Raymond, 186

S
Saint-Simon, 259-60
Sartre, Jean-Paul, 103, 229
Scheler, Max, 102
Schelling, F.W. Joseph von, 102
Schopenhauer, Arthur, 102
Scot, Duns, 41, 78, 86, 93, 187
Sertillanges, Antonin-Gilbert, 156-57, 161
Servet, Miguel, 102
Sinésio, 101
Sloterdijk, Peter, 232
Sombart, Werner, 148
Spengler, Oswald, 73, 102, 136, 232
Spinoza, Baruch, 102, 159, 191

Spranger, Eduard, 186
Suárez, Francisco, 187, 230

T
Tarde, Gabriel, 233
Tauler, Johann, 233
Terêncio, 219
Tocqueville, Alexis de, 249
Tours, Bernardo de, 101
Toynbee, 145
Trismegisto, Hermes, 137

V
Vico, Giambattista, 232

W
Wahl, Jean, 103, 192
Wertheimer, 186, 199
Wolff, Christian, 102
Wundt, Wilhelm, 102

Z
Zwinger, Theodor, 244

Você poderá interessar-se por:

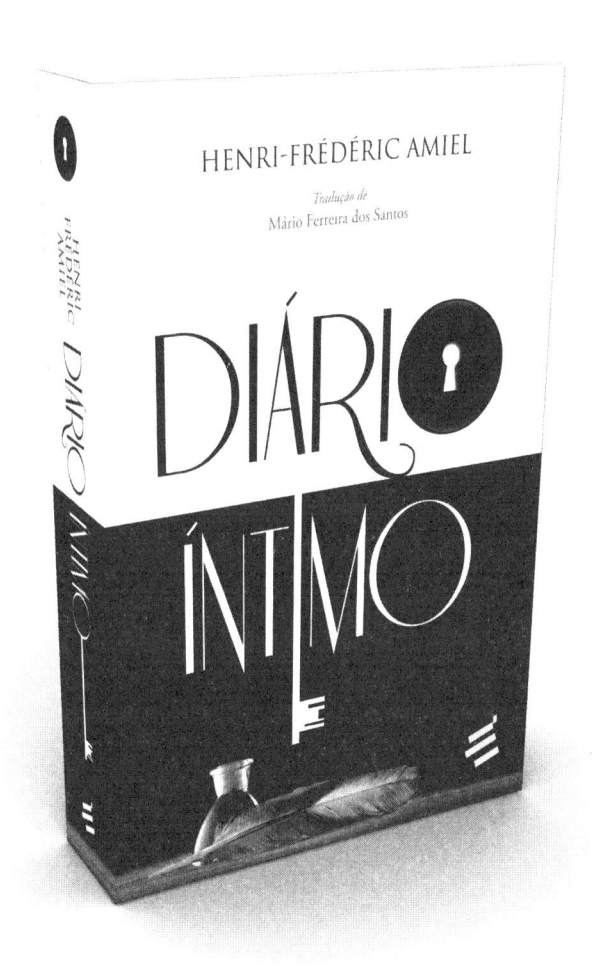

Assim se referiu Liev Tolstói a este livro: "Tudo o que Amiel publicou e a que deu acabamento final – palestras, ensaios, poemas – está morto; mas seu Diário, onde, sem pensar na forma, falava apenas a si mesmo, está cheio de vida, sabedoria, instrução, consolo, e continuará entre os melhores livros que já nos foram legados, acidentalmente, por homens como Marco Aurélio, Pascal e Epicteto."

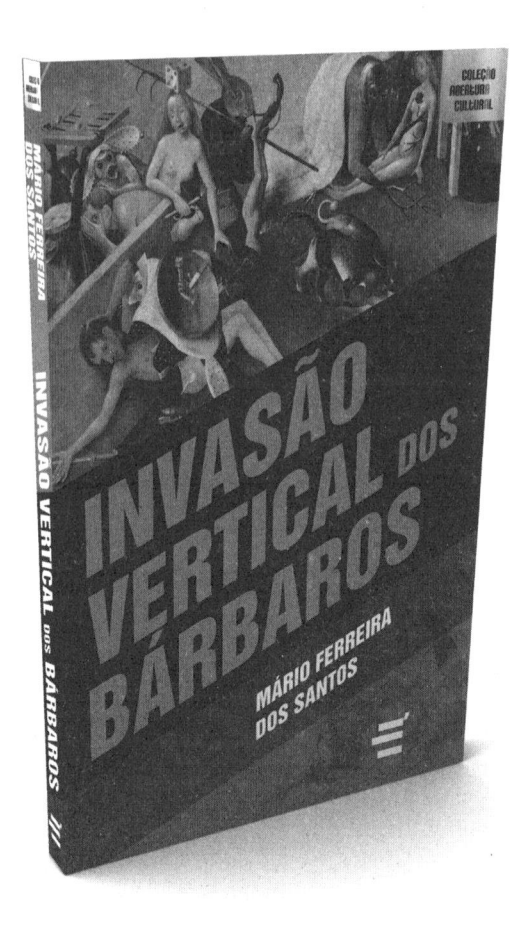

A história nos relata que houve muitas invasões horizontais de bárbaros; hoje, porém, vivemos uma invasão vertical de bárbaros, que é a que penetra pela cultura – como se vê entre intelectuais que insistem em justificar o terrorismo, músicos que defendem uma vida desregrada ou artistas que zombam da beleza. Esta obra é a denúncia do filósofo Mário Ferreira dos Santos dessa invasão que nos ameaça definitivamente.

facebook.com/erealizacoeseditora   twitter.com/erealizacoes   instagram.com/erealizacoes   youtube.com/editorae

issuu.com/editora_e   erealizacoes.com.br   atendimento@erealizacoes.com.br